U0165499

徐偉欽———著

牙科醫療過失
刑事判決解析

五南圖書出版公司 印行

序

2013 年夏天，在一個偶然的情況下得知同學蔡明吉醫師正在攻讀法律研究所，對於醫療斜槓到法律領域一直很有興趣的我，在與蔡醫師充分討論過後，決定展開這一段中年男子的奇幻漂流：2014 年前往文化大學推廣教育中心取得法律學分，2017 年就讀中興大學法律系碩士班，2020年通過律師高等考試，2021 年正式開始律師執業，2022 年中興法律研究所畢業並出版人生第一本醫療法律書籍。以上短短數十字無法道盡這一路以來堪比八年抗戰的辛酸血淚，在一腳踏入法學領域後，才猛然發現斜槓是無比辛苦的，只有堅持到最後的人才能嚐到甜美的果實。

本書以法學三段式論法來研討醫療領域中的牙科醫療過失刑事判決：

1. 在大前提的章節闡述過失的概念：先以通說（林鈺雄教授及林山田教授的分類方式）探討刑法學說上過失責任，並區分作為犯與不作為犯；再以實務（違反注意義務＋有否因果關係）探討醫療實務上過失責任，並探討醫療行為的特性及醫療過失理論的發展；最後以新法（新的醫療法第82 條）探討醫療法第 82 條過失責任，除了解析條文，更評論新法與刑法第 14 條的異同，最後提出新法施行後仍有待解決的問題。

2. 在小前提的章節探討牙科醫療過失刑事判決：利用司法院法學資料檢索系統內的判決書查詢，在全文內容欄位輸入「（傷害＋死亡）業務過失＆醫療＆牙醫」一連串檢索字詞，利用關鍵字搜尋有關牙科醫療判決，再刪除非牙科醫療刑事判決，最後得出 18 個牙科醫療過失刑事判決，就判決中陳述的案例事實及鑑定結果，分點節錄出判決拒要的精華之處。

3. 再將通說、實務、新法等三種概念涵攝入 18 個案例中，找出一個可以分析 18 個案例的 SOP。惟，這並不是一個固定的分析步驟，因為牙科案例有作為、不作為、有罪的、無罪的、有因果、沒因果……各種不

同的要件，這個 SOP 是利用上述各種要件將案例做不同的分類，也就是說，這是一個可隨時變化（跟醫療常規相同？）的步驟，異中求同，亦是同中求異，以期能激盪出各種不同的火花。

4. 最後的結論：將 18 個案例按照刑法學說上過失責任、醫療實務上過失責任、醫療法第 82 條過失責任等三種方式分別進行要件的統計、判斷、分析之後，導入刑法第 10 條第 4 項的分類方式，將所有案例分為嚴重、非嚴重兩種分類標準，再把上述三種判斷方式的所有要件打散，一一檢視依刑法第 10 條第 4 項所分類的 18 個案例，再予以統計、判斷、分析，然後得出最後的結論。

一旦可以成功建立這套分析模式，以後如果有新的牙科醫療過失刑事判決公布，就可以直接援用這一個 SOP 模式，把判決進行快速解析，並希冀能建立一個大的資料庫，對牙科醫師或研究牙科醫療的學者而言，更能快速了解判決的意涵及走向。一方面，對牙醫師們而言，更懂得如何趨吉避凶，明哲保身；對法律學者而言，能立即了解實務見解的風向，並適時提出諍言。最後，以祈能收鑑古知今及繼往開來之功。

本書首要感謝中興大學法律系蔡蕙芳教授，不論是案例蒐集或是參考資料，都是蔡教授供給及指導我的，是本書能完成的第一大功臣；也要感謝中興大學法律研究所陳惠芬學姊，全程參與及協助我的寫作過程，將來如果我有出來選舉，被舉報抄襲，學姊應該是我最有利的證人（開玩笑的）；再來要感謝中興大學法律系陳佳欣學妹，在格式編排與挑揀錯誤方面，非常感謝學妹光速般的協助；另外還要感謝中興大學法律研究所同學洪崇傑醫師提供論文教導我如何寫有關醫療法律的論文；還有要感謝我的人生導師陳信湖醫師，在我成年後教導我許多社會上待人處事的道理；最後，感謝協助本書完成的五南文化事業機構的長官們及家人、朋友，沒有大家的幫忙，這本書永遠不會問世。

徐偉欽

2022.8.1

案例目錄

Chapter 1

緒　論

第一節　本書的動機與目的

　　刑法第 14 條:「行為人雖非故意,但按其情節應注意,並能注意,而不注意者,為過失。行為人對於構成犯罪之事實,雖預見其能發生而確信其不發生者,以過失論。」過失的成立與判斷,一直以來都是法律界永遠討論不完的課題,而在我國刑法中卻只有短短數十字來闡釋這一個複雜的概念,甚至有越解釋越模糊之虞。為了在各個領域適用過失的概念,許多特別法自行內鍵入過失的概念,因而使得過失的要件因為領域的不同而有所差異,在醫療領域亦同。2017 年立法院三讀通過醫療法第 82 條修正案,醫界歡聲雷動,彷彿醫療糾紛從此獲得解套,但法界對於這個修訂成百餘字的條文卻抱持著諸多疑問,不知道對於實務上的判斷有什麼影響?醫界與法界的認知竟有著天差地遠的不同!而我何其有幸,一腳落在醫界一腳落在法界,對於醫療過失的成立與判斷,應該有著與兩個領域的成員有點相同卻不完全相同的思維。故,我希望能透過兩種眼光及各種分析方法來探討醫療過失在新法通過後,是否真的有什麼不同。

第二節　問題意識

　　刑法對於醫療過失的判斷為何?司法實務上對於醫療過失的判斷為何?醫療法第 82 條對於醫療過失的判斷為何?三者的判斷方法有何異

同？如果是牙科醫療過失的案例，三者的判斷又有何異同？如果再導入刑法第 10 條第 4 項重傷（含死亡）與否的分類，又會有什麼異同？

第三節　研究範圍

　　本文利用司法院法學資料檢索系統內的判決書查詢，在全文內容欄位輸入「（傷害＋死亡）業務過失 & 醫療 & 牙醫」一串檢索字詞，利用關鍵字搜尋有關牙科醫療判決，再刪除非牙科醫療過失刑事判決，最後得出十八個牙科醫療過失刑事判決。然後再利用刑法上對於醫療過失的檢驗方式、司法實務上對於醫療過失的檢驗方式、新醫療法第 82 條的檢驗方式逐一檢驗這十八個案例，然後做出統計分析。最後在結論的時候導入刑法第 10 條第 4 項重傷（含死亡）與否的分類標準，綜合三種檢驗方式與牙醫師的看法，以期能碰撞出不一樣的火花，並能對醫療過失的判斷有建設性的成果。

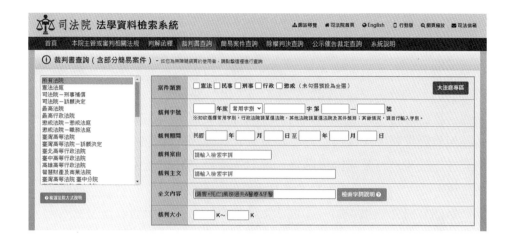

第四節　本書架構與章節安排

　　本文以刑法第 14 條為出發點，綜合討論通說、司法實務、醫療法第
82 條對醫療過失的判斷，並利用三種判斷方式針對十八個牙科醫療過失
刑事判決進行同一方式的檢驗，最後再導入刑法第 10 條第 4 項重傷（含
死亡）與否的分類標準。

　　第一章緒論：簡介本書的動機與方法。

　　第二章過失判斷之架構：第一節刑法上過失責任之第一項刑法學說上
過失，以刑法三段式論法簡介過失，並分為過失作為犯及過失不作為犯，
過失作為犯的部分以林鈺雄教授的大作結構書寫，過失不作為犯的部分以
林山田教授的大作結構書寫；第二項醫療實務上過失，先介紹醫療行為的
定義及特色，再簡介醫療過失理論的發展，最後進入實務上的判斷方式，
違反注意義務和因果關係的內涵；第二節醫療法第 82 條過失責任，先進
行條文解析，再以醫、法的主管機關，衛福部及法務部的觀點來探討新法
的影響，最後在第三節將醫療法第 82 條與刑法第 14 條加以比較，並列出
新法的特色及有待解決的問題。

　　第三章判決分析：探討牙科醫療過失刑事十八個案例，分別以案例基本資料與評析來分別討論，案例基本資料討論案例事實、判決結果及鑑定意見三個部分，評析則導入第二章的三種分析模式（刑法學說上過失、醫療實務上過失、醫療法第82條過失）。第一節有違反注意義務及有因果關係，探討有違反注意義務與有因果關係的七個案例；第二節有違反注意義務但無因果關係，探討有違反注意義務與無因果關係的三個案例；第三節無違反注意義務及無因果關係，探討無違反注意義務與無因果關係的八個案例。

　　第四章研究成果：第一節刑法上過失責任之第一項刑法學說上過失，依作為犯與不作為犯將兩種方式的各個要件予以統計與分析；第二項醫療實務上過失，依違反各種的注意義務及相當因果關係之客觀說的要件，予以統計與分析；第二節醫療法第82條過失責任，依是否違反醫療上必要之各種注意義務及是否逾越合理臨床專業裁量的要件，予以統計與分析；第三節綜合討論，引入刑法第10條第4項的分類標準，融入上述三種判斷方式，將各種要件打散再予以統計與交叉分析。

　　第五章結論：將前述所有探討結果整理後得到最後的結論。

Chapter **2**

過失判斷之架構

　　過失是指行為人雖未有意而為行為，但該行為卻具體發生法益侵害，且該侵害並非行為意思所希望的。換言之，行為人因為行為的不小心，而造成一定法益侵害結果的發生，對於這樣不小心的行為，即屬過失。

第一節　刑法上過失責任

第一項　刑法學說上過失

　　古典犯罪論的過失理論對注意義務違反之內容，重在結果預見的可能性，而譴責結果責任，如果行為人已盡其避免結果發生之義務而結果仍發生，亦可能成立過失，將過失放在最後的罪責中檢討，認為故意與過失在不法層次上是無法區分的，強調結果非價；爾後出現新古典犯罪論，則認為過失應以結果迴避義務為內容，譴責行為人的行為責任，將過失放在構成要件中檢討，如果行為人已盡其避免結果發生之義務而結果仍發生，其行為無非法，不必再進入罪責判斷，強調行為非價；而德國學者 Roxin 提出客觀歸責理論後，過失犯的體系被重新架構，其認為過失犯是否成立應依序檢驗行為與結果的因果關係、客觀歸責[1]。

壹、過失之定義

　　故意與過失是在刑法領域中兩個重要的法概念，過失不是故意的減輕

1　張麗卿，刑法總則理論與運用，第 8 版，2020 年 9 月，頁 464-466。

形式，過失犯也不是一種較輕態樣的故意犯。故意犯與過失犯之間雖然具有規範上的強弱關係，但兩者實質上是平行的犯罪態樣。故意犯的行為人對於所有的客觀構成犯罪事實，均有所認識，並且具有實現構成要件中的意欲；相對地，過失犯的行為人，只是因為違背在日常社會活動中客觀必要的注意義務，而在不情願犯罪的主觀心態下破壞法益。簡言之，故意犯是在知與欲的心態下實現不法構成要件，而過失犯是在不知或不欲的心態下，實現不法構成要件[2]。

貳、過失作為犯

　　過失犯是行為人因過失行為而成立之犯罪，即行為人違反了生活往來中必要的注意義務，而實現其不欲發生之構成要件。現今刑法界，對於過失的檢驗，同時存在於構成要件與有責性兩個階層，一是指稱不法構成要件之過失行為型態，一是指稱過失之罪責型態。前者，重點在於系爭行為是否違反了客觀必要的注意義務；後者，檢驗的是以系爭行為人的個人能力為標準，判斷在個案中有無符合客觀注意義務的個人能力[3]。

一、過失作為犯之構成要件[4]

　　現行刑法的過失犯限於結果犯，過失犯的成立，必須具有一個社會損害性的結果發生，而其過失行為必須是結果的原因。依客觀歸責理論來說，行為犯是製造法所不容許的風險，而結果犯是製造又實現了法所不容許的風險。過失犯在不法構成要件要審查的是客觀注意義務的違反，而其違反的行為與構成要件間有因果關係及客觀歸責，至於有無維持注意義務的個人能力則是罪責層次的問題。

(一) 行為與結果之（條件）因果關係

　　條件理論是用來認定行為與結果是否有無因果關係，若無此先行之事實，則必無此後行之事實，兩者間即具因果關係。換句話說，造成結果發生的不可或缺及必然條件就是這個結果的原因，也就是「非 P 則非 Q」這

2　林山田，刑法通論（下冊），第 10 版，2008 年 1 月，頁 162-163。
3　林鈺雄，新刑法總則，第 7 版，2019 年 9 月，頁 499。
4　同前註 3，頁 505-517。

個公式。倘若 P 現象不存在，Q 結果就不會發生，就可以說 P 是造成 Q 的原因[5]。而對特定結果存在多數原因時，就形成了對於具體結果的發生，凡不能想像其不存在的所有條件，均是造成結果的原因，也就是若具體結果的發生是由多數原因所造成者，該數原因均具同等價值，即一切條件均具有同等重要性之「等價理論」。故依條件理論，首先需判斷的是，行為人的行為是否為發生該損害結果所不可想像其不存在的條件之一。

(二) 行為與結果之客觀歸責

1. 製造法所不容許的風險

行為人假如違背這一個社會共同生活中所共認的行為準則，而對於客觀可預見的構成要件該當結果的發生，疏於保持依據客觀情狀所必要的注意，則其行為係違背客觀的注意義務，具有行為不法，該行為即是以客觀上違反法義務規範的行為方式，製造法所不容許的風險。

所謂法義務，即是客觀注意義務的法源，白話來說，就是依據什麼規定。社會共同生活領域中的各種注意規定與安全規定，有成文亦有不成文，前者如刑法第 276 條、道路交通安全規則，後者如醫師的醫術規則、建築業的建築術成規，不管是前者或後者，都要進行有無刑法性質之注意義務的判斷。

2. 實現法所不容許的風險

行為人的行為係結果發生的原因，行為所導致結果的發生，必須具備下列要件：

(1) 注意規範的保護目的

行為與結果之間縱然具有因果關係，然而行為人所違反的注意義務，其規範保護目的並非在於避免此一結果發生，則所發生結果對行為人而言，不具有客觀歸責而不負過失責任。判斷結果與行為間有無存在這種風險實現關係，應依該違反的規範保護目的而定，才能把發生的結果當成是行為人的行為而予以歸責。注意規範的保護目的是為了限縮客觀歸責，

---

[5] 黃榮堅，基礎刑法學（上），2003 年 5 月，頁 208-209。

避免無限歸責[6]。例如：A於夜間未開頭燈駕駛，對向另一台車B跨越分隔島逆向與A相撞而受損，夜間駕駛應開頭燈規範之目的在於使駕駛人的視線不受黑暗遮蔽且使其他駕駛可以藉光線辨識車輛位置，惟，並無防止對向車輛駛進自己車道之規範目的，故A雖違反注意義務未開頭燈，但B車逆向與A相撞受損並不可歸責於A之違規行為。

(2) 結果具有可避免性

如果行為人即使行為時採取了合乎注意義務之行為，但結果仍無法避免發生，則可認為違反注意義務與結果發生間，不具有義務違反關聯性，亦即結果不具有可避免性，因而不具有結果客觀歸責[7]。換言之，以客觀歸責的術語來說，由於法所課予的注意義務，在個案中已經被證明為無效的義務，故不予歸責。例如行為人駕車超速行駛於市區街道，突然有一幼童自路旁草叢裡衝出，行為人雖然當場立即煞車，仍無法避免撞傷幼童，即使行為人未超速，仍然無法免於憾事發生，則超速與幼童被撞傷間不具有結果可避免性，則行為人不具有結果可歸責。

3. 構成要件效力範圍

如果僅在結果與行為人所製造的法所不容許風險之間有因果關係，尚不足以滿足客觀構成要件，尚須此一結果落在避免危險的構成要件效力範圍內，才能滿足客觀歸責。具體來說，就是檢驗被害人自我負責原則以及他人專屬負責領域。例如：縣政府舉辦橫渡日月潭活動，一名泳客雖有心血管疾病，仍興沖沖地參加，結果游到半途而猝死，則依被害人自我負責原則，主辦人不受過失致死的歸責。

(三) 過失之主觀構成要件

過失犯的主觀構成要件，主要審查的是有無故意，如果沒有故意，則依刑法第12條第2項審查是否有處罰過失明文之規定。而至於刑法第14條第1項無認識的過失與第14條第2項有認識的過失，兩者審查的差別，僅是影響量刑的高低而已。

6　林山田，前揭註2，頁177。
7　王皇玉，刑法總則，第5版，2019年8月，頁509。

二、過失作為犯之違法性

過失作為犯之違法性與故意犯之違法性一樣，行為一旦構成要件該當時，便可推定具備違法性，而例外審查阻卻違法事由，例如：正當防衛、緊急避難、依法令行為⋯⋯等等。

三、過失作為犯之罪責

在過失雙重定位（過失兼具行止型態與罪責型態的雙重性格[8]）下，過失構成要件要檢驗的是客觀注意義務之違反，而過失罪責欲非難之處在於行為人的個人能力，其是否認知客觀上法注意義務的存在並據此為符合該注意義務的行為，換言之，依照犯罪當時，如果行為人欠缺此種能力，就不可加以非難。過失犯罪責的內涵大致上與故意犯之檢驗相同。

參、過失不作為犯

行為在刑法的領域裡，可區分有作為與不作為兩種行為，而這兩種行為所構成的犯罪，就是作為犯與不作為犯兩種類型。前者是指行為人以積極的作為方式實現構成要件的犯罪；後者是指行為人以消極的不作為方式實現構成要件的犯罪。

不作為犯依其犯罪結構的不同，可區分為純正不作為犯與不純正不作為犯。前者是指行為人違反法律的誡命規定，也就是不為法律所要求的特定作為，基本上屬於行為犯；後者是指行為人基於保證人地位而負有防止結果發生的義務，但卻以與積極作為等價的不作為形式導致結果的發生，基本上屬於結果犯。過失犯的本質雖具有不作為的要素——未遵守誡命的注意義務，但卻不能因而認為不遵守注意義務即成立不作為犯。在理論上，任何一種注意義務的違反都是不作為，若將違反注意義務視為不作為犯，如此一來，任何一種過失犯都是不作為犯，如此就會大幅限縮作為犯的涵蓋範圍[9]。

由於過失犯依刑法第 12 條第 2 項的規定，僅以有特別規定者為限，

8 　林山田，前揭註 2，頁 166。
9 　陳英淙，探討醫療行為之客觀注意義務——以最高法院 97 年臺上字第 3428 號判決為例，長庚人文社會學報，第 3 卷第 1 期，2010 年 4 月，頁 155。

而現行刑法所設的純正不作為犯，只設有故意的不作為犯而無過失的不作為犯。故過失的不作為犯在現行法規定下，只有過失不純正不作為犯。

　　過失不純正不作為犯，乃是結合過失犯與不純正不作為犯兩種態樣，故要同時檢驗兩者的構成要件。且不得僅因行為人違反保證人地位（不純正不作為犯）之作為義務，即認其違背注意義務（過失犯）。換言之，保證人地位僅是行為人作為義務的理由，無法直接從保證人地位導出作為義務的內容。至於行為人是否違反注意義務，仍應以行為人在客觀上得否預見並避免法益侵害結果為要件。非謂行為人一立於保證人地位，即課予杜絕所有可能發生一切危害結果之絕對責任，仍應以日常生活經驗有預見可能，且於事實上具防止避免之可能性，亦即須以該結果之發生，係可歸責於保證人之過失不作為，方得論以過失不純正不作為犯[10]。

一、過失不純正不作為犯之構成要件[11]

　　過失不純正不作為犯的構成要件須結合過失犯與不純正不作為犯兩者，包括：(一)構成要件該當結果的發生；(二)因果關係與客觀歸責；(三)過失行為的行為不法與結果不法；(四) 不為期待應為行為；(五)防止結果發生的事實可能；(六) 保證人地位；(七) 不作為與作為等價。

　　在過失犯的結構上，不作為犯與作為犯原則上並無太大的差異。但因不作為與作為在本質上的差異，亦即從自然科學的觀點來說，不作為顯然缺少因果關係。從身體的活動予以觀察，不作為為身體消極靜止，所以無法引起任何物理力，無中是不能生有的[12]，因此不可能存在一個像積極行為一樣的因果歷程。因此如果要說，不作為與作為間存在因果關係，則必須說這個因果關係是法律上所擬制的，也就是「合乎法則的條件因果」[13]，也就是說，就結果的不發生而言，履行保證人義務之作為是否為其不可想像其不存在的條件。白話來說，必須看行為人是否有履行保證人的義務，

10 最高法院 107 年度台上字第 4276 號刑事判決（簡稱：107 台上 4276）。
11 林山田，前揭註 2，頁 264。
12 蔡墩銘，刑法精義，第 2 版，2005 年 7 月，頁 130。
13 許澤天，過失不作為犯之結果歸責：切除腫瘤成植物人案之評釋，月旦法學雜誌，第 183 期，2010 年 8 月，頁 27。

法益侵害的結果因而不會發生。例如：叔叔帶姪兒去溪邊烤肉，雖然有聽到孩童的呼救聲，卻自信地認為是別家的小孩而未以施救，結果該姪兒溺斃溪中。本案之叔叔對於構成保證人地位的事實情狀疏於認識而未採取必要的救助行為，亦會因過失的不作為而成立過失的不純正不作為犯。又，例如：游泳池的救生員只丟一個游泳圈給溺水的孩童，而未親自跳下水去施救，最後孩童溺斃。本案的救生員因為對於構成要件該當情狀的欠缺認識，未為施以足夠的救助行為，而有客觀注意義務的違反，致構成不作為的過失行為，成立過失不純正不作為犯。

二、過失不純正不作為犯的違法性與有責性

檢討過程與過失作為犯相同，在此不贅述。

第二項　醫療實務上過失

壹、前　言

　　一般的過失犯罪與故意犯罪不同，過失犯罪行為人主觀上欠缺犯意，因此須從客觀上判斷其行為是否違反應盡的注意義務，再反推其對於該結果是否應負過失責任；相同地，醫療上的過失犯罪亦須從客觀上判斷醫師是否違反應盡的注意義務，再反推其對於該結果是否應負過失責任。惟，醫師對於醫療行為的注意義務，實務上通常依據醫療常規來斷定，即醫療行為是否有過失，係以醫師的醫療行為是否符合醫療常規作為判斷的基準。又，醫療常規的注意標準，法院所判斷的並非規範上的判斷，而是實證上的判斷，亦即法院只判斷何者為醫療常規，而非決定醫療常規應該如何。換言之，法院僅判斷醫師行為是否符合醫療常規，而非決定醫師在醫療上應為如何的行為。醫療常規的慣例，僅作為醫療行為規範判斷的一種參考模式。準此，符合醫療常規的醫療行為，可推定為已經符合客觀的注意義務，而不具有過失[14]。

---

14 張麗卿，醫療刑事責任認定與相關醫療法修正之探討，月旦法學雜誌，第 223 期，2013 年 12 月，頁 56-57。

一、醫療行為的定義

　　生老病死是每個人一生必經的過程，更何況人吃五穀雜糧充飢，疾病更是免不了的副作用。生病求醫自是有人類以來所常見的社會活動，不論是巫醫、中醫、西醫乃至於街道四處林立的國術館，皆充斥著急於求取醫治的人們。故醫療行為，從目的來說，是一種對人類生命、身體、健康有益處的行為；但從過程來說，醫療行為可能藉由侵入身體組織、破壞器官完整等等造成病患不適的方法，來達成治療疾病，恢復健康的終極目的。故刑法的理論上有「醫療行為傷害說」與「醫療行為非傷害說[15]」。

　　「醫療行為傷害說」源自於 1894 年德意志帝國的萊茵法院的判決，判決中明確指出，醫師的截肢手術符合刑法第 223 條傷害罪之構成要件的行為，儘管醫師的行為是出於醫療的目的，並且成功地救治了病患，並不代表醫師的行為在法律上獲得許可，亦不代表得以根據醫師的業務權以違反病患的意思來進行醫療。醫師要能正當且不受處罰地侵害病患完整性的前提條件是：必須得到病患的同意[16]。

　　因為萊茵判決的出現，德國百年來實務上都奉行「醫療行為傷害說」，而醫師只能依病人的同意、病人可得推測的同意、緊急避難三者來阻卻違法性，對醫師限制甚大。故因而有其他學者提出不同的主張，如犯罪構成要件理論創始者 Beling 主張：成功的醫療行為不構成傷害罪的構成要件該當性。Engisch 主張：只要醫師主觀上出於醫療目的，且符合醫術上的正當性且具有醫療的適應性，不論結果成敗，皆不是傷害行為……。這些「醫療行為非傷害說」的共通點，並非以形式違法性的觀點出發，而是以實質違法性的觀點來看，認為所謂犯罪行為，必須是侵害了刑法所要保護的價值，亦即整體的身體、健康利益，因此單就醫療行為的目的是為了促進身體的健康的觀點來看，就足以建構醫療行為的正當性基礎，不必需要病患的同意。

---

15 王皇玉，論醫療行為與業務上之正當行為，臺大法學論叢，第 36 卷第 2 期，2007 年 1 月，頁 44-51。
16 同前註 15，頁 44-51。

(一) 中央衛生主管機關函釋

何謂醫療行為？我國現行醫療法規並未明文定義，長久以來，只有中央衛生主管機關以函釋的方式就不同的狀況加以解釋：

1. 量血壓

行政院衛生署於 64 年 12 月 22 日的衛署醫字第 86991 號函釋：「藥劑師開設藥局，為了正當用藥，使用血壓計替患者量血壓，屬醫療行為。」

2. 針灸

行政院衛生署於 76 年 9 月 11 日的衛署醫字第 687303 號函釋：「針灸係屬醫療方法之一，與外科手術有所不同，施行針灸時不需護士在場，亦無法令規定需取得病人同意書。」

3. 牙科治療

行政院衛生署於 81 年 8 月 11 日的衛署醫字第 8156514 號函釋：「按醫療行為係為指凡以治療、矯正或預防人體疾病、傷害、殘缺為目的，所為的診察、診斷及治療；或基於診察、診斷結果，以治療為目的，所為的處方、用藥、施術或處置等行為的全部或一部的總稱。為病人洗牙、拔牙及蛀牙之磨牙、填補等應屬醫師法第二十八條所稱之醫療業務。」

4. 薰臍療法

行政院衛生署於 91 年 9 月 23 日的衛署醫字第 0910062996 號函釋：「按醫師法第二十八條所稱醫療業務之行為，係指以治療、矯正或預防人體疾病、傷害、殘缺為目的，所為的診察、診斷及治療；或基於診察、診斷結果，以治療為目的，所為的處方、用藥、施術或處置等行為的全部或一部，均屬之。」

5. 牙醫治療範圍

行政院衛生署於 101 年 3 月 21 日的衛署醫字第 1010204909 號函釋：「牙醫師執行業務逾越口腔、顎面疾病及其引起周邊部位疾患之預防、診斷及治療，及逾越前揭因口腔、顎面疾病治療引起周邊部位所為之延續性處置。為醫師法第二十八條之四第一款之執行中央主管機關規定不得執行之醫療行為。」

(二) 大法官解釋

1. 釋字第 778 號：「醫師以診治病人為目的，調劑藥品，交予服用，向來為其整體醫療行為之一部分。」

2. 釋字第 404 號：「中醫師之醫療行為應依中國傳統之醫術為之，若中醫師以『限醫師指示使用』之西藥製劑或西藥成藥處方，為人治病，顯非以中國傳統醫術為醫療方法，有違醫師專業分類之原則及病人對中醫師之信賴。」

(三) 學理上的定義

醫療行為的定義，或者可以說是醫療行為的界線，一直是一個既明顯又模糊的問題。明顯的是，即便是問一個懵懂五歲孩童什麼是醫療行為，他也會皺著眉頭說打針吃藥；模糊的是，若是問數個成年人：替因跌倒而受傷的部位擦藥水也是醫療行為嗎？那就會有各種不同的答案。所以醫療行為一詞正像其他法律用語一樣，隨著不同的法律規範目的而有不同的定義，例如：在公法上為醫療行政管理之目的及在私法上為醫病間醫療之目的[17]，對醫療行為的解讀自然有所不同。因而各方學者都以籠統概括的方式試圖來做定義，把醫療行為解釋成不確定的法律概念。譬如：有以簡易的二分方法，診療目的醫療行為（感冒、做心臟支架）及非診療目的醫療行為（美容整形）；有依廣義的方式來解釋，醫療行為係指為預防疾病、治療疾病傷害或矯正殘缺等目的所為之診斷、處方、醫囑、處置、麻醉、手術、贋復等行為[18]；亦有學者把治療行為與醫療行為做出區別，醫療行為，如以治療疾病為目的，則與治療行為相同，惟醫療行為未必侵襲患者的身體，為發現疾病或預防疾病所實施的診斷或處方、用藥、施術、處置等行為，以及在現代醫學上雖無法治癒，但可以緩和患者痛苦的醫療處置亦包含在內，因此治療行為僅僅是醫療行為之一部[19]；甚或有把醫療行為從臨床醫學與實驗醫學兩個方向去解讀，前者係指醫療方法與醫療技術，

17　黃茂榮，醫療契約（一），植根雜誌，第 25 卷第 1 期，2009 年 1 月，頁 1。
18　吳正吉，醫療過失的法律涵義和法律責任，醫事法律期刊，第 1 卷第 1 期，1985 年 5 月，頁 75。
19　甘添貴，治療行為與傷害，月旦法學教室，第 15 期，2004 年 1 月，頁 18。

經動物或人體實驗證其療效，而為醫界所公認採行；後者是指醫療機構依據醫學理論，於人體施行新醫療技術、藥品或醫療器材的試驗性研究行為[20]。故，十位學者會有十種解釋方式。

　　隨著科技的發展，醫療技術亦是日新月異，實在不必要以「診察、診斷、治療、處方、用藥、施術、處置」這些狹隘的文字去侷限醫療行為的範圍。就以近幾年最夯的達文西手術來說，即是醫師利用電腦程式驅使機器人手臂來進行精密的手術，而或許過個幾年，機器人就可以自主地為病患開刀，到時候要怎麼認定醫療行為是機器人做的？電腦程式工程師做的？只下醫囑的醫師做的？醫療責任的歸屬亦會有很大的爭議。故，本文以為，或許可以使用類似於刑法第 328 條第 1 項的立法模式，「意圖為自己或第三人不法之所有，以強暴、脅迫、藥劑、催眠術或他法，至使不能抗拒，而取他人之物或使其交付者，為強盜罪」，以部分列舉（強暴、脅迫、藥劑、催眠術）加上概括規定（他法，至使不能抗拒），來定義醫療行為。本書以上述行政院衛生署於 81 年 8 月 11 日的衛署醫字第 8156514 號函釋來加以改編成「按醫療行為，係指凡以矯正、預防、診察、診斷、處方、用藥、施術、處置或他法治療人體疾病、傷害、殘缺或類似狀況」，以部分列舉（矯正、預防、診察、診斷、處方、用藥、施術、處置；疾病、傷害、殘缺）加上概括規定（他法，類似狀況），應就能涵蓋現在與未來的醫療行為，而不用每年發函釋來解釋何謂醫療行為。

二、醫療行為的特性

　　醫療行為以救治病患為核心，不僅有其重要的社會公益性，也兼具無法完全預測結果的特性，有鑑於醫學本身具嘗試本質的不確定性，再加以生物體本身的多樣性、疾病的自然歷程及結果可能不符合病患期待的治療效果，醫療行為某程度上可視為被容許的危險，故醫療過失誠屬特殊的過失型態之一[21]。以下就醫療行為的特性加以討論：

20　蔡振修，醫事過失犯罪與過失理論，法學研究，第 8 期，1994 年 9 月，頁 213-214。
21　吳俊穎、楊增暐、賴惠蓁、陳榮基，醫療過失犯之刑法正義及刑罰，台灣醫學，第 15 卷第 6 期，2011 年 11 月，頁 51。

(一) 醫療行為具不確定性

　　相較於其他的自然科學，醫學仍然是非常原始的科學，因為其必須仰賴經驗的累積及無數次的試誤學習，或許可說是一將功成萬骨枯。所以即便是現代科學如此的進步，基於人體的複雜性與特異性，許多的疾病仍然是處於未知、摸索的情狀，即使醫療人員已經遵循醫療準則來盡全力施術，仍然可能會因為各種突發的原因無法使病患的疾病痊癒，這就是醫療行為的不確定性。亦即在面對病體的時候，醫師可能有數十種選項可以施救，但卻必須在數分鐘或更短的時間內仰賴自身的學識經驗及現有的設備儀器做出診斷，而其診斷卻是有時效性的，會隨著更新的病狀顯現而滾動式改變，此時醫師只能在如此不確定的背景值之下，剔除相對不可能的病情，選出治癒機率最高的方式來施術。故，醫學或許可以說是一門機率的科學。也因為醫療行為具如此大的不確定性，各醫師公會、學會制定了各式各樣的疾病治療指引，期盼能降低不確定性帶來的傷害。

(二) 醫療行為具風險性

　　誠如前述，醫學是發展中的科學，且因為人體細部構造的複雜性、病患個別體質的差異性、醫事人員的專業技術等等因素，使得醫療過程與結果具有相當的不確定性，而這種不確定性對於病患則可能帶來風險，此種風險只能控管卻無法完全避免。最高法院 97 年台上字第 2346 號刑事判決揭示「醫療行為有其特殊性，自容許相當程度之風險」，故所有的醫療行為都兼具對病患的利益性與風險性。

　　所謂風險，是一種客觀存在損失發生的機率，而醫療風險則是在進行醫療行為時所可能為病患帶來健康或生命法益受侵害的不確定損失或不安全事件。在古代，絕大多數的疾病皆無藥可治，所以個人的健康完全由個人承擔，與醫者無關，但現代醫藥的發達，在為病患解除痛苦及帶來健康的同時，卻因為病患的期待而附帶來了醫療風險[22]。

　　醫療行為所採取的治療方式或是檢查方式，大都對身體組織有侵襲

22　周賢章，醫療刑事過失案件刑法適用之應有流程，銘傳大學法律系碩士論文，2018 年 6 月，頁 30-33。

性，正所謂非常之建設前須有非常之破壞。而在身體法益犧牲的轉換過程中，雖得以醫療人員的專業知識與經驗法則預先做可能的防範，但此風險防範仍屬臆測而非絕對的防止，且隨著病情的進展，病患所面臨的風險亦會隨之變動，此種變動為醫療行為風險所具有的獨特之處[23]。是故在討論醫療風險時，除將醫療行為本身可能造成的風險當作主軸，病患本身條件造成的影響亦應列入相當考慮的範圍，兩者相互影響且具有浮動性，不可能直接界定其影響範圍的大小，因此不可能在個案中將其條件精緻量化，只能透過實證醫學的臨床數據分析，將相對的可能性化為共同的經驗法則，於臨床判斷時取其最接近條件的數據適用於個案之中[24]。

(三) 醫療行為具裁量性

有人稱醫療界好比是白色的巨塔，外部人難以窺探內部奧祕，而內部人也不願對外敞開大門。相同地，醫療準則如前述，是經過長久的累積而形成，一旦形成便有如白色的巨塔般故步自封、不易改變，如此保守的臨床醫學文化在現今日新月異的醫學科技發展之下，是嚴重脫節的，如果再加上病患的體質、大醫院小診所的醫療資源不對等的內在與外在因素影響下，由此可知，臨床專業裁量的界定越顯重要。

醫師的臨床專業裁量是醫療糾紛的臨界點，亦可說是醫病關係的灰色地帶。裁量範圍越窄，醫師處置權限越受壓抑，只能施行符合醫療準則的方法，而無法放手一搏做可能有益的術式，對於病患而言不啻是少了恢復健康的（唯一？）途徑；裁量範圍越寬，則醫師可能漫無邊際地運用各種術式而無一定規範來醫治病患，病患的健康似有可能遭受任意處置，亦非患者之福。過猶不及之間要如何拿捏，一直是醫法各界長久以來的難題。最高法院於此爭議曾有揭示：所謂醫療過失，係指明顯應為而不為、不應為而為，或醫療行為操作層面等事項，診療醫師有所懈怠或疏忽。然醫療過程中，個別病患之具體疾病、病程進展及身體狀況等主客觀條件不

---

23 林萁騰，醫療行為之特性——以法律責任為中心，治未指錄：健康政策與法律論叢，第 3 期，2015 年 1 月，頁 23。

24 周賢章，醫療刑事案件法律適用之事實認定——以「醫療行為的特性」為中心（下），月旦醫事法報告，第 30 期，2019 年 5 月，頁 133。

一，且不時急遽變化，醫師當有斟酌取捨之事項，如何選擇在最有利之時機採取最有利於病患之方，本屬臨床專業裁量。判斷之範疇，倘診療醫師就此有所斟酌取捨而確有所本，並無明顯輕率疏忽或顯著不合醫療常規之情，不能因診療醫師採擇其所認適當之方式而摒除其他，即謂其有錯誤情事[25]。實務於此有明確的判定方針。

(四) 醫療行為具攔截性

刑法的構成要件有主觀與客觀兩面向，而客觀構成要件可略分為行為主體及行為結果，因果關係乃是將行為主體與行為結果連接起來而實現客觀構成要件該當（行為主體──因果關係──行為結果）。故，行為主體為形成因果關係的實現而導致結果的發生，稱之為因果歷程。又，醫療行為的目的，除了希望能阻止疾病的持續惡化，尚希望能改善身體機能、恢復原有健康，當醫療行為不能成功改變疾病使病體隨進程進行下去，則病患將無法避過此一災厄。故醫療行為之目的乃是阻止疾病因果歷程的進行，此介入性行為具有攔截疾病往不良的方向持續進行，此即醫療行為的攔截性。

疾病的進程不必然具有可攔截性，因此不應賦予醫療行為具有攔截的義務性，不論醫療最後的結果是如何，醫療行為僅是攔截病程往不良的方向進行，而非保證結果必然是良好或令人滿意的。再者，醫療行為與一般行為並不相同，一般行為是以一個原創行為啟動因果歷程而形成因果關係，但醫療行為的啟動，必先有一個疾病或傷害的發生為前提，有了這個先行啟動的病程，為了避免身體機能的損害或生命的喪失，才以醫療行為的介入以阻止不好的結果發生。亦即醫療行為啟動的，非原生的因果歷程，而是攔截對身體有害的因果歷程，因此醫療行為的攔截是否成功，是以其欲防止出現的結果為準。例如：對一位呼吸停止的病患進行心肺復甦術（CPR），雖然病患後來救回來了，但因為腦部缺氧過久而呈現植物人狀態，則醫療行為所介入阻止的是無呼吸而可能死亡的病程，最後病患恢復呼吸，故此醫療行為以此觀點來看是成功的，縱然後來不幸衍生的意外

25 最高法院 102 年度台上字第 3161 號刑事判決（簡稱：102 台上 3161）。

腦死，不能因此認定該醫療行為有過失[26]。

(五) 專斷醫療行為

　　長久以來，傳統醫學上一直存在著醫師本位的父權思想，醫師秉持的專業素養或遵循的各項倫理規範均以醫師的角度做思考，而忽略了病患在醫學倫理上的地位及對於自己身體的自主權。而在第二次世界大戰後，人權思想日益高漲，保障人民的基本權利，強調個人的主體性，認為每個人對醫療均有自主決定權，任何侵入性的醫療處置均需病患的同意始可為之，此項改變嚴重衝擊著一直以來醫師的醫療決定權，亦使醫師與病患的關係日益緊張[27]。

　　所謂的醫療專斷行為，是指醫師未獲得病人同意或違反病人的意思所實施的醫療行為[28]。其態樣有：1. 醫師未向病患說明，當然未獲得病患同意而實施；2. 醫師有向病患說明，但未獲得病患同意而實施；3. 醫師違反病患的意思而實施醫療行為。其在刑事責任的探討上較有爭議的是，倘若醫師已經善盡注意義務或是病患已經獲得良好的治療照顧，仍須追究該專斷行為的責任嗎？

1. 有罪說

　　醫療是對於病患身體的危險行為，具有侵襲性。因此病患的意思具有抑制醫師專斷的作用。故未獲許可的醫療行為係對病患身體不法的侵害，不能免於違法。

2. 無罪說

　　符合醫療準則的治療行為，倘僅因為未獲病患首肯即成立犯罪，等於將醫師救治病患之行為與罪犯手刃他人之罪行等同視之，忽視醫療行為的社會價值，故不適宜如此草率認定之。

　　惟，在某些特殊的情況下，醫師必須執行專斷的醫療行為：

26　林聿騰，前揭註 23，頁 29。
27　甘添貴，醫療糾紛與法律適用論專斷醫療醫療行為的刑事責任，月旦法學雜誌，第 157 期，2008 年 6 月，頁 31-32。
28　甘添貴，專斷醫療與承諾，月旦法學教室，第 17 期，2004 年 3 月，頁 20-21。

1. 法律有明文規定

例如精神衛生法第 41 條：「嚴重病人傷害他人或自己或有傷害之虞，經專科醫師診斷有全日住院治療之必要者……精神醫療機構予以緊急安置，並交由二位以上直轄市、縣（市）主管機關指定之專科醫師進行強制鑑定……應即……強制住院。」

2. 緊急狀況

例如孕婦生產時大出血，不論使用何種方法皆無法止血，人一旦失血過多就可能會喪失生命，此時縱然孕婦年紀尚輕或家屬仍希望能再有子嗣，但人命關天的狀況下，婦產科醫師通常會果斷地摘除孕婦子宮以止血。

本書以為，醫療行為並不等於法律行為，醫療上的同意權與法律上的同意權亦非同一事件，醫療上的同意權乃是對於醫療過程可能帶來的危險或痛苦所給予的承諾，又，醫療行為雖為危險行為，但絕非犯罪行為或侵權行為，專斷可以讓醫師毫無顧慮地以最快速度做出決定，縱然可能結果不盡人意，但也非是以刑法相繩之對象。

三、醫療過失理論的發展

刑法第 14 條第 1 項：「行為人雖非故意，但按其情節應注意，並能注意，而不注意者，為過失。」所謂「注」者，係以精神力量集中於一點[29]；而所謂「意」者，心思想法。綜合注意二字，即是將自己的心思想法集中於一點，精神力不渙散且無恍惚的意思。刑法以處罰故意為原則，處罰過失為例外，故過失犯之成立以有法律明文規定為限，因為人類無法時時刻刻將心思集中於所有事物，偶爾發呆做個白日夢亦是有益於放鬆身心靈，故除非有特殊侵害法益的事件，非得法律介入不可，否則過失犯依然只占了刑法的少部分篇幅。

（一）舊過失理論[30]

舊過失理論（傳統過失理論）是 19 世紀中葉時德國的通說，以行為

---

[29] 漢語中文工具網（網路），https://word.aies.cn/。
[30] 翁暘凱，醫療行為與過失行為於刑法上關係之研究，台北大學法律系碩士論文，2010 年 7 月，頁 43。

人對於結果的發生是否有預見做區分，有預見者為故意，無預見但有預見可能性者為過失，認為行為人於行為時欠缺意識集中之心理狀態，未採取防止措施而導致結果發生且侵害法益，則行為人應負過失責任而受處罰。傳統的犯罪理論，向來認為故意過失是賦予責任非難基礎的要素，責任非難的對象是行為人實施違法行為時的主觀心理狀態，所以故意過失是罪責的要素。

隨著時代的進步，許多行為雖然具有侵害法益的危險性，但是對於社會的多元發展具有益處，例如：高空彈跳、登山……等等，這些行為可以很容易預見其危險發生的可能性，倘若採取舊過失理論，即便採取了各種預防措施，只要意外發生，大都會被認為能注意而未注意，違反預見可能性的注意義務。舊過失理論過度忽視行為層面而苛求結果責任，只為了處罰違反注意義務的心理狀態，恐有擴大打擊範圍之虞。

將舊過失理論運用在醫療上：若醫療行為客觀上侵害了病患的身體或生命法益，而醫師主觀上有預見病患的身體或生命可能會因為併發症或副作用而受侵害的可能性，則縱使事前做了許多防果的作為，醫師仍須為了併發症或副作用的發生負過失責任。如此一來，醫師們對於有預見可能性危險的治療方法必定敬而遠之，而只施行簡單無危險性的術式，放棄放手一搏的高危險治療卻可能是唯一有效的方法，這對於病患來說不啻是一種損失，故因而有了新過失理論的誕生。

(二) 新過失理論[31]

現代工商業發展快速，各方措施動輒得咎，而各該行為皆伴隨而來一定的風險且同時帶來巨大的社會效益，換言之，這些行為雖有風險卻是社會持續蓬勃發展所不可或缺者，因而發展出所謂「可容許風險」之概念。惟，舊過失理論以行為人有「預見可能性」為前提已如前所述，此理論恐有處罰範圍過大而抑制社會快速發展之嫌，因此為限縮處罰的層面，過失責任的概念逐漸往防止損害發生的方向發展，亦即以行為人是否有「結果

---

31 姜讚裕，醫療過失認定與鑑定之研究，中正大學法律研究所碩士論文，2011 年 2 月，頁 189。

迴避義務」之要件，所謂結果迴避義務，係指要求行為人集中注意力，保持精神緊張，以意識行為可能產生危害社會之結果。將過失犯從「預見可能性」的主觀因素導入「結果迴避義務」的客觀因素，改變過失犯之本質。也就是說，行為人在行為時有無踐行預防結果發生之必要措施，如果已盡力避免，縱然結果依舊發生，則行為人並無可苛責之處；相反地，如果行為人未盡力採取防範措施，縱然行為人無預見可能性，就其最後結果仍須負責。使過失犯從「結果無價值」轉向「行為無價值」及「結果無價值」。過失犯亦從只在罪責層面檢討變成構成要件與罪責層面皆須檢討。

　　若將新過失理論運用在醫療上：縱使醫師有預見，病患在醫療過程中可能身體或生命會因為併發症或副作用而發生死亡或受傷結果之可能性，但只要事先採取相當之處置以避免該不幸的結果發生，即便結果不如人意，醫師亦無須擔負過失責任。此項改變可以讓醫師在面對高危險的手術或治療方式時，可以放手一搏為病患搏取更高的生機及更有效的治療結果，此不啻為病患之福祉。

(三)新新過失理論[32]

　　舊過失理論與新過失理論皆以行為人有「預見可能性」為是否成立過失犯的要件，然新科技的開發與企業的運作，常常無法就一定的災害有具體之結果預見可能性，但其活動卻可能會造成一定的危險性，使社會大眾具有相當的危懼感與不安感，倘無從追究企業相關人士之過失刑事責任，社會安全之維護及大眾健康之保障似有漏洞。故學者提出新新過失理論（又稱危懼感說）：過失犯之成立不以具體的預見可能性為必要，亦即行為人縱使沒有具體預見之可能，但對於結果之發生有「危懼感」時，行為人即應負有結果迴避之義務。此一過失理論主要適用於藥害、食品公害、新科技事故等案。

　　此理論之提出具有劃時代的意義，因而不僅僅影響刑事法領域，連公法或是醫療法領域，只要是災害之發生係由於法人的組織、管理、訓練

---

32 吳俊穎、賴惠蓁、陳榮基，醫療過失判斷的困境，法學新論，第 17 期，2009 年 12 月，頁 60。

之缺失所致者,即應追究負有使用該技術而應具有適切反應能力義務之責任,此項同時處罰法人及自然人的兩罰規定,皆是延續該理論而訂定,例如藥事法第 87 條:「法人之代表人、法人或自然人之代理人、受雇人或其他從業人員,因執行業務,犯第八十二條至第八十六條之罪者,除依各該條規定處罰其行為人外,對該法人或自然人亦科以各該十倍以下之罰金。」

將新新過失理論運用在醫療上:由於危懼感、不安感很難以科學來量化,亦無法以經驗法則來確定範圍,其實為一不確定之法律概念。以人體試驗為例,包含新藥、新醫療、新技術之創造、發明,在初期皆具相當不安全之危懼感,若對這些事項均追究其過失責任,則可以想見,醫療人員在為醫療行為時勢必綁手綁腳,止步不前而扼殺醫學的進步。此說受批評之處,尚有認其違反刑法原則之「責任主義」,以危懼感來放寬預見可能性之程度,擴大過失犯之處罰範圍,使得從事危險活動之人,一有不安感即課予防止結果發生的義務,將使預見可能性抽象化,此可能更導致結果責任、絕對責任之危險,以未知之危險作為承認責任之根據,由法人監督者來負擔個人責任,超越罪刑法定主義及個人責任原理,恐有侵害人權之虞。

貳、違反注意義務

依照刑法三階論,過失犯的成立與故意犯相同都需構成要件該當,而構成要件又可分為主觀要素與客觀要素。過失犯的主觀構成要件要素即是「違反注意義務」。也就是說,過失犯的行為人未遵守社會一般人所要求的注意(亦即客觀的注意義務之違反),就醫師而言,為違反普通一般醫師所應遵循的醫療行為模式[33]。換言之,過失犯的行為非價在於違反規範的要求,而過失犯的行為非價的判斷標準在於違反注意義務。故,注意義務的判斷標準對於行為非難的評價具有決定性的意義。

注意義務是一個抽象的概念,源自於日常生活中尊重並且不得任意

---

33 林萍章,醫療常規與刑事責任——評最高法院 96 年度台上字第 3048 號刑事判決,月旦法學雜誌,第 175 期,2009 年 12 月,頁 235-236。

侵害他人法益而成形,其根據人類生活經驗累積所得的自然律而形成注意規則。換言之,注意義務的形成,往往是依憑生活常識、科學推理或知識經驗之累積,而推斷出某些行為通常會導致某些危險後果,且行為與危險後果的發生具有一定的因果關係,以至於從社會一般人的觀點來看,某些行為與法益受侵害之間是可以預見與計算的,從而必須去規範自己的行為或是提高防範措施以避免某些可以預見的危險的發生。注意義務可區分為「客觀之注意義務」及「主觀之注意義務」,在構成要件及違法性階層檢驗的是客觀注意義務,在罪責階層檢驗的是主觀注意義務。此客觀及主觀是指注意義務之標準,而非注意之外在表現或內在想法[34]。從過失犯之注意義務發生之根據,可以看出其注意義務之內容應採客觀之標準,亦即「平均人的標準」,以具有良知和理智且小心謹慎之人處在行為人同樣之具體情狀下所應保持之注意,作為注意義務之一般標準[35]。

一、親自診察義務

醫療業務之執行,仰賴病患親自就醫,醫師親自診察以瞭解病情、施行檢查、確立診斷,進而提供適切的治療。故醫師法第 11 條第 1 項前段規定:「醫師非親自診察,不得施行治療、開給方劑或交付診斷書。」因為疾病的症狀具有多變性及複雜性,而每個病患都是獨立的個體,且每次的病徵都是獨立的事件,故醫師唯有親自診察才能做出正確的判斷,以避免因為誤診而延誤病情或治療錯誤致生醫療紛爭。故親自診察是醫療行為注意義務之重要內容。惟,有時候基於特殊的情況(病患行動不便、路途遙遠、疫情嚴峻等),醫師在未親自診察的情況下給予病方處方,雖然是為了給予「方便」,但醫療計畫執行的過程中,醫師的作為或不作為都可能會使病患的病情暴露在不當的風險甚至於傷害,倘若醫師未遵守正確的醫療程序、省略必要的醫療步驟、未達到醫療照護的標準,則醫師必然要承擔醫學倫理甚至是法律上的責難。故醫師要省略此義務時必須要審慎考

---

[34] 廖正豪,過失犯論,1993 年 9 月,頁 103 以下。
[35] 林山田,前揭註 2,頁 162-163。

量之[36]。

關於醫師的親自診察義務，不論在臨床醫療上或是在司法判決上都具有高度的爭議性，「親自」應該如何下定義？「診察」又應該如何下定義？以下就目前司法實務對於親自診察的定義，有一則最高法院判決所採的「每次診察說」，以及另一則高等法院判決所採的「掌握病情說」予以剖析[37]：

(一) 每次診察說

醫師法第 11 條第 1 項前段規定，旨在強制醫師親自到場診察，以免對病患的病情誤判而造成錯誤治療或延宕確切治療時機，又病情瞬息萬變，病情一有變化，醫師自有親自到場診察之注意義務，依正確診察給予妥適之處置。因此，該規定能否解釋為醫師前曾為病人診察，病人之病情若有變化亦可依以前診察之認知，省略再次診察之手續，逕指示醫師以外之醫療人員（例如：護理師）逕為處置？非無疑竇[38]。

(二) 掌握病情說

醫師法第 11 條之立法精神，在規範醫師對從未診視過之患者，於病情不明情況下而予以處方之行為。若該患者已經醫師詳細檢查且病情明顯，醫師任何處置皆為有所本，即應不屬醫師法第 11 條處罰之範疇。故醫師不一定需要每次都診察病人，但是需要曾經診察過病人並且掌握病情，即已盡其義務[39]。

親自診察義務並非一成不變地要求醫師每次均須親身出馬，除不符合醫療慣例且事實上不可能外，最大的理由在於現代的醫療分工細密，非一人可竟全功，需要有各種專業人員的合作無間，才能順利完成醫療目的，故「每次診察說」漠視了醫療專業分工的必要，忽略了各類醫事人員的

---

36 蔡甫昌、楊哲銘，病人未親自就醫而醫師／醫療單位開立處方的倫理與法律問題，台灣醫學，第 7 卷第 2 期，2003 年 3 月，頁 254-256。

37 王志嘉，論急救與建議轉診義務——台灣高等法院 96 年醫上訴字第 3 號刑事判決評，月旦法學雜誌，第 187 期，2010 年 12 月，頁 222-223。

38 最高法院 94 年度台上字第 2676 號刑事判決（簡稱：94 台上 2676）。

39 台灣高等法院台南分院 90 年度上更（一）字第 596 號刑事判決（簡稱：90 上更一 596）。

專業角色功能，這不僅違反了國家賦予各類醫事人員專業證照的本意，也明確牴觸了各類醫事法規對於醫師得指示各類醫事人員進行「醫療輔助行為」的相關規定。又，醫院中每位醫師均要照顧多位病患，且還有門診、開刀、特殊檢查以及每天開不完的學術會議。因此照顧病人之醫療工作乃為團隊工作，成員間可以互相支援並密切配合，各個階段的行為均成為治療不可分割之部分，以期能在有限之人力及時間內給予每位病患最好的照顧。綜上所述，本文以為醫師的親自診察義務，應從掌握病人病情的觀點來看，醫師是否每次均親自到場並非重點，而是應著重在醫師的專業參與及領導的角色，只要醫師能瞭解並掌握病人病情，透過醫師的統籌、協調、指示、指導各類醫事專業人員，來共同完成醫療行為與病人的照護，即該當醫師親自診察義務。

二、常規診療義務

(一) 醫療常規

　　如前所述，過失犯的行為非價在於違反規範的要求，即行為人違反社會中共同生活所允許的準則，而過失犯的行為非價之判斷標準則在於是否違反注意義務。惟，注意義務的判斷基準為何？是要依客觀面向來看，以團體內之人的平均水準為基準？抑或是以主觀面向來看，以行為人的個人能力為依歸？如果是以團體內之人的平均水準為基準，倘行為人本身有特殊能力或特別情況，是否要將其納入考慮要素？在價值判斷的取捨之下，本文以為應以刑法為保護法益免於受侵害而課予行為人在具體情狀下，以一位善良理智之人處於當時相同狀態所應恪遵該事務之注意義務為標準。此在醫療上則稱之為「醫療常規」，以其作為判定符合注意義務與否之依據，即在臨床上長時間發展而沿襲下來經常實行的規矩，並以「醫療成員之平均、通常具備之技術」為判斷標準。實務上曾經揭示：「所謂醫療常規，係指在臨床醫療上，由醫療習慣、條理或經驗等所形成之常見成規，其中最主要之判斷因素為醫療之適正性，亦即以診療當時當地臨床醫療實踐上之醫療水準作為判斷之標準。至具體評量依據，係依醫療機構醫療設備之完善、專業知識之高低、臨床經驗之多寡以及各科會診之可能等等，

加以綜合考量。[40]」若醫師的醫療行為符合醫療常規,則推定其未違反注意義務。

醫療常規之英文是「Guideline」,有指引、準則、指導方針的意思,惟,每位病患皆是獨一無二的個體,哪來的常規?故所謂的「Guideline」,充其量不過是臨床裁量的指引參考,而且你的指引與我的指引不一定相同,城市的指引也與鄉村的指引不盡相同,醫療常規的概念應該是浮動性的,會隨著地區或醫療人員之醫療水準的不同而有所差異,故實務上一則判決曾表示:

> 「醫療行為因具專業性、錯綜性及不可預測性,並為求醫療水準提升及保障病人權益的均衡,一般均以醫療常規作為醫護人員注意義務的判別標準。原則上,醫學中心的醫療水準高於區域醫院,區域醫院又高於地區醫院,一般診所最後;專科醫師高於非專科醫師,因此,尚不得一律逕以醫學中心之醫療水準,作為判斷的標準……。故因人、事、時、地、物之不同,醫療常規並非一成不變,在醫學中心、區域醫院、地區醫院、一般診所,因設備等之差異;在每一時期,因醫學之進步程度,醫療常規乃具浮動性。[41]」

由此可明白「醫療水準」是作為「醫療常規」之調整器[42],使得醫療人員能因時制宜而提供符合當時需求的客製化醫療行為。

(二) 醫療水準

醫療水準論立基於醫療契約理論,是以一定水準(義務)之要求來作為醫療機構履行醫療給付義務之標準,其源自於日本,起初以醫療機構之責任為對象,綜合各種因素來決定醫療水準之注意義務,而非獨尊醫療慣

---

40 台灣高等法院 97 年度醫上訴字第 9 號刑事判決(簡稱:97 醫上訴 9)。
41 最高法院 105 年度台上字第 182 號刑事判決(簡稱:105 台上 182)。
42 蔡蕙芳、陳惠芬,刑事醫療過失中違反注意義務行為:以 12 則診斷誤失有罪判決為研究起點,科技部補助「刑事重大過失之理論與實用──以醫療過失為研究對象(2013/08/01-2015/07/31)」計畫,頁 37(未發表)。

行，亦不以法令有明文規定者為限，醫療常規、醫學文獻、醫學教科書、醫療環境等亦常以之作為注意義務的重要根據，其符合現代組織性醫療之潮流[43]。醫療水準可概略分為醫學水準與醫師水準：

1. 醫學水準

謂醫師負有就符合醫療當時所應有的醫學水準以提供醫療給付，亦即醫師必須隨時學習汲取新的知識及技術，倘不盡其義務而貿然行醫致生損害，即可謂有過失。當然，如果是因為之後的醫學進步，水準提高，也不會因而認定當時的行為有過失。惟，用來衡量過失的醫療水準是指「學問上的醫療水準」或是「臨床上施術的醫療水準」？由於一個醫療技術從萌芽到成熟需要相當的時間才能真正在臨床上實行普及，此時才能合理期待一位醫師能知悉熟稔該技術，並以之作為衡酌過失成立與否，故本文以為應以臨床上已實踐的醫療技術為基準，才符合刑法之謙抑性原則並避免過度評價。

2. 醫師水準

我國醫師訓練採專科醫師制度，即醫學生於醫學院畢業後，先經過一般醫學訓練，再依據個人意願及興趣進入專科訓練。故一般醫師與專科醫師在執行醫療診斷時，對於某個疾病的瞭解會因為受過專科訓練與否而有所不同，故在判斷醫師是否盡其注意義務方面當然不應等同視之：一般醫師在診療時，倘若發現該疾病非其能力所得處置，其所負有的是轉診義務，將其轉至專科醫師處所，即不具有過失；而專科醫師可說是該領域的專家，就其專業能力範圍內必然有高於一般醫師的要求，必須踐行善良管理人的注意義務，才能謂之無過失。

(三) 實證醫學

實證醫學[44]的源起，是於 1972 年英國臨床流行病學專家 Archie Cochrane 提出「謹慎、明確、小心採用目前最佳的證據，作為照顧病人

---

[43] 王富仙，醫療行為過失之認定標準，軍法周刊，第 64 期第 1 卷，2018 年 2 月，頁 49-50。

[44] 張麗卿，實證醫學在醫療過失審判實務上的意義──從胃腺癌存活率談起，東吳法律學報，第 21 卷第 2 期，2009 年 9 月，頁 4-10。

臨床決策的參考」，他認為所有的醫療行為都應該有嚴謹的研究並經證實
為有效治療方式之依據，才能將醫療資源做最有效的運用，而醫療資源應
透過經嚴謹的研究並經證實為有效治療方式，才能正確地提供醫療服務。
然而，「實證醫學」一詞則是由 1992 年加拿大麥克馬斯特大學的 Gordem
Guyatt 博士正式提出後，才廣泛地引起大家的討論及關注，進而使得世界
各地的醫療機構，積極地從龐大的醫療資訊中過濾出精華部分，並嚴格檢
視這些醫學資料、文獻，並做出系統性的整理分析，以作為醫師在臨床工
作上照顧病患的指引，這項具有時代性的改革使得以往著重在醫師個人經
驗及權威的傳統醫療模式，進步到會隨著現代醫學資訊發展及醫療儀器更
新而以實證醫學為決策中心的臨床醫療模式，使得以往認為對病患理所當
然的治療方式，很可能會被日新月異的實證醫學瞬間淘汰。

　　醫療常規，或可稱為「醫療臨床指引」，係指醫師在施行醫療過程中
所應遵循的一套定型化的行為標準程序，而「指引」則是在實證醫學的框
架下，經過統計及系統化的研究所產生出來的各種醫療工作者標準化流程
及規則，用以協助醫療人員在個別的情況下能快速決定應行的途徑，減低
醫療不一致性並得以提高醫療水平。故醫療臨床指引或是醫療常規在現代
化的醫學裡可說是實證醫學下的產物。惟，實證醫學並非萬能，仍然有其
侷限性：不可諱言的，隨時不斷更新自己的知識對許多人來說都是一項挑
戰，畢竟人還是習慣於做自己熟悉的事務，畢竟上手的事情才會做起來順
利，新奇的技術固然有挑戰性，但帶來的是不安感及不確定感，故面對新
知識的態度可能是實證醫學上需要醫療人員來共同克服的一項難關。

三、轉診義務

(一)轉診義務的法源

　　由於大多數病患缺乏充足的醫學知識，所以只能仰賴醫療人員並交
付自己的健康及生命，同時，醫療人員也接受並盡力完成病患所託以期恢
復健康。然當醫療機構因現實所限，無法確定病患之病因或提供完整治療
時，即應將之轉診。醫療法第 73 條第 1 項前段：「醫院、診所因限於人
員、設備及專長能力，無法確定病人之病因或提供完整治療時，應建議病

人轉診。」我國就轉診的規範主體係醫院、診所,即醫療法第 12 條第 1
項所稱之醫療機構而非醫師本身,就規範內容是「建議病人轉診」或「協
助安排轉診[45]」。故轉診本質上亦屬於醫療院所之法定責任,且轉診義務
應為醫療給付中之主給付義務而非附隨義務,以期能保障病人持續、完整
之醫療照護權益。惟[46],最高法院曾經揭示,醫療過失係指醫療人員違反
客觀上必要之注意義務,原則上以當時臨床醫療實踐之醫療水準判斷是否
違反注意義務。然若醫師囿於設備及專長,未能確定病因或提供病患較完
備之醫療服務,即應為轉診。應轉診而未轉診,使病患未及接受較妥適治
療並因而致病患發生死亡之結果者,能否謂其已盡注意義務而無任何疏懈
怠忽之責,非無研求之餘地[47]。似乎將轉診義務劃歸為醫師的責任,與法
律的規定不相符合,不無疑義。本文以為,因為接觸病患的主體是醫師
(醫療人員),所以最高法院才會將醫療院所的責任直接由行為人承接,
畢竟刑法處罰的主體是以自然人為主,但在罪刑法定原則之下,似乎不適
宜直接如此認定,應將之視為建議轉診之醫療義務的衍生義務為宜。

(二)轉診的原因

依醫療法第 73 條第 1 項前段之規定,轉診的原因可分為人員能力不
足及設備不足:

1. 人員能力不足

我國醫界三大領域中,在西醫領域很早前即設有內科、外科、婦產
科、耳鼻喉科……等二十多個專科醫師制度;而在牙醫領域方面,在近兩
年亦陸陸續續通過兒童牙科、牙髓病科、牙周病科、齒顎矯正科……等十
個專科醫師制度;中醫領域方面,衛福部中醫藥司於 2017 年委託醫策會
試辦「中醫專科醫師制度建構計畫」,且於 2019 年由花蓮慈濟醫院承接
「中醫內科專科醫師訓練計畫」,並首次舉辦中醫內科專科醫師測驗,中
醫界亦開始起步推動專科醫師制度。專科醫師制度的目的係為鼓勵醫師接

---

[45] 緊急醫療救護法第 36 條。

[46] 王富仙,轉診的義務,杏林法語,2010 年 6 月,頁 1。

[47] 最高法院 97 年度台上字第 4739 號刑事判決(簡稱:97 台上 4739)。

受完整臨床專業訓練，促使其不斷吸收醫學新知，並經過特定的指導以對特定疾病有更深入的瞭解，藉以提升我國醫療服務品質。而每個專科醫師制度都有其對應的專科醫學會，協助衛福部培訓甄審專科醫師，並定期舉辦各式學術演講及專題討論會，讓專科醫師們能學習最新的醫學知識，醫療技術亦能與時俱進。故專科醫師理應比一般醫師更能瞭解特定疾病並有更先進的治療技術，故一般醫師如果限於專科醫學能力的不足，即應評估將病患轉診至專科醫師處所，以讓病患獲得更專業的照顧，此乃正確醫療行為的一個環節，若違背正確的轉診評估，即顯然有過失之虞。

2. 設備不足

我國現有醫療體系將醫療院所區分為基層診所、地區醫院、區域醫院及醫學中心，並有衛生福利部委託之財團法人醫院評鑑暨醫療品質策進會負責評鑑工作，依各醫療院所具有之醫療設備、處置能力、科別配置及感染控制等規模做出分級。因此，如果醫師無法確定患者病因（因所屬醫療設備或醫療機構性質之限制，無法判斷出患者所罹患的疾病為何，致無法採取正確治療方法以降低疾病風險）或醫療機構無法提供完整治療（醫療機構雖能確定患者身患何疾病，但可能因醫院患者人數超出負荷而無法提供完整治療，例如有重大工安事故，醫院急診室患者超出急診醫師負擔的容量），即發生轉診需求，醫療院所必須指示或告知病患要轉至具有能力提供該醫療照護之處所就醫。當然，若病況危急，則醫師應依醫療法第73條但書之規定，先予適當之處理始可轉診。

(三) 轉診的說明義務

緊急傷病患轉診實施辦法（97年7月17日衛署醫字第0970206888號令發布）第5條：「醫院辦理轉診，應將其原因與風險告知傷病患本人或其親屬，並記載於病歷。傷病患意識不清且親屬不在場時，應於病歷內一併載明。[48]」當發生轉診的原因時，就可能產生由醫師或病患「發動」轉診：若是由醫師發動轉診，代表醫師認為已經存在或可預見無法提供治

---

[48] 廖建瑜，論醫師之轉診義務——評析臺灣高等法院高雄分院95年度重醫上更（三）字第2號刑事判決，法學新論，第35期，2012年4月，頁137-141。

療的風險，當然必須向病患盡說明義務，即對於整個治療施行過程需要病患配合之處及如何避免危險，如果醫師未盡該說明義務導致病患因而治療失敗，恐有過失之虞；若是由病患或其家屬自主發動轉診，由於尊重患者醫療自主決定權，醫療院所亦應聽從其意見並協助其轉診至需要的處所，將病患轉出前，醫師亦應盡其說明義務，提供其轉診所需之資訊。故轉診的說明義務含有保護病患自主權及迴避結果發生之安全說明性質。

轉診的說明內容應有哪些呢？

1. 診斷的結果

病患就醫無非是希望藉由醫師的專業診斷或儀器的檢查來得知自己的病況，並進而尋求對於異常狀況之醫療協助。而從病患自主決定權的角度來看，必須先讓病患瞭解自己身體狀況，才能進一步評估接受或不接受何種醫療處置，由病患自己做危險評估及利益衡量。而轉診的情況是因故無法判斷出病因，故僅就診斷結果及檢查結果來說明，並就可能疑似病因的說明。

2. 替代性治療

係指若不接受轉診，而留在原治療院所可能會接受之處置的利害風險說明。此項說明的目的在於使病患有機會參與治療計畫的決策，除了醫療上的考量外，亦可能包含經濟上的考量，以便使病患衡量自己經濟能力與醫療方法之代價是否能找到平衡點，再決定是否轉診。

3. 轉診的原因

應說明必須將病患轉診的原因，是因為醫師並非該專科診療項目而能力不足或是設備不足，以至於無法提供完整治療，以及若病患不為醫師所建議的處置，則可能遭致之危險說明。因為病患有權選擇不為醫師所建議的處置，故醫師亦應告知病患拒絕其建議可能面臨的風險。除此之外，在轉診前亦要說明病患無完整治療的後果。

4. 其他說明

醫師可能基於健保申報規定之考量而做出治療方針，在轉診中常見的是醫院可能基於考量 DRGS 制度，對於治療特定疾病給付費用不足而無法收治病患。只要可能影響醫師醫療處置上的判斷，即使是屬於醫師個人

利益（甚至隱私），仍須向患者說明以提供其是否接受醫療處置之評估因素（所謂 DRGS，診斷關聯群 Diagnosis Related Groups，係一種住院給付制度，將醫師診斷為同一類疾病、採取類似治療的疾病分在同一組，再依病人的年齡、性別、有無合併症或併發症、出院狀況等再細分組，並將同分組的疾病組合依過去醫界提供服務之數據為基礎，計算未來保險人應給付醫院之住院費用，此種支付方式又稱「包裹式給付」）[49]。

四、告知同意義務

為提升醫療品質，維護病患權益，促進國民健康，合理分布醫療資源及推動醫療機構的健全發展，制定了醫療法。而醫療法第 81 條規定：「醫療機構診治病人時，應向病人或其法定代理人、配偶、親屬或關係人告知其病情、治療方針、處置、用藥、預後情形及可能之不良反應。」除了醫療機構外，醫師法第 12 條之 1 亦規定：「醫師診治病人時，應向病人或其家屬告知其病情、治療方針、處置、用藥、預後情形及可能之不良反應。」二法條明文將醫療機構及醫師的告知義務（說明義務、告知後同意義務）入法。醫療乃是高度專業且具危險之行為，病患或其家屬通常須仰賴醫師之說明方能瞭解醫療行為的風險、效果及必要性，故醫師為醫療行為時，自應詳細對病患本人或家屬說明病情、可能診斷及治療方式之選擇及其風險，賦予病患選擇拒絕或接受的空間，以保障病患身體自主權。司法實務上則認為：

「醫師應盡之說明義務，除過於專業或細部療法外，至少應包含：(一) 診斷之病名、病況、預後及不接受治療之後果。(二) 建議治療方案及其他可能之替代治療方案暨其利弊。(三) 治療風險、常發生之併發症及副作用暨雖不常發生，但可能發生嚴重後果之風險。(四) 治療之成功率（死亡率）。(五) 醫院之設備及醫師之專業能力等事項。一般情形下，如曾說明，病人即有拒絕醫療之可能時，即有說明之義務；於此，醫師若未盡上開說明之義務，除有正當理由外，難謂

---

49 衛生福利部中央健康保險署，https://www.nhi.gov.tw/，最後瀏覽日：2021/10/8。

已盡注意之義務。又上開說明之義務，以實質上已予說明為必要，若僅令病人或其家屬在印有說明事項之同意書上，冒然簽名，尚難認已盡說明之義務。[50]」

本文以為，司法實務及部分法律條文喜歡用「說明義務」一詞。惟，所謂的說明義務不單單只有「說明」而已，其包含「告知」及「同意」兩部分，「告知」指的是醫師的告知義務，「同意」指的是病患的同意權利，而判決及法條似乎都將之予以混用，似有未妥。

(一) 告知同意義務的緣起[51]

西方世界在 19 世紀末即已提出以「病人的承諾」當作醫師正當醫療行為的核心，除了德國於 1894 年萊茵法院判決中確認的「承諾原則」外，美國在 20 世紀初期也出現許多判決見解以奠定「病人承諾說」的基石。第二次世界大戰時，納粹軍團對集中營收容者進行慘絕人寰的人體試驗，而戰後的紐倫堡大審在對納粹醫師審判後，於 1947 年的紐倫堡條約中開宗明義宣示「受試者的自願同意是絕對必要的」，亦即強調受試者必須在沒有壓力、脅迫、利誘、不受欺瞞的意願下之自願同意，使得「病人承諾說」進化到「告知後同意法則」。而「告知後同意」（Informed Consent）的用語正式出現，則是在 1964 年世界醫師會所通過的「赫爾辛基宣言」，該宣言也是針對人體實驗而提出的。1960 年代，美國開始風行消費者保護運動，此精神亦吹進醫療領域中，隨著醫療機構化，醫師父權思想式微，導致病患對醫師的信賴感瀕臨破碎，最終將告知後同意法則發展成醫療領域中醫師應遵守的倫理規範。

(二) 告知同意義務在我國的三個遞嬗時期[52]

1. 萌芽期（2001 年至 2004 年）

為減輕醫師在繁重業務上的負擔，並減輕醫師在醫療過程中所扮演吃

重的角色，亦減輕醫師在訴訟中的舉證壓力，醫療行為前是否盡告知義務僅以形式判斷，只要病患於同意書上簽字即可認為醫師已盡其責任。在本時期中，司法實務並不重視醫師是否真正有向病患說明病情，故於訴訟中只要醫師拿出病患簽名的同意書，即可視為病患理解並同意書面上所寫的檢查或治療。甚至有些判決對於醫師因為違反告知義務導致病患的健康受傷害結果，認為僅是民事損害賠償責任的問題，與刑責無涉，將告知義務與過失責任脫鉤處理。

2. 發展期（2005 年至 2008 年）

最高法院 94 年度台上字第 2676 號刑事判決作成後，實務上拋開以往消極的態度，對醫師告知義務的內容與效果做出明確的定位與規範，其提出兩項劃時代的見解：一者，確認告知義務之履行必須實際為之；二者，違反告知義務幾近等於違反注意義務，並極有可能成立過失犯。

(1) 落實實質告知義務

依照醫療法的規定，施術前必須向病患或其家屬說明，獲得其同意後才能進行。不過，一旦簽訂同意書後，是否即代表醫師已完整說明且免除告知義務？而告知義務的射程範圍為何？醫師除了對於病患說明外，亦應達到充分告知的程度，亦即該告知內容、方式，皆能正確無誤傳達到病患內心，並具體地提出診斷狀況、治療或替代方案、治療風險與成功率、醫師專業能力，以及在一般情形下，如曾說明，病患即有拒絕醫療可能時就有說明義務等等標準。這些建立了醫師說明義務的核心內容，以提供往後司法判斷的重要參考。說明到何等程度牽涉的是如何實現告知義務，一旦醫師口頭草率說明，病患有聽沒有懂，或指示護理人員轉述應告知事項，此等皆無法幫助病患瞭解自身處境以及計算接受醫療方案後的利弊得失，即如同未履行告知義務般侵害病患醫療自主決定權，而說明程度亦應隨著醫療風險的高低進行適度調整，對於有侵害身體或生命重大風險的醫療行為，醫師必須親自且詳盡地說明各項醫療行為細節及風險，這也是該時期實務上著重的重中之重。

(2) 違反告知義務幾近等於違反注意義務

在萌芽期階段，否定告知義務與醫療過失責任有關聯性，認為僅是民

事損害賠償責任的問題。而到了最高法院94年度台上字第2676號刑事判決，認為未盡說明義務乃是過失違反醫療所應遵行的準則，故屬於醫療注意義務之違反，故成立過失犯。此番見解逐漸影響下級審，引起醫界的擔憂，是否一旦未完全符合實質說明義務（例如：漏說了一種併發症）的要求，就可能因此背上刑責，如此可能會加重醫師的負擔，造成醫師心理上的不安全感。

3. 修正期

最高法院94年度台上字第2676號刑事判決問世後，掀起一番風起雲湧，引起下級法院的普遍共鳴，讓司法實務對醫療告知義務之責任取得重大的突破，亦引起醫界廣泛的擔憂及質疑。近年來，法院發現該判決的若干觀點似有不妥而予以修正，針對發展期過度詮釋告知義務內涵及效果的反向省思，主要修正方向有二：

(1) 深化告知義務的程度

在發展期認為，治療風險、常發生之併發症（或副作用）以及雖不常發生但可能發生嚴重後果之不良反應及風險，皆應該包含在醫師告知義務責任內，這也是醫師法第12條之1的涵攝範圍，當時的實務上認為這對醫師而言，並不會增加過高的成本。告知義務的核心觀念是病患自主決定，惟病患大多沒有充足的醫療知識得以判斷自己的病情，故要深化告知義務的程度，是要從醫師的立場出發抑或是從病患的立場出發？從醫師的立場出發，可能會忽略病患的權益；從病患的立場出發，則可能無助於釐清病況，甚至可能會虛耗醫療資源及延誤病情。故，應採折衷立場，為了使醫療過程順暢，告知說明的程度仍取決於醫師的專業，但若涉及病患須親自決定的事項（例如：有多種術式可供選擇、可能有傷殘乃至於死亡的極高機率），理性醫師必須分析各種利弊得失讓病患瞭解，才是王道。

(2) 違反告知義務未必即有過失

台灣高等法院台中分院100年度重醫上更（二）字第64號刑事判決中指出，醫師未踐行告知義務，屬於注意義務的責任有疏失。然而就刑事責任認定的範圍而言，其評價非難的重點不在於因為未告知而伴隨而來的副作用或併發症之不作為行為，而是在於醫療行為本身不符合醫療常規而

應予非價。故醫師未盡告知義務與在醫療過程中是否有過失，無必然關聯而實屬二事。

醫師在具體個案中，若履行告知責任時，病患將有迴避死傷風險的可能，亦即「醫師若有說明，病患即有拒絕醫療的機會」，醫師若無告知即可能成立過失罪責。綜上所述，要成立過失犯終究須取決於違反客觀注意義務，且該義務與結果間須具有相當因果關係，才足致之。修正期修正了發展期過度苛刻醫師責任的規範。

(三) 告知義務

1. 告知義務的主體

告知義務的主體，或者說是告知義務的義務人究竟是誰？這牽涉到誰可能必須負刑事上的責任，在醫療法、醫師法、護理人員法、安寧緩和醫療條例都有不同的規定，因而在實務及學理上有各種不同的見解：

(1) 醫師

醫師法第 12 條之 1 規定：「醫師診治病人時，應向病人或其家屬告知其病情、治療方針、處置、用藥、預後情形及可能之不良反應。」安寧緩和醫療條例第 8 條前段規定：「醫師應將病情、安寧緩和醫療之治療方針及維生醫療抉擇告知末期病人或其家屬。」為保障病患身體健康及生命決定權，以醫療契約及誠信原則為基礎，要求醫師對病患或其家屬為詳細的說明，使其能獲得充分的資訊以判斷是否接受該醫療行為並且承擔該醫療結果。以此說認為告知主體必須是醫師而非其他醫療輔助人員，其他醫療輔助人員可以補充告知但不能取代醫師的地位及說明效力[53]。

A. 主治醫師：由於實際從事醫療行為者僅限於取得醫師資格之人，而告知義務係附隨於醫療行為的內容而生，非醫師不得從事醫療行為。則實際上能為醫療告知者僅有醫師，雖醫療法規定醫療機構有告知義務，但從目的性解釋而言，實際上從事醫療行為之主治醫師當然負有告知義務[54]。

---

[53] 王富仙，混沌之醫療說明義務，環球法學論壇，第 10 期，2011 年 12 月，頁 74-76。
[54] 台灣宜蘭地方法院 91 年度訴字第 109 號民事判決（簡稱：91 訴 109）。

B. 住院醫師：所謂「住院」醫師，即須常常住在醫院的醫師，所以與病患接觸時間較長的往往不是主治醫師，而是住院醫師。故現行醫療實務上往往是由住院醫師（或總醫師）來對病患進行告知義務，實務上亦有判決同意此觀點：醫院已指示其總醫師、住院醫師將手術原因、手術名稱、手術風險及可能發生之併發症及危險，已用書面之方式告知上訴人並經其同意，始為該手術[55]。

C. 每一位參與的醫師均須說明：在複雜的醫療過程中，可能會有許多的醫師參與其中，或者除了主要診治醫師外，也可能會診其他科外的醫師。而每一位醫師的出現對病患來說可能代表著新的病況出現，故均須就其所負責的醫療行為，負有向病人作說明的義務。當然，亦可協調由一位醫師作總說明。

(2) 醫療團隊成員

隨著科技的日新月異，醫療已經由單打獨鬥走向團體作戰，故一個醫療行為有時候可能會延續數小時甚至數天之久，而往往無法加以切割，如果要每一個參與其中的人在動作前都須盡告知義務，事實上不太可能（例如：病患在麻醉中），故由醫療團隊其他人員綜合說明者，既屬臨床醫療實務上所常見，亦為專業醫療分工下之必然，本文以為實際診治醫師委由其他醫師或非醫師之醫事人員（或護理人員）代理向病患為說明，倘該第三人之能力足能勝任說明義務，似無不可。惟，護理人員法第 24 條第 1 項之規定，護理人員之權限，僅止於健康問題之護理評估、預防保健之護理措施、護理指導與諮詢，而醫療輔助行為亦應在醫師指示下始得為之，故診察行為自非護理人員所得為之，所以護理人員似不得為說明義務之說明人？如此解釋就圄於法文字面上的狹隘了，畢竟護理行為亦是醫療行為不可或缺的一部分，如果欲強行割裂護理過程與醫療過程，則恐有引發各個醫療領域占地為王而不肯合作之害。

(3) 醫療機構

依照醫療法第 63 條第 1 項及第 64 條第 1 項的規定，說明義務主體都

---

[55] 台灣高等法院 96 年度醫上字第 26 號民事判決（簡稱：96 醫上 226）。

是醫療機構,包含醫院、診所或類似之場所,目前於實施手術或進行侵襲性檢查或治療時,大都制定有定型化的同意書或說明書,詳細告知病人有關某種手術或侵襲性檢查或治療的風險、必要的醫療資訊以及應行注意的事項。所以,醫療機構亦屬於說明的主體[56]。再從契約的面向來看,依照一般社會通念,當病患步入醫療機構排隊掛號時起,即已為醫療行為之要約,而醫療機構允其掛號即為承諾,因此病患已與醫療機構之間締結醫療契約,基於誠實信用原則,醫療機構於締約前應有義務說明,實屬當然。

2. 告知義務的對象

醫療法第 81 條:「醫療機構診治病人時,應向病人或其法定代理人、配偶、親屬或關係人告知其病情、治療方針、處置、用藥、預後情形及可能之不良反應。」為尊重病患對於醫療自主決定權,醫師告知義務的對象應以本人為原則,如病患意識不清或無決定能力時,始得例外向其家屬或第三人作說明。不過,依前開法條的規定,告知的對象則係向病人或其法定代理人、配偶、親屬或關係人為之。中間規定一個「或」字似不以本人為必要,縱未向病患說明,而僅向其法定代理人、配偶、親屬或關係人中之一人擇一說明亦無不可。

(1) 病患

病患的自主決定權應是專屬權利,因為只有病患本身才可以經由獲知資訊、判斷得失而後做出最終決定。由於我國刑法所建構的犯罪構成要件,其目的是為了保護特定法益,而對於個人法益的面向,刑法並不反對個人具有處分自己法益的權利。換言之,個人得以同意或承諾放棄個人部分法益(原則上不能,例外才能),亦即是「個人自願放棄法律保護」。故在醫療行為犯罪說的理論底下,認為病患的同意可以阻卻違法[57],亦即告知同意法則可作為超法規阻卻違法事項,一旦病患同意醫師的醫療計畫,醫師在醫療計畫內的行為就能在法律面前免責,對於病患的影響不可謂不大。故上述醫療法第 81 條的規定似有不妥。

---

56 甘添貴,前揭註 27,頁 32-33。
57 王皇玉,前揭註 15,頁 77-78。

(2) 第三人

衛生署（維生福利部前身）於民國 93 年 10 月 22 日公布醫療機構施行手術及麻醉告知暨取得病人同意指導原則[58]：

「第二（二）告知之對象：1. 以告知病人本人為原則。2. 病人未明示反對時，亦得告知其配偶或親屬。3. 病人為未成年人時，亦須告知其法定代理人。4. 若病人意識不清或無決定能力，應告知其法定代理人、配偶、親屬或關係人。5. 病人得以書面敘明僅向特定之人告知或對特定對象不予告知。」

此一規定較符合目前現實狀況。由於我國家屬之間的關係大多較外國人密切，相互關心的程度亦相當普遍，可以視之為生命共同體，故原則上向病患說明之外，亦有必要向其家屬說病情。惟，如果病患本人不希望醫師告知其家屬，基於醫病的信賴關係，也應尊重之。

3. 告知義務的內容

告知同意法則要求醫師（醫療機構）負法定告知義務，而告知義務的內容（範圍）為何？醫療法第 63 條第 1 項：「……說明手術原因、手術成功率或可能發生之併發症及危險，並經其同意，簽具手術同意書及麻醉同意書，始得為之。」醫療法第 81 條：「……告知其病情、治療方針、處置、用藥、預後情形及可能之不良反應。」醫師法第 12 條之 1 之內容亦同：「……告知其病情、治療方針、處置、用藥、預後情形及可能之不良反應。」而實務上則認為告知義務的內容包括病患病況之輕重、恢復之可能性、所決定醫療行為之性質、理由、內容、預期效果、醫療方式、難易度、對病患身體可能侵害範圍及程度等等，並應詳實說明使病患充分瞭解該醫療行為對健康可能產生之影響[59]。但如前所述，醫療的不確定因素實在太多了，一樣米養百樣人，每一個人可能因年齡、學識、經驗而影響

---

[58] 行政院衛生署衛署醫字第 09300218149 號。
[59] 最高法院 99 年度台上字第 558 號刑事判決（簡稱：99 台上 558）。

智識程度或理解能力，且醫療參雜了高度主觀意念，事前認知與事後感受差距可能很大，醫師很難掌握每位病患之特別性及主觀感覺，過度課予醫師責任，恐將造成醫師過度沉重之負擔，並且會是損及而非增加眾人的醫療福利。再者，必要性醫療（如：心臟病開刀、大腸癌開刀）與非必要性醫療（牙齒美、減肥埋線）所賦予病患的選擇性各有不同，例如：有些愛美人士，縱使該手術風險極大或者該手術、藥物尚未經許可，為了愛美，不論有無獲得充分告知，依舊會勇往直前來冒險嘗試，此時充分告知與否真能影響其決定或選擇嗎？另一方面，常見的併發症或副作用當然應該告知，而罕見的併發症或副作用是否屬於告知範圍？又「罕見」定義為何？究竟何種程度屬於「罕見」？區分依據為何？更是有賴司法實務上予以補充解釋。

4. 告知義務的方式

告知義務之方法有口頭告知、書面告知兩種，如果只有口頭告知而沒有書面告知，病患是否敢於醫師說明的時候提出疑問？或者訴訟中醫師如何舉證其已盡該義務？如果只有書面告知而沒有口頭告知，醫師是否符合充分告知義務的定義？

告知同意法則所要求的醫師告知義務是一個「實質說明」義務，以病人的瞭解為必要，任何形式的告知方式勢必以此為最高指導原則，或口頭或書面甚至間接傳達，皆無不可。

5. 告知義務之界線

(1) 緊急狀況時

病患情況嚴重且危急，有緊急治療的必要時，例如：車禍昏倒在路邊且身分未明，倘若須找到家屬再行告知義務才予以救命，則病患恐怕早已一命嗚呼哀哉。故，此時可例外免除醫師的告知義務。

(2) 病患無自主能力時

病患本身有癡呆症、精神分裂或類似之疾病以至於無自主決定能力時，此時縱使對其詳盡說明，仍無法使之瞭解實情及無法做出抉擇，對其說明與未說明無異，此時應該對其法定代理人或家屬行告知義務。

(3) 不宜或沒必要向病患說明

得以預測治療結果將蒙受重大損傷，而完全說明將對病患精神造成沉重負擔；或者病患對於病名、病況、預後及不接受治療的後果以及侵襲性的醫療行為可能帶來的風險，已有充分知識且表示不須說明；或者對醫師之處置在醫療過程中於一定程度內，依社會一般人通常智識、經驗已可預見者；或者是輕微之傷害，皆得不需要告知[60]。

(三) 同意權利

1935 年刑法正在制定的時候，當時學者陳文彬著作了《中國新刑法總論》一書，認為醫療行為要以業務上正當行為來阻卻違法的話，在適法性的認定上，必須具備病患同意之要件，此觀點在 19 世紀末即已獲得西方國家的認同，而 20 世紀初的美國判決亦出現許多醫師未得病患同意，而法院以傷害行為要求醫師賠償的案例。1960 年代之後，我國有許多學者將「病人承諾」概念納入醫療行為正當性，蔡墩銘教授在《中國刑法精義》一書指出，業務上正當行為之阻卻違法要件之一為「得被害人承諾」[61]。

1. 同意權利的主體

(1) 具有同意權的主體，原則上應為病患本人。惟，病患依行為能力可分為完全行為能力人、限制行為能力人、無行為能力人；依年紀可分為成年人、未成年人；依精神狀態區分，有狀態正常的、狀態輕微異常的、狀態嚴重異常的。病患是否有同意能力，影響其同意的法律效力問題，涉及病患權益甚大。

(2) 以刑法上得被害人承諾的法理來看，只要被害人瞭解自己的法益即將被侵害，並予以同意即發生承諾的效果，與行為能力或責任能力無關。惟，該同意必須具真摯性及任意性；以民法的角度來看，醫病關係是建立在醫療契約上，而契約的成立需要意思表示合致，若非完全行為能力人所訂定的契約，不具有法律的真正效力。

60　同前註 59。
61　王皇玉，前揭註 15，頁 70。

(3) 如果本人因故無法成為同意權利的主體時，醫療法第 63 條及第 64 條規定：「……應向病人或其法定代理人、配偶、親屬或關係人說明……。前項同意書之簽具，病人為未成年人或無法親自簽具者，得由其法定代理人、配偶、親屬或關係人簽具。」

2. 同意權利的內容

醫療法第 63 條及第 64 條之規定，醫師實施治療行為時，經向病患說明（告知）後（即履行告知義務後），另外需得病人同意的範圍僅限於法律所明文的「實施手術」、「實施中央主管機關規定之侵入性檢查或治療」[62]。

(1) 手術：在全民健康保險醫療服務給付項目及支付標準表中，第二部（西醫）→第二章（特定診療）→第七節（手術）中羅列許多手術術式，是實務上辨別處置與手術的重要區別依據，在此範圍內即需遵循醫療法取得病患同意。

(2) 侵入性檢查或治療：實務認為，依行政院衛生署 93 年 8 月 27 日衛署醫字第 0930022696 號函釋：

> 「按侵入性醫療行為，係指醫療行為步驟中，採用刺穿（Puncture）；或採用皮膚切開術（Incisionofskin）；或將器械、外來物置入人體來從事診斷或治療之行為，均屬之。」

因而，行政院衛生署以 93 年 10 月 22 日衛署醫字第 09302218149 號函公告「醫療機構施行手術及麻醉告知暨取得病人同意指導原則」以為規範侵入性醫療行為，並確保病患接受醫療資訊說明與告知之權利[63]。

3. 行使方式

醫療法第 63 條第 1 項、第 64 條第 1 項、精神衛生法第 31 條、安寧

---

62 陳子平，醫療過失刑事裁判的問題思考——一件經過七次審級的裁判事件，月旦法學雜誌，第 218 期，2013 年 7 月，頁 177。

63 台灣高等法院台中分院 100 年度重醫上更（二）字第 64 號刑事判決（簡稱：100 重醫上更二64）。

緩和醫療條例第 7 條第 1 項等法律規定，病患同意權行使的方式均須以書面為之，如有違反將處以罰鍰。這些規定都是屬於行政法的規範，罰鍰亦僅屬於行政處分。其立法意旨，主要在於預防未來如有醫療糾紛時，得有證據以茲證明，以免口說無憑而徒增事端。故，本文以為，雖然若干法律有強制規定以書面為行使方式，但在解釋論上，口頭同意亦無不可。

4. 同意權行使之例外

(1) 緊急狀況時：以行為目的而言，傷害罪乃是以傷害結果的出現為最終目的；醫療則是以傷害行為為手段以達到病患健康的恢復為最終目的，而傷害結果的出現只是行為的中間目的[64]。身體生命法益持有人為追求更優越的利益而同意（承諾）該中間目的，倘若病患於緊急狀況不能或無法做出決定時，則需由現場醫療人員代為考量權衡得失，並代為做出決定。

(2) 強制治療時：我國刑法第 91 條之 1 及性侵害犯罪防治法第 22 條之 1 皆有針對性犯罪之加害人得施以強制治療的規定，雖說強制治療是為維護社會秩序並對加害人給予醫療照護，屬於保安處分的一種。但就醫學上來說，犯罪常常是因為心理或生理上有缺陷或有偏差而致之，故強制治療無須得到本人的同意就可行之。

參、因果關係

中國古代東晉時，王導任宰相、王敦任大將軍，兄弟倆掌握政治及軍事大權。後來，王敦起兵叛亂，王導畏罪，於是帶著宗族二十多人，每天到宮門外待罪。有一次看到周顗正要進宮，王導跪在地上呼喚周顗：「伯仁，我王家百口就在你手中了。」周顗頭也不回而直入宮中，見到皇帝時則極力表示王導忠誠，使得皇帝不殺王導。可是王導不知道，因此心中始終怨恨周顗。後來王敦政變成功後，開始秋後算帳。由於周顗聲望很高，王敦有所顧忌，乃徵詢王導意見。王敦三問王導，王導都不為周顗說情，於是王敦便殺了周顗。王導後來整理宮中舊檔案，發現周顗當初上表營救

64　王皇玉，前揭註 15，頁 78-79。

自己的文件，拿在手中流眼淚說：「我雖然沒有殺伯仁，伯仁卻為了我而死」[65]。

刑事案件對於結果犯的認定以被害人的受害結果必須是行為人的行為所造成的，行為與結果之間必須存在著原因與結果的連鎖關係，始得判斷行為屬既遂，而將既遂的結果歸責於行為人，行為人方須負起既遂罪的責任。而在未遂罪的認定上，雖然該行為造成的結果未發生，表面上來說似乎無須討論因果關係，但因為行為人已著手實施犯罪行為，想像中如果有完成即可能會對法益造成侵害，亦即該未遂行為有可能達到法條所設定的結果，或可稱為是一種想像中的因果關係。但如上一段所描述的故事，王導與伯仁的死，也有因果關係嗎？連無作為的行為也是結果發生的原因嗎？因果關係的判斷千古以來一直困擾著我們。

醫療糾紛的發生大都是因為病患後來產生了傷害或死亡的結果。其實對醫師來說，疾病本來就可能使病患逐步走向不好的結果，這是疾病歷程的一部分。但是對病患來說，由於對疾病的恐懼而轉換成對醫師的依賴，總是期待可以藉由醫療行為而扭轉乾坤，以至於對於後來所演變的結果，病患或其家屬往往不願亦不能理解為何會是如此。而司法實務上要判斷的是，該結果是否應由某項醫療行為來負責，此時需要解決的難題是，如何判斷醫療行為是支配結果發生的主要力量，而非疾病本身不得不導致的結果發生的原因，以下就各個學說理論分述論之：

一、條件因果關係

所謂條件因果關係，是指造成具體結果的發生，客觀上所有不可想像其不存在的每一個條件，皆為發生結果的原因，而具有因果關係。反之，若可想像其不存在而結果仍會發生，則非刑法上之原因，亦即不具有因果關係[66]。刑法上之原因係指每一狀況或條件皆不得省略，否則在其具體個案中，結果即不發生，故每一狀況或條件在刑法上均視為等價。由於造成

---

65 晉書‧列傳三十九。
66 林鈺雄，刑法總則：第六講——客觀不法構成要件（上）基礎講座，月旦法學教室，第 12
   期，2013 年 10 月，頁 57。

結果之所有條件均等價等值，故又名等價理論[67]。

　　我國刑法學說一向受到德國深遠的影響。在德國，刑法上的因果關係一向以條件因果關係理論為原則。該理論最早是由奧地利的實務家 Julius Glaser 引進，之後由帝國法院的法官 Maximilian v. Buri 繼續建構，最後則受到帝國法院判決的引用以及德國聯邦最高法院（BGH）的沿用。目前條件因果關係理論不僅為德國實務所採用，即使是在學說上也都以其作為認定刑法上因果關係的基礎。條件因果關係理論雖然從帝國法院時代就開始使用，但是在當時就發現，以條件因果關係理論來論定加重結果犯時可能不甚合理。例如：甲打傷乙，傷勢雖不致死，然而乙在送醫過程中救護車發生車禍而死亡。如果根據條件因果關係理論來看，甲打傷乙與乙的死亡之間仍然具有條件因果關係，因為甲不打傷乙，乙就無須送醫，乙不送醫就不會剛好遇上車禍而死亡。因此，以「假設消除程序」來看，甲打傷乙與乙的死亡之間具有條件因果關係，此就會產生不合理且違反罪責原則的結論，因此德國在 1948 年海德堡地方法院曾援引異常的因果連結來否定此等加重結果犯之成立，而以此等異常的因果連結來排除結果歸責的看法，則是來自於當時曾短暫為學說所推崇的相當因果關係理論[68]。

　　早期學者討論條件理論與相當因果關係理論，並沒有區分結果原因及結果歸屬兩層次，不過近期學者討論的趨勢，是將因果關係的判斷分成兩個階段：條件關係是現實世界因果狀態的描述，是事實上的結果原因的問題，而相當因果關係則是基於條件關係進一步做出的價值判斷，是屬於評價上的結果歸屬的問題。因此，條件理論就不單只是因果關係理論，而是作為判斷結果歸屬的前提要件[69]。

二、相當因果關係

　　相當因果關係理論源自於 1880 年代，德國弗萊堡大學生理學家 von

---

[67] 馬躍中，醫師刑事責任之探討——以告知義務、因果關係與信賴原則為中心，軍法專刊，第 57 卷第 6 期，2011 年 12 月，頁 33-34。

[68] 王皇玉，醫療過失中的因果關係：從邱小妹人球案談起，臺大法學論叢，第 41 卷第 2 期，2012 年 6 月，頁 756-758。

[69] 謝煜偉，條件理論與因果判斷，月旦法學雜誌，第 146 期，2007 年 7 日，頁 74-75。

Kries 在法律案件中應用數學上機率的理論。他認為機率應該區分為兩種,第一種是主觀性的機率,人們能透過反覆試驗或測量以得到的機率估算值;第二種是客觀性的機率,獨立於人們知識外而客觀存在著。這種對於客觀性機率的看法有三個要點:其一為對於各事件的相對頻率,無法從人們所知或所期望中得知,例如:我們經由經驗得知一個六面的骰子出現6 點的機率為六分之一,但有一種機器可以使骰子每次都出現 6 點,因此如果我們以過往經驗來推測該機器使骰子出現 6 點的機率為六分之一時,便會有所錯誤。其二為所謂的相對頻率,是對於不同類事件間更本質性關聯的一種表徵,所謂更本質性關聯指的是客觀的與有經驗過的機率之間的相關性,例如:客觀上一個六面骰子出現 6 點的機率是六分之一,但實際上的經驗,機率絕對不會剛好六分之一,兩個的關聯性即為更為本質性的表徵。其三為客觀性的機率必然不是建立在錯誤的基礎上面,例如骰子內部被灌鉛的話,機率就不是經驗上可以預測得到的。而 von Kries 將此運用在相當因果關係的檢驗上,以發生損害的事件為例,先行事實若是後行事實的相當性原因,必須符合兩個要件。一者,該事件為損害發生之不可欠缺的條件。二者,它必須實質增加這個損害發生的客觀性機率到一個顯著的程度。例如,救護車開錯路導致車上病患因為車禍而死亡,如果救護車沒有開錯路,不會因此而發生車禍,故其疏失為病患死亡的必要條件,但救護車開錯路並不會實質增加車禍的機率,因此救護車的疏失與病患的死亡之間並不會成立相當因果關係[70]。

我國司法實務上有一則標竿判決:

「所謂相當因果關係,係指依經驗法則,綜合行為當時所存在之一切事實,為客觀之事後審查,認為在一般情形下,有此環境、有此行為之同一條件,均可發生同一之結果者,則該條件即為發生結果之相當條件,行為與結果即有相當之因果關係。反之,若在一般情形

---

70 徐圭璋,醫療糾紛訴訟中因果關係的實證醫學,國立成功大學法律研究所碩士論文,2009 年 6 月,頁 28-29。

下，有此同一條件存在，而依客觀之審查，認爲不必皆發生此結果者，則該條件與結果不相當，不過爲偶然之事實而已，其行爲與結果間即無相當因果關係。[71]」

　　實務上爲防止條件理論不當擴大刑事責任而採相當因果關係理論，因爲可以將偶然的事實或偶然發生的結果從刑法評價上予以排除，即原則上得將不尋常或異常因果連結視爲偶然發生的條件，而以不具相當性來加以擯除[72]。惟最高法院經常憑藉自己的法感情或社會正義感以決定加害人是否應對被害者之損害負責，之後再認定相當因果關係是否存在，如此先射箭再畫靶，根本是本末倒置。因果關係之認定應屬事實問題，不應假手於社會正義或法律政策目的。而加害人是否應對損害負責則是責任問題，倘若伴隨著法官的法感情、社會正義感則屬無可厚非，但在說理上，仍應指出判斷之標準爲宜。對於由某行爲通常是否會發生某結果，在判斷時應以何種範圍之事實狀況作爲基礎（亦即經驗判斷之對象），則有以下不同見解：

　　（一）主觀說：此說以行爲人行爲當時（事前判斷）所認識的事實狀況及得認識的事實狀況作爲判斷資料，而判斷的基準則是行爲人之認識力。至於是否爲一般人能認識則在所不問，換言之，係以行爲人行爲時之主觀認知作爲判斷基礎。此說將一般人所能認知卻爲行爲人所未認識或不能認識之事情，予以排除，而不考慮其行爲與結果間有無因果關係，此說顯然失之過狹。

　　（二）客觀說：此說係立於法官裁判時之立場（事後判斷），於行爲人行爲當時客觀所存在之事實狀況及行爲後所產生之事情，於經驗法則上（客觀上）爲一般人所能預見或經驗上認爲可能之狀況作爲判斷資料而判斷之基礎，判斷的基準可說是法官之認識力。此說綜合考慮行爲當時所存

---

[71] 最高法院76年台上字第192號刑事判決（簡稱：76台上192）。

[72] 相當因果關係說之內涵及判準——最高法院108年度台上字第127號判決，元照焦點判決，刊載日：2020/1/17，http://www.angle.com.tw/news/post27.aspx?ip=4146，最後瀏覽日：2021/12/14。

在之一切事實，而不問該事情是否在行為當時為行為人所認識或預見，甚至包括一般人亦不能認識之事情，僅僅以行為當時存在的事實為理由，作為判斷行為相當性的基礎，此說可能將行為之後的偶然事件或行為人根本不知道的特殊事情皆包含在內，此說顯失之過廣。

(三) 折衷說：綜合主觀、客觀兩說，透過行為當時及行為後的事實狀況，以行為當時（事前判斷）一般人能認識或可預測的事實狀況，以及雖為一般人所不能知道或不能認識而為行為人在現實上曾認識或可預見之特別事情為判斷材料，以決定行為與結果間有無因果關係，判斷的基準為一般人與行為人之認識力。此說以一般人的認識為基礎再加上行為人特殊的認識，在其所知道或能預見特殊事情的範圍內，以作為判斷的標準。故，即便事出偶然，若仍為行為人在現實上所認識者亦在該範圍內。

依前述標竿判決，我國司法實務上似乎是採取相當因果關係之客觀說，惟判決在論述個案之相當因果關係的時候，往往沒有誠實去面對揭示的標準及存在的問題，而是直接進行條件因果關係的檢驗，卻冠上相當因果關係的名義，例如：在醫療過失致死的案件[73]，「醫師如事先為必要適切的檢查及治療用藥，仍非無存活之希望」；在交通事故致死的案件[74]，「駕駛人如果為必要之安全措施，應不致肇此慘禍」；另一交通事故[75]更是如此論述：「被告超速，且在反應距離足夠下未採取閃躲動作……。若被告採取向右躲閃，則兩車未必在被害人之車頭及被告左前車頭碰撞，即令碰撞，其碰撞之力量必較此為小，被害人亦或不致死亡，是被告之過失與被害人之死亡顯有相當因果關係。」實質上採取百分之一百的條件因果關係理論的概念，但卻援往例而錯貼上相當因果關係的標籤[76]。

三、客觀歸責理論

客觀歸責理論是由德國學者 Honig 與 Roxin 先後完成。主張行為人創

---

73 最高法院 76 年台上字第 1520 號刑事判決（簡稱：76 台上 1520）。
74 最高法院 79 年台上字第 5006 號刑事判決（簡稱：79 台上 5006）。
75 台灣高等法院 89 年度重上更（三）字第 143 號刑事判決（簡稱：89 重上更三 143）。
76 黃榮堅，論相當英果關係理論——評最高法院 89 年台上字第 7823 號判決及台灣高等法院 89 年中上更（三）字第 143 號判決，月旦法學雜誌，第 96 期，2003 年 5 月，頁 323。

造出法所不容許的風險，且風險在結果中實現時，不論其間的因果關係為何，即將結果客觀歸責於行為人。其並不僅僅是因果關係之理論，乃係以風險的概念，透過風險的創設來連結因果關係，而因風險的實現以論斷構成要件之合致，而有別於一般因果關係理論，此理論可分成兩個要素：危險創出及危險實現。

(一) 危險創出

行為人的行為對於客體創造出了不被容許的危險，亦即行為違反行為規範，引起法律所要譴責對於行為客體的風險，這種風險係指超出容許界線的危險行為，例如，開車上路，對於自己或他人都是一種風險，只要遵守交通規則，不超速、不蛇行、不酒駕，都屬於社會容許的活動，但如果超出這個規範，就是超出容許界線的危險行為，也就是製造法所不容許的風險[77]。惟，應排除下列情形：

1.倘行為人的行為係為了降低被害人既存的風險，則行為人的行為應排除結果的歸責。因為該行為不是在製造危險而是在降低風險，結果的發生不可歸責於降低風險的行為，客觀構成要件不該當。

2.行為人的行為雖與結果的發生具有因果關係，惟，若該行為並未逾越社會所容許的界線，而屬日常生活中正常行為，則行為人並未製造出法所不容許的風險，縱然發生損害結果亦不能歸責於行為人。例如：慫恿別人在風雨交加的夜晚出門，即便其動機卑劣，但都只能算是一場意外，而非製造法所不容許的風險。

3.行為人的行為縱已製造出法律上具有重要性的風險，但該風險係法律所容許的風險者，則仍可排除結果歸責，行為人亦不須為該結果負責。例如：搭乘高速行駛的高鐵、在山洞裡採金礦、中鋼煉製鋼鐵。

(二) 危險實現[78]

危險實現必須滿足下列要件：

---

77 張麗卿，廢弛職務釀成災害的客觀歸責，東海法學研究所，第 9 期，1995 年 9 月，頁 261-264。

78 劉秉鈞，過失醫療行為與刑事責任關係之實務回顧，頁 42-43（作者授權由月旦法學知識庫數位出版部重新編，原載於銘傳大學法學論叢，第 10 期，2008 年 12 月，頁 83-130）。

　　1.結果的發生必須是行為人所創造出法所不容許的風險所引起，而且結果與風險間具有常態關聯性，行為人的行為方具有客觀可歸責性，否則結果與危險行為之間僅僅是不尋常的結合現象，行為人當然不須對該結果負責。

　　2.結果發生於規範保護目的範圍內：客觀歸責理論最重要的歸責標準，乃在於結果和法所不容許的風險行為間，除已具有因果關係外，結果尚且必須在避免風險的規範保護範圍之內，或是構成要件效力範圍內，該結果始可歸責於行為人。

四、疫學（流行病學）因果關係

　　所謂疫學因果關係中的「疫學」一詞，來自於日文中對於 Epidemiology 的漢字翻譯，在台灣則將之稱為「流行病學」。係對大量發生的疾病之分布消長，針對具體的自然、社會條件的相關關係，依統計方法研究疾病原因的科學。某種因素與其所引起的疾病間的關係於臨床上無法證明時，可依照統計學大量觀察的方式，而能證明其間具有高度蓋然性時，就可認為具有疫學因果關係。換言之，以蓋然性的多寡來決定因果關係的存否，只要結果的發生與其行為間存在有某種程度之蓋然性，應可認為其行為與結果間存在因果關係[79]。疫學因果關係的認定包含兩步驟：首先，須收集與個案同類情節案件因果關係經驗之案件，包含通常生活一般經驗與科學實證專業資料，以建構該類案件整體性、集合性的「抽象因果關係」；再者，將個案情節與前述抽象因果關係加以比對，藉此判斷該個案是否依循整體性、集合性的抽象因果關係之歷程而發生，即為「個案因果關係」[80]。

　　相當因果關係是依照人類生活的經驗，一定行為發生一定結果，通常具有高度蓋然性的時候，就可認為其具有相當性而認定具有因果關係。惟於藥害救濟、公害或公共衛生事件，由於在人類生活中從未或鮮少發生，既然沒有經驗，就無法憑藉以判斷是否有發生的蓋然性或相當性，為解決

---

[79] 吳俊穎等，前揭註 32，頁 65。
[80] 姜讚裕，前揭註 31，頁 75。

此種困境，實務上早晚要承認此種因果關係的判斷方式，以彌補相當因果關係的不足。疫學（流行病學）上疾病的起因與疾病的因果關係，也就是疫學因果關係的認定，須具備四原則：

（一）假定的因子必須存在於疾病發生之前。

（二）其因子之作用程度越顯著，該疾病的罹患率越高。

（三）依該因子的分布、消長等疫學記載，而為觀察時，能毫無矛盾地說明。

（四）其因子成為疾病原因之作用過程中，能在生物學上作無矛盾之說明。

應用疫學因果關係於醫療糾紛，主要是得以生物統計的方法來解決因果關係舉證之困難，但仍會面臨幾個問題：首先，參與訴訟及鑑定的相關人員必須具有流行病學的知識；其次，必須要有充分的相關研究文獻以為佐證，也就是目前醫界正努力推動的實證醫學，倘若過去的相關文獻數量有限時，則無法進行因果關係的判斷；第三，進行判斷時，應該釐清的部分在於，流行病學或者實證醫學所得到的因果關係判斷係科學上或者醫學上的事實因果關係判斷，它與法律上所評價的因果關係之間是不甚相同的；第四，目前舉證責任的分配，原則上是由病患來負擔舉證責任，但醫療屬於極高度專業的領域，若僅以通常人所具有之經驗法則，實無法理解何謂流行病學或實證醫學，更遑論必須以流行病學或者實證醫學的方式，來判斷醫師的醫療行為與病患損害結果間之事實因果關係。故，要應用流行病學的概念於醫療糾紛的審判上，實務上來說確實有其難度[81]。

五、醫療上的因果關係

過失行為因果關係的檢驗依以下兩個層次：第一層次是自然科學意義下的檢驗；第二層次是法律意義下的注意義務的違反與結果發生之間的檢驗。在醫療界的普遍觀念，醫學鑑定結果才是驗證因果關係唯一的出處。惟，醫學鑑定意見大都由醫療專業人士所作成，且鑑定意見僅僅是輔助法官審判的證據方法之一，故此意見僅能針對醫療事實部分為之，亦即鑑

---

[81] 同前註80，頁76-77。

定書上所稱之因果關係，性質上只是自然科學（醫學）意義的因果關係，或可說是致病機轉或致死機轉上的因果關係。當法院委託鑑定醫療行為與病患發生死傷有無因果關係時，除非該因果連結已達醫學（自然科學）的嚴謹度，否則鑑定意見往往不能提供法院任何肯定之答案。譬如法院委託鑑定的內容為「委請鑑定該醫師之某行為是否為造成病患死亡結果之原因？」除非該病患有接受法醫解剖鑑定或是臨床數據已足以證明其確實的死因，否則，鑑定意見絕大多數應該會是「難以確定該醫師之某行為係造成病患死亡結果之原因」，或是得到諸如「醫師之某過失行為雖可能造成病患死亡，但並無法確定」等之回覆。類此不確定的鑑定意見很容易會造成大家印象中覺得鑑定常常有避重就輕或模稜兩可之誤解[82]。有了第一層的因果關係之後，第二層必須檢驗是否醫師做了違反注意義務的行為？病患傷亡的結果是否可以避免？倘若醫師當時採取必要的注意義務而仍不免出現傷亡的結果的話，則會認為欠缺一個法律意義的「結果與義務違反的關聯性」。換言之，醫師違反注意義務，必須是結果發生了不可或缺的原因，如果去除醫師的行為，病患的傷亡結果仍舊會發生，就不存在因果關係。若是不作為犯的假設因果關係，則必須達到假設醫師予以醫治的話，病人確定或是有可能存活下來，不能直接就推導出生命必能挽回的結論，否則就應受到罪疑唯輕原則的限制，不能以過失犯來處罰醫師[83]。

　　本文認為，在醫療事件中，醫師在採取醫療行為之前，病患本就有疾病，如果沒有介入醫療行為，在現有疾病的影響下，本來就會造成死傷的結果。惟，因為醫學的進步以及醫療人員對疾病長期的研究，在臨床經驗不斷的累積之下，有時候對於某些疾病施以某些術式，有可能會改變疾病的病程。因此，人們乃至於法規範就會期待醫師在適當時機會做出正確醫療行為。若醫療行為可以將該疾病的危險機率降低至半數以下，則沒有採取正確醫療行為就可認定有因果關係存在。反之，如果進行了正確的醫療行為，疾病之危險機率仍然高於半數，則不論有無醫療的介入，都不會使

82 同前註80，頁84-85。
83 同前註80，頁84。

醫療行為成為主要因素，可認為病患的死傷其實是由自身的疾病所導致，而不會將病患後來的結果歸咎於醫療行為之作為或不作為。

六、醫療上不作為的因果關係

　　刑法第15條第1項：「對於犯罪結果之發生，法律上有防止之義務，能防止而不防止者，與因積極行為發生結果者同。」倘若醫師具有法律上防止結果發生的義務，即具備保證人地位，並會因與積極作為發生的結果等價視之而成立過失。實務上援引義務承擔的法理來認定醫師是否具備保證人地位，認為醫師在承諾為病患診治時，即對於不良結果之防止具有保證人地位，而並非採取契約的法理來認定醫師之保證人地位。除了承擔保護義務外，醫師對於自己違反該義務之前行為所造成病患之危險，依刑法第15條第2項：「因自己行為致有發生犯罪結果之危險者，負防止其發生之義務。」亦具有避免危險轉為實害之保證人地位[84]。對於醫療上不作為的因果關係之判斷，我國實務判決中曾揭示：

> 「不作為的原因性在於行為人不為期待應為的特定行為，合乎自然法則地導致具體結果的發生，亦即對於具體結果的發生，不作為係其不可想像其不存在的條件，因為該想像中的特定救助行為或防果行為的出現，將會有效地排除結果的發生；倘可想像行為人從事特定的救助行為或防果行為（亦可想像不作為的不存在），而具體結果仍然會發生者，則不作為與結果之間即欠缺因果關係。[85]」

　　不作為並非什麼都沒做，而是不為被期待的特定行為。由於「若法期待的行為不被忽視，構成要件結果就不至於發生」的因果關係[86]，故一般認為不作為具有實行行為的性質，即作為與不作為等價。在醫療行為上亦同，不純正不作為犯與結果間之因果關係，是一種「假設因果關係」或

84　馬躍中，前揭註67，頁33。
85　台灣高等法院95年度醫上訴字第2號刑事判決（簡稱：95醫上訴2）。
86　林東茂，不純正不作為犯，收錄於：甘添貴教授七秩華誕祝壽論文集（上冊），2012年4月，頁116。

又稱為「擬制因果關係」，也就是假設結果發生之原因是來自於這個不作為，醫師如果履行保證人義務，則病患的健康受侵害的結果確定或幾近確定不會發生，則醫師的不作為與結果發生之間就具有「準因果關係」，亦即醫師的不作為具有可歸責性。於此我們是採取假言判斷法，法律強行擬制醫師無所為的「行為」與「結果」之間具有「擬制因果關係」[87]，這也就是醫療上不作為的因果關係。

第二節　醫療法第82條過失責任

第一項　前　言

　　人類有紀錄的第一部醫療法是漢摩拉比法典，漢摩拉比法典是古巴比倫第六代國王漢摩拉比在公元前 1754 年頒布的一部法律，被認為是世界上最早的一部有系統的法典，其全文結構可分為序言、正文和結語三部分，在正文中有 282 條，第 1 條至第 25 條談道德，第 26 條至第 41 條關於國家，第 42 條至第 282 條則關係到私人社會。其頒布的主要目的在於維護中央集權的君主制度，保護私有財產。對人身的處罰方式「以眼還眼」、「以牙還牙」、「以命抵命」，這種賠償法對犯人雖無憐憫之情，但卻相當公平，其目的乃是為了要在社會上制止無謂的犯罪行為才如此制定。而在其內文 4C 以眼還眼（4c. Hammurabi's Code: An Eye for an Eye）中寫道：「如果醫生用手術刀切開一個大傷口，並殺他……醫生的雙手將被切斷。」（The code states that "if a physician make a large incision with the operating knife and kill him, ... his hands shall be cut off."）[88]將醫師當成是小偷來對待。

87　王富仙，醫療過失之不純正不作為犯——洗腎透析管接頭鬆脫致死案之評析法學論著，軍法專刊，第 65 卷第 3 期，2019 年 6 月，頁 120-121。

88　Ancient Civilizations, Hammurabi's Code: An Eye for an Eye，參考網站：https://www.ushistory.org/civ/4c.asp，最後瀏覽日：2021/12/8。

　　我國醫療法於 1986 年 11 月 24 日由總統公布全文 91 條並自公布之日施行[89]，而於 2004 年 4 月 28 日修正公布全文 123 條[90]，依當時修訂的醫療法第 82 條第 1 項：醫療業務之時實施，應善盡醫療上必要之注意；第 2 項：醫療機構及其醫事人員因執行業務致生損害於病人，以故意或過失為限，負損害賠償責任。上開規定第 1 項屬於保護病人之法律，而第 2 項則將醫療機構及其醫事人員之醫療責任定位為過失責任，自此之後，請求賠償因病患就醫所發生之損害係採過失責任主義，以醫療機構或醫事人員有故意過失為要件。直至 2017 年 12 月立法院三讀通過醫療法第 82 條修正案，並於 2018 年經總統公布施行[91]，醫療法第 82 條由原本寥寥五十餘字猛然膨脹為一百多字。惟，學界不斷討論的是，增加如此多的法文，是否真能完全解決長久以來所謂五大皆空的醫療窘境？抑或只是像家事事件法一樣，寫出了只有作者才懂的法條，而司法實務依舊採取固有的見解？

　　在最新醫療法第 82 條修正前的數據，從 2012 年 1 月到 2017 年 9 月的統計資料，各地方法院針對醫療過失刑事案件之被告人數共 130 人，判決有罪 32 人，占 24.6%；判決無罪 56 人，占 43.1%；判決不受理 42 人，占 32.3%。同時期各地方法院非醫療過失刑事案件之被告人數共 16,225 人，判決有罪 8,386 人，占 51.7%；判決無罪 558 人，占 3.4%；判決不受理 7,172 人，占 44.2%。兩相比較之下，醫療過失刑事被告的有罪比例不到非醫療過失刑事被告的一半，而醫療過失刑事被告的無罪比例竟是非醫療過失刑事被告的十二倍多[92]，所以可得而見，刑事訴訟僅僅是病患拿來恫嚇醫療人員（醫師）的訴訟手段，換句話說，只是以刑逼民的訴訟策略罷了，而 2017 年修正的新法能夠改善這個現象嗎？或者只是如部分學者所言，一個法條同時使用「過失」、「專業裁量」、「醫療水準」、「醫療常規」等名詞，其結果是否如醫界所沾沾自喜，能夠使醫療重大過失概

---

[89] 總統華總一義字第 5913 號令。
[90] 總統華總一義字第 09300083211 號令。
[91] 總統華總一義字第 10700007771 號令。
[92] 吳元曜，醫療法第 82 條修法之沿革與案例，台灣醫學，第 23 卷第 4 期，2019 年 7 月，頁 466。

念明確化？還是如多數司法實務人士以為，根本沒有改變現狀[93]？

<h2 align="center">第二項　條文解析</h2>

1994年馬偕醫院發生肩難產事件，法院首度引用消保法第7條無過失責任，引起醫界一片譁然，也因此掀起醫療行為是否適用消保法的正反論戰。因此，在2004年首度修改醫療法，將第79條移至第82條，並新增醫療業務賠償責任以故意過失為限，在民事責任方面，將醫療責任明確限縮消保法的無過失責任之適用，及成為民法第184條第2項保護他人之法律的請求權基礎，刑事責任方面則成為注意義務之依據[94]。隨著時代的變遷，醫療訟爭事件大幅增加，而醫療法第82條成為病方慣用的請求權基礎後，原有的文字似已不足以應付現代化的醫療行為，故於2017年進行第二次的修法，條文暴增至五項百餘字，各界對於其中新增的「臨床專業裁量」褒貶不一，法院在新法修訂前已有「臨床專業裁量」的概念，在判定有無醫療疏失時，通常以醫療常規為主，臨床裁量為輔的二階段判斷方式，而在新法施行後則是採取二者並列的判斷方式，以限縮醫療人員的刑事責任範圍[95]。除此之外尚有特色如下：

壹、民事與刑事條文分別羅列

2004年的修法目的是為了規範民事損害賠償責任，並排除消保法的無過失責任與推定過失責任，但實務上應用的結果也常將之用在醫療刑事判決上面。而在2017年新修法後，為了避免混淆民事刑事責任的判定，於第2項規定民事責任，於第3項規定刑事責任，將兩者分別規範。

---

[93] 楊秀儀，論醫療過失：兼評醫療法第82條修法，月旦醫事法報告，第16期，2018年2月，頁65-66。

[94] 廖建瑜，醫療法第82條修正帶來新變局？！，月旦裁判時報，第74期，2018年8月，頁60-61。

[95] 甘添貴、翁松釜，醫療常規與臨床專業裁量的法院實務觀察，醫法新論，第49期，2020年11月，頁153。

貳、取代民事過失的概念

　　2004 年的條文只寫過失兩字，而對於其涵義則沒有加以多著墨，故只能回歸刑法總則過失的規定。2017 年新修法後，以「違反醫療上必要之注意義務且逾越合理臨床專業裁量」來取代過失的定義，而且不論是第 2 項民事責任或是第 3 項刑事責任皆是使用相同的文字。惟，民事責任的目的是為了填補損害，與刑事責任的目的大相逕庭，判斷方式理論上應該是會不太一樣，卻使用相同的文字來定義，有待司法實務來加以補充其中的異同[96]。

參、新增醫療刑事過失條文

　　本次修正僅涉及過失部分而不涉及故意部分，修正理由第 3 點有云，刑法對於過失是採結果犯，但故意包括未遂犯與預備犯，為使刑法過失的定義明確化與合理化，並為避免本條項與刑法第 12 條有所牴觸，如果醫事人員於醫療過程故意犯罪，則回歸刑法的規定[97]。所以，第 3 項明定「因過失……」，僅規範過失犯，而在草案中曾希望刑事責任能以故意或重大過失為界線，惟重大過失是民法的概念，刑法上並無此定義，所以最終以「違反醫療上必要之注意義務且逾越合理臨床專業裁量」來取代之。而第一個要件「違反醫療上必要之注意義務」與第二個要件「逾越合理臨床專業裁量」必須全部成立後，才會進一步檢視是否有因果關係，如果缺一要件則毋庸再討論下一步驟，如此有限縮刑事責任成立的效果。

肆、容許風險範圍明文化

　　在以前，對於過失注意義務的判斷標準，並沒有一定的定義，有認為應依照醫療準則為判斷準繩，有認為應以醫療常規作為注意義務的判準，有認為應隨醫療水平而隨時變化，學說與實務彼此不一，莫衷一是。故 2017 年的修法，決定一統見解，以該醫療領域當時當地之醫療常規、醫

---

[96] 蔡幸珊，醫療刑責合理化與社會容許風險——論醫療法第 82 條，政治大學法學院碩士在職專班碩士論文，2020 年 7 月，頁 60。

[97] 吳元曜，前揭註 92，頁 466-467。

療水準、醫療設施、工作條件及緊急迫切等客觀情況為斷，把各方見解全
部納入文字之中，或許有認為文字像老太婆的裹腳布又臭又長，內容更是
讓人丈二金剛摸不著頭緒，但這正是反映了大眾對醫療過失的界線要畫在
哪裡，素無定見。而立法理由中說明上開標準係參酌衛生福利部醫療糾紛
鑑定作業要點第 16 條規定，因為有了多年的實務操作經驗，所以引之入
法，自此法院不得僅以單一醫療常規或醫療水準作為注意義務之準繩，而
須綜合各個列舉的多元客觀條件決定之。

伍、醫療機構與醫事人員分別規範

　　根據醫師公會全國聯合會於 2017 年的統計，有 29.3% 的醫師在醫學
中心執業，有 23% 在區域醫院執業，有 9.4% 在地區醫院執業，換句話
說，有超過六成的醫師在醫院受僱，醫院的管理經營層級未必是醫師，而
醫院（法人）的行為不一定是由醫師來負責，更多可能由非醫師來做決定
的，故增列第 5 項，病方可單獨向醫療機構請求損害賠償，或依民法的規
定向醫療機構及僱用人請求連帶損害賠償責任，使醫療人員不至於需要承
擔全部的過重責任。

第三項　　法務部的觀點[98]

壹、醫療糾紛偵查的困境

　　依全國各地檢署的統計，從 2014 年至 2017 年受理的醫療糾紛案
件，過失傷害共 1,328 件 1,790 人，過失致死共 607 件 1,163 人，但遭起
訴分別只有 33 人與 7 人，聲請簡易判決分別為 4 人與 0 人，緩起訴分別
為 0 人與 4 人，不起訴處分分別為 1,494 人與 1,073 人。故醫師醫療過失
傷害不起訴率高達 83.46%，醫療過失致死不起訴率高達 89.17%；在同一
時期，其他案件的過失傷害的不起訴率為 58.48%，過失致死的不起訴為
35.77%，全體案件的不起訴率為 35%。因此可知，醫療糾紛的不起訴率

---

[98] 陳明堂，醫療法第 82 條修法之法務部觀點，台灣醫學，第 23 卷第 4 期，2019 年 7 月，頁
460-463。

遠高於平均值。對醫師提告並非我國所獨有的現象，德國也有類似的情況，但德國並沒有做明確的統計，自1980年來，每年有3,000件至3,500件案件進入刑事偵查；而民事訴訟的案件，2004年有7,659件，到了2007年有11,521件，現在每年約有10,000件至12,000件請求是有理由的。

隨著個人權利意識的抬頭以及醫病信賴關係日漸式微，醫療糾紛案件的日漸增多，造成醫療人員工作上或心理上沉重的負擔，並因而降低了投身於重症醫療的意願，甚至於在面對棘手難處理的病例時，為了避免被告，先考慮的是防禦性醫療，而非對病患最好的醫療術式，這都是因為有高達82.2%的醫療訴訟案件都是以刑事案件為出發點，這種訴訟手段也給檢察機關帶來非常大的困擾，一來隨著醫療分工細緻及病情進展變化多，要釐清醫療責任實屬不易，二來就算真能釐清爭點，要判斷該處置是否妥當亦得要仰賴鑑定，而有公信力的鑑定機關不多且各個積案如山，一件鑑定常常要來回半年以上，耗日費時，對當事人或對檢察同仁來說都是龐大的壓力。

貳、醫療責任認定標準的合理化

醫療法第82條以違反醫療上必要之注意義務且逾越合理臨床專業裁量為刑事上過失有無負刑事責任的判斷標準，明確指示於判斷臨床醫療行為有無過失時，應考量臨床指引及臨床醫療的複雜性及醫師的判斷空間。而注意義務的違反及臨床專業裁量的範圍，應以醫療當時當地的醫療水準、醫療設施、醫療常規等情況為斷，此具體列舉出司法機關欲認定醫師的責任時應審查的標準跟事項，亦即除了所謂平均醫師注意義務的醫療常規外，也須注意醫師在個案治療術式的選擇自由及臨床專業裁量權限。而醫療水準則非一成不變，乃係因地制宜、因時制宜，醫師在診察、檢查、處置時可以合理期待的醫療方式，而醫療設施更能具體化判斷醫療水準的標準。

如此立法方向與德國實務上判斷醫療人員過失的方式相似。在德國，所謂常規，是由醫學專業科學協會聯合會（AWMF）所制定，依其定義，所謂醫療常規，係指幫助醫師在特定臨床狀況下做成適當健康照護醫

療判斷的系統發展的科學評估方式。由於醫療科技的發展及醫療知識的進步，醫療常規指標會隨時更新且不會完全適用在每一個案件上，故其並非是一體適用的準則，而是一種建議性的準則。AWMF 強調，醫療常規沒有絕對拘束力，也沒有作為判斷責任成立與脫免責任的作用。而我國新醫療法第 82 條則是將醫療常規的概念文字入法，將醫療糾紛鑑定作業要點第 16 條的文字由行政命令提升為法律的位階，但我國並未如德國有具公信力單位可以做出指引供民眾檢視，故醫療常規之有無勢必成為日後訴訟角力的重中之重。

參、具體個案責任的認定

　　根據衛生福利部醫事司醫事審議委員會的統計，2002 年至 2017 年送請鑑定的案件共 5,095 件，鑑定結果有疏失的為 441 件，約占 8.65%。檢察官非專業醫療人士，就醫學知識的瞭解可能只比一般民眾好一點點而已，所以勢必藉助專業鑑定的方式來釐清責任，而此次新法第 82 條把醫療常規納入判斷標準，鑑定人的重要性更是水漲船高，案件送鑑定時，勢必更著重在還原當時的情狀及面對的客觀條件，以探求個案所做的醫療判斷及決定是否符合該條件下的醫療常規。如此的規範符合刑法上行為人主觀責任同時性原則，亦與醫療人員過失責任判斷要件精緻化及明確化的修法意旨相呼應。

　　惟，在新法要求下，檢察官在送鑑定前，收集的證據必須能確實證明並釐清當時的醫療水準、醫療設施、工作條件等等客觀情況，但一般的偵查作為、病例或訊問當事人是否即能反映醫療狀況？由於供述證據可能會有記憶模糊、認知落差、可信度的問題，所以病例的完整記載是重建當時狀況的可靠證據資料。惟病例的記載程度與醫療院所的規模有高度相關，大醫院裡有完整電子病歷系統，所以較可能有完整的記載，而小診所的病例都是用原子筆書寫，所以勢必只有約略記載，如果因為記載不完全而無法完成鑑定報告，基於罪疑唯輕原則，小診所醫師反而因病例記載的疏漏而獲得無罪的判定，這是否會造成醫師們不確實寫病歷的後遺症，有待時間的檢驗。

肆、新法修正後的現況

自 2017 年新的醫療法第 82 條施行後至 2018 年 9 月約莫一年的時間，醫師過失傷害案共 253 件 364 人，過失致死案共 106 件 237 人，遭起訴為 8 人及 3 人，聲請簡易判決為 1 人及 0 人，不起訴為 330 人與 216 人，占率分別為 90.65% 與 91.13%。以上數據較新法修正前更為對醫師有利，故新法對醫療過失認定的具體規範與判斷，確實限縮了醫事人員責任的範圍，也符合了立法目的，對於醫療體系的發展、減緩急重症人力的流失、改善醫療環境上，確實有實質的助益。惟因為統計時間尚短，尚可從長觀察之。

第四項　衛生福利部的觀點[99]

壹、歷史沿革[100]

遠至 1999 年，當時第四屆立法委員沈富雄等 50 餘名委員就曾經提出醫療糾紛處理及補償條例草案，當時的行政院衛生署也提出醫療糾紛處理法草案，兩案共同交付審查。而在第一次審查會中，當時立法委員林重謨就提出醫療除罪化的觀念，而到了第五屆立法院第一次審查行政院衛生署版本時，高明見委員提出蓄意或故意的錯誤才用刑事來處理，雖然政府積極想要處理醫療糾紛的爭議，但一直沒有重大的突破。產生窒礙難行的原因是，法界一直無法接受以重大過失來限縮醫療刑事責任，因此後來修法方向轉成刑責合理化與明確化為主。2009 年 12 月中華民國醫師公會全國聯合會召集甘添貴教授、陳子平教授、張麗卿教授等法學專家，共同研議推動醫療爭議責任法律明確化，達成的共識為修改醫療法第 82 條，增列「醫事人員執行職務治病人死傷者，以故意或重大過失為限，負刑事上的責任」。而衛生福利部於 2012 年 7 月 6 日發布新聞稿，為了推動醫療過

[99] 薛瑞元，醫療法第 82 條修法之衛福部觀點，台灣醫學，第 23 卷第 4 期，2019 年，頁 470-472。

[100] 吳欣席，醫療法第 82 條修法對臨床醫療的意義，台灣醫學，第 23 卷第 4 期，2019 年，頁 453-454。

失刑責明確化，擬具修改醫療法第 82 條第 3 項修正草案，以降低醫療人員因為醫療糾紛所擔負的刑事責任。中華民國醫師公會全國聯合會理事長邱泰順上任立法委員後，推動醫療糾紛處理三項計畫，一者醫療民刑事合理化，二者醫療糾紛協調與預防機制，三者醫療責任保險制度，而第 1 項計畫已於 2017 年推動修改醫療法第 82 條而完其功。

貳、醫療糾紛處置的現況

醫療糾紛如果採取司法程序，其途徑為刑事訴訟與民事訴訟，而衛生福利部依據醫療法第 98 條下設醫事審議委員會，接受司法及檢察機關的委託鑑定，而各地方衛生主管機關依據醫療法第 99 條下設的醫事審議委員會，則是調處醫療糾紛事件而不進行鑑定事項。除了司法途徑外，亦得進行非訟程序，一者是鄉鎮市的調解委員會，二者是前述地方衛生主管機關的醫事審議委員會，三者是由醫療院所或民意代表進行調處。

衛福部醫事審議委員會於 1987 年至 2017 年接受鑑定的案件，以內科為最多，可能是因為內科範圍大，反而是急診醫學科比較少。整體鑑定出有疏失的比例約 13% 至 14%，依鑑定的性質來看，78% 採取刑事途徑，直接採民事的只有 18%，可見得大部分民眾還是習慣先採取刑事訴訟，如果沒獲得想要的結果，才可能採取民事訴訟。各地方政府衛生局 2014 年至 2017 年接受醫療糾紛的案件，每年約 600 多件，調處成功率約 36%，平均調處天數為 43 天，調處過程中有 77% 的縣市有提供第三方專家意見，有 95% 的縣市具有醫法雙調委的機制。

現行醫療救濟機制則是有預防接種受害救濟、藥害救濟及生產事故救濟，而衛福部於 2014 年開始「鼓勵醫療機構妥善處理手術及麻醉事故爭議事件試辦計畫」，惟，可能因為預算不足而尚未有具體成效。

參、新法修正的影響與期許

2017 年修正後，醫療法第 82 條總共有五項，修法目的在明定醫療過失的裁量標準，由於醫界認為法院有不同地域、不同層級、不同法官，判斷標準因而有所不盡相同，因此把條文內容寫得清楚，法官須明確交代判斷過程，構成要件亦須一一審核過。而在新法施行後，首先遇到的難處是

鑑定，因為在過往，大部分的案件是由衛福部醫審會鑑定，少部分案件是由醫院或其他單位鑑定，而新法的規定，衛福部較能掌握，所以醫審會的鑑定比較能符合新的要求標準，但醫院或其他單位不見得能掌握新法的規定，對於被鑑定醫師的工作條件、醫院醫療設備等，不一定能夠瞭解。因此司法機關、偵查機關與鑑定單位的分工，可能必須有更明確的界定。

　　此次修法最大的變革應該是第 5 項，將醫療機構視為一個擬制的人，須單獨負損害賠償責任。在以往，如果要對醫療機構求償的話，需動用民法第 188 條，必須醫師有過失，然後再看醫療機構選任監督有沒有過失，如果已盡選任監督的注意義務，則醫療機構不負賠償責任，所以在以往的案例中，醫療機構是躲在醫師的背後，須醫師已經被證明要負賠償責任了，再來考慮醫療機構的要件。而新法施行後，縱使醫師沒有責任，醫療機構也有可能須負責任，因為除了對醫師有選任監督的責任外，也還有管理層面的責任，至於判斷基準要怎麼建立，則須待累積案例後，再逐步去建立。

　　新法能預防防衛性醫療、節省訴訟時間成本及金錢的損失，但單靠醫療法第 82 條並無法有全面性的改革，衛福部未來持續努力的地方是「醫療事故預防及爭議處理法」（此法已於 2022 年 6 月 22 日制定公布），希望能讓調處具備司法上的效力，而醫療糾紛的預防方面，希望能讓醫療院所遇到重大醫療糾紛時能做通報，讓公正第三者做一些原因分析，並讓所有醫療院所來互相學習，減少摸索時間，而不再重蹈覆轍，促使整體醫療品質因而能向上提升。

第五項　受僱醫師的觀點[101]

壹、前　言

　　隨著醫療活動進入資本密集與專業分工的時代，有為數不少的醫師都選擇成為大型醫療機構中的受僱醫師，而隨著醫療機構的擴張版圖，這些

---

[101] 陳秉暉、張閔喬、陳宗延，受僱醫師觀點看醫療法第 82 條修法：尋找醫療機構在醫療糾紛中的角色與責任，月旦醫事法報告，第 16 期，2018 年 6 月，頁 75-82。

醫師們也跟著老闆跨境而成為空中飛人，但在討論到醫療糾紛的問題時，卻常常淪為醫病雙方衝突發生時的最後承擔者，而甚少討論到醫療機構在醫療糾紛中所扮演的角色與其責任。而本次醫療法第 82 條的修法，正是為使醫事人員的醫療疏失責任之判定合理化及明確化來回應這些問題，以下欲探討受僱醫師們面對醫療糾紛的恐懼時，能有哪些機制來保護自身免於醫療糾紛過程的折磨。

貳、醫療機構在醫療糾紛中的角色與責任

醫療工作中充滿了許多不確定風險，在照護當下看似無關緊要的行為，事後卻可能被發現會改變病患的預後，甚至一些侵入性的治療或檢查本身即帶有侵害病患健康的風險存在。因此，或許可以說，在醫療的過程中，那條劃開過失與無過失的界線原本就非常模糊，稍一不慎即會越線而不自知，只是在多數的情況下也未必真正會造成病患健康受損而釀成醫療糾紛，然而，一旦形成醫療糾紛，隨之而來的壓力可能會使醫師出現如痛苦、震驚、罪惡、挫折、不信任、自信低落等情緒，甚至因此開始懷疑自己做決策的能力，並且會因而多開立非必要檢查等防衛性醫療，同時也可能會出現繼發的身體症狀，如失眠、易怒、疲倦、憂鬱、焦慮等，在 Sanbar 與 Firestone 於 2007 年出版的書中就以「醫療疏失壓力症候群」（medical malpractice syndrome）統稱。

當遭遇醫療糾紛時，醫療機構可能未必會有提供醫師們支持的機制，但一般都會有併發症與死亡討論會（morbidity and mortality conference），從醫療專業與病患安全的角度來討論糾紛發生的過程。此討論會的目的應該是讓醫師們能從錯誤中學習成長並防止再次重蹈覆轍，但是現實上卻是事與願違，此類會議往往會讓醫師們因為害怕被批判而不在討論會上報告真正的失誤，或是即便報告醫療失誤，也被解讀成僅是醫師間不同的見解。醫療失誤與其所帶來的醫療糾紛，不僅僅會對醫師造成情緒影響，甚至可能會進一步造成醫療失誤的增加，而成為惡性循環。然而醫療機構如未能提供好的處理機制，協助醫師們面對醫療失誤與醫療糾紛，包括提供立即心理諮商與後續資源轉介的風險管理、提供危機事件心

理減壓機制、提供同儕支持與經驗分享的支持團體、提供模擬審判的訴訟協助方案、在重大醫療失誤後主動提供例行性的檢討措施等，這些機制不只可以支持與保護包含醫師在內的受僱醫事人員、減輕醫療失誤或醫療糾紛帶來的巨大壓力，也能確保病患在醫療上獲得更好的照顧。

　　勞動部曾於2019年公告，醫療保健服務業僱用的住院醫師自2019年9月1日起適用勞動基準法，而台灣職業安全衛生法第6條第2項規定，為保護勞工身心健康，雇主應妥為規劃及採取必要之安全衛生措施。故醫療機構有責任設置相關的處理機制，以支持及保護包含住院醫師在內的受僱醫事人員。在我國，台灣大學附設醫院一直是醫療界龍頭的地位，台大醫院的醫療糾紛處理機制是設置有「醫病關懷小組」，由副院長召集，成員含院長助理（2位，具醫療糾紛處理經驗的資深醫師）、專職社工（3位）、法律顧問及各科部顧問醫師。一旦接獲醫療糾紛案件後，醫病關懷小組隨即啟動：

　　一、首先，由社工先行與病患或家屬溝通，瞭解他們對該醫療爭議事件的看法與疑問，並且在後續的過程中，作為對外聯繫溝通的統一窗口；在對醫師方面，與事件相關醫療人員召開會議，還原事件真相，部分案件或許可在此步驟以書面回覆解決。

　　二、再者，邀請醫病雙方一同召開「醫病溝通說明會」，希望能透過溝通尋求彼此的瞭解。若病家不願接受說明，此時即於醫院內部召開「醫療爭議處理小組會議」，藉重法律顧問與醫療顧問的意見，討論案件和解的策略，會議結論將交由關懷小組協助雙方進行協商。

　　三、倘若醫病雙方仍未有共識，則會進入最後的衛生局調解或者司法程序。此時醫院也會協助醫事人員聘請律師，也會向檢察官要求隱匿被告個資，以保護其個人隱私。在整個過程中，若社工評估有需求或受醫事人員主動提出，都可以連結到心理諮商服務。

　　四、若案件須付出損害賠償金，此時會召開「醫療爭議審議委員會」討論醫院與醫事人員的個別責任及分攤比例，同時醫院內部也設有醫事人員，皆可加入並按時繳交會費的「財團法人台大景福基金會」，透過彼此互助分攤風險的方式協助分攤醫事人員應負責的部分，另外有些醫療糾紛

風險較高的部門，也會自行設置互助金，協助遭遇醫療糾紛的醫事人員承擔賠償金額。

參、結　語

醫療法第 82 條的修法目的，乃是為了解決近年來醫療事件動輒以刑事方式爭訟，導致醫學生不願投入高風險性科別，而醫師不得不採取防衛性醫療，醫療環境遭受到空前的破壞。而醫療環境的安全性與完善性，明顯影響醫事人員執行醫療業務之結果，且醫事人員多屬受聘性質[102]，倘若沒有醫療機構的大力支持，在面對醫療糾紛時，往往會不知所措。如何處裡醫療糾紛所造成的問題，逐漸成為醫事人員不得不面對的課題。消極面來說，醫療機構是否建置支持機制以協助處理醫療糾紛，可作為受僱醫事人員選擇工作場所的參考標準，而市場運作的結果，或許有助於相關機制的建立；積極面來說，如受僱醫事人員能團結成立工會，就能與醫療機構談判，主動要求建置相關機制，亦能持續監督其運作，以改善醫療環境，這也是當初修訂醫療法的初衷。

第三節　評　論

第一項　刑法第14條與醫療法第82條之比較

我國刑法第 14 條將過失分為無認識的過失與有認識的過失兩種。第 1 項無認識的過失是指行為人並未意識到損害發生的可能性，僅在行為當下，應注意能注意卻未注意，該行為破壞了客觀上應遵守法律上的義務，因而造成了實害的結果，實務上以「依客觀情狀負有注意義務」來審查行為人是否具有注意義務，進而認定其是否違反客觀的注意義務。第 2 項有認識的過失是指行為人雖有意識到結果可能會發生，但不相信結果會發生，其行為除了破壞客觀上應遵守法律上的義務外，還要審查行為人主觀

---

[102] 醫療法第 82 條立法理由。

上認知的能力，根據行為人的個人能力來判別有無符合注意義務，如果行為人有較高的認知能力，則以行為人較高的認知能力來判別之。惟，有學者認為，應以「行為人主觀上是否有容忍結果的發生」來判斷，亦即行為人雖然預見結果能發生，但並不希望發生，就不具備容忍結果發生的要件[103]。在醫療領域裡，醫師執行醫療術式時，倘有應注意能注意而不注意之情形，即可能成立過失犯。因為醫師曾經接受醫學教育及專業訓練，並通過國家醫師考試，對於醫療行為可能造成的不良預後及如何避免之，應有相當程度之認識，並因此而有預見之能力。故醫師未盡其應盡之注意義務，致有不當醫療行為造成病患之身體生命法益受到損害時，應負過失之責任[104]。

刑法第 12 條第 2 項規定，過失行為之處罰，以有特別規定者為限。醫療法與刑法都有過失的相關規定。刑法第 14 條對過失的判定是一個普遍適用的抽象標準，實務判決及學說還一直在探索合理的判斷基準，而醫療法第 82 條相較於刑法第 14 條，則是特別法，對過失（醫療過失）有更具體且完整的規範，且較之更明確化及細緻化，儘管醫療法第 82 條限縮了醫事人員成立過失的可能性，但仍不能因而認為應該完全適用醫療法的規定，而否定刑法第 14 條的功能與意義，因為醫療法第 82 條仍在刑法第 14 條的框架下，倘若無法用醫療法論斷的案件，仍須回歸刑法的規定，而刑法的規定雖為抽象的規定，實務上操作起來，有時候反倒是更加靈活，兩者各有利弊得失。

第二項　四個思維路徑[105]

2017 年新醫療法第 82 條通過後，未來司法實務上要判斷醫療過失責任，勢必要檢視是否違反醫療上必要的注意義務及有無逾越合理臨床專業

---

103 周賢章，醫療刑事過失案件刑法適用之應有流程——評析 2017 年醫療法第 82 條第 3 項、第 4 項增修條文，銘傳大學法律系碩士班在職專班碩士論文，2018 年 6 月，頁 71-72。
104 張麗卿，刑事醫療糾紛之課題與展望，檢察新論，第 8 期，2010 年 7 月，頁 145。
105 張麗卿，醫療法第 82 條修法之法學意涵，台灣醫學，第 23 卷第 4 期，2019 年 7 月，頁 476-477。

裁量，注意義務的判斷已於前文有許多論述，於此不再贅述，而所謂「合理臨床專業裁量」，與醫療常規的打擊範圍是相同？相異？重疊？第 4 項甚至將醫療常規打入下位概念，立法者的用意真有如霧裡看花，令人摸不著頭緒。本文以為將二者分別視之，可以形成四種路徑來加以探討：

壹、符合醫療常規，亦無逾越合理臨床專業裁量

跟大部分的醫療處置一樣，就是個循規蹈矩的醫療行為，當然不會成立過失犯罪。

貳、符合醫療常規，但逾越合理臨床專業裁量

醫療常規所代表的是普通一般醫師所依循的醫療行為模式，但醫療狀況千變萬化，遵循醫療常規不一定能醫治病患的疾病，因為每個病患的病情、體質皆不相同，故需要醫師做現場的診斷，也就是臨床專業裁量，才能符合個案病患的需求。倘若醫師只是依照醫療常規來治病，把醫療標準流程化，一板一眼毫無變通，那豈不是跟機器人一樣？惟，依新法規定，基於新法有利於醫師的判斷，醫師縱然逾越合理臨床專業裁量，只要符合醫療常規，就難以論定違反醫療上的注意義務。換言之，就難以認定醫師具有醫療上的過失。

參、不符合醫療常規，但無逾越合理臨床專業裁量

如上所述，醫療常規只是一個醫師遵循醫療行為模式的指引，如交通標誌般希冀一般人遵守，但遇到緊急狀況時就必須有所變通，例如：遇到紅燈須停止，但如果在狹小巷道遇到紅燈，後面又有救護車鳴笛欲前行，難道仍然堅持停車，造成後面救護車無法前進而延遲救助傷患的時機？醫療行為更是如此，不能一成不變地遵循所謂的醫療常規，必須有所變通，應賦予現場醫師視當場狀況做出最好的選擇術式，才是對病患最好的保障。故依法條規定，只要醫師無逾越合理臨床專業裁量，即便不符合醫療常規，仍不成立醫療過失。

肆、不符合醫療常規，亦逾越合理臨床專業裁量

　　這是最糟糕的情況，醫師沒有遵行所謂臨床指引行醫，亦未做出臨床專業裁量，則「可能」會成立醫療過失，所謂可能的意思是，尚須看是否違反注意義務以及因果關係，刑法的要件講求嚴格證明法則，也就是要符合每個要件，才能真正成立刑事上的罪責，例如：醫師延誤救治時機，病患後來死亡，經鑑定後發現，即便醫師未延誤醫治時機，依據疾病的進程，病患依舊會死亡，則即便醫師的行為不符合醫療常規，亦逾越合理臨床專業裁量，因為結果的發生與行為間欠缺因果關係，故醫師仍舊不負醫療過失責任。

第三項　十大明確化[106]

　　本次新修法，在立法理由中寫道，希望讓醫事人員的醫療責任之判定能夠明確化，而非像過去任由學說及各級法院來各自定義，而沒有一個定見，故，「明確化」貫穿了整個法律條文的精神，因此針對醫療行為的規範，有許多面向需要明確化，分述如下：

壹、尊重醫療專業裁量明確化

　　新法第 3 項以逾越合理臨床專業裁量所致者，負刑事責任，明文尊重醫事人員的專業，在專業證照化的現代社會，立法者起了帶頭的作用，讓百工百業都能在自己的領域實現自己的專業，而法院尊重醫事人員的裁量權，也讓醫事人員更能在專業的範圍內放手一搏病患的生機，對於醫病雙方能創造雙贏。

貳、確立醫療風險非過失明確化

　　新法第 3 項以違反醫療上必要之注意義務且逾越合理臨床專業裁量所致者「為限」，才負刑事責任。換言之，違反其他要件者不與焉。立法理由亦表明，醫療行為具不可預測性且醫師依法有不可拒絕救治病患之義

務，因此醫事人員的施術本就具有可容許的風險，倘若認為風險實現，就代表過失的成立，會造成醫療人員做起事來綁手綁腳，甚至行使防衛性醫療行為，此對病患而言非屬善事。故，新法的訂立，對於可容許風險，並不將之視為過失。

參、因果關係客觀歸責明確化

刑事責任講求，須具有因果關係才能成立刑責。新法第 3 項明定了法所不容許的風險，倘若該風險實現而導致構成要件結果的發生，則該歸責事項即須由行為人負責。

肆、尊重病安系統分析不究責明確化

2005 年衛福部委託醫策會建置台灣病人安全通報系統（TPR），以匿名、自願、保密、不究責、共同學習五大宗旨為出發點，收集多方的病患安全相關經驗，進行趨勢分析並對醫療機構提出警示訊息及學習案例，建立機構間經驗分享以及資料交流之平台，進一步營造安全之就醫環境[107]。該系統所建立之醫療糾紛的各項數據分析，並因而成為本次修法的參考依據。

伍、醫療過失客觀認定標準明確化

新法第 4 項羅列出客觀認定過失的標準，讓法院在審判時須明確審酌該行為是否違反法文中所描述的要件，法官並且須於判決中交代之。

陸、尊重醫療水準與勞動環境明確化

新法第 4 項將往年一直隱晦不明的醫療水準文字化，並且將醫療行為當時的勞動環境亦列入過失判斷的要件之一，讓過失的判斷更加多元化，而不再只是單一標準。

柒、證據裁判主義與醫療鑑定明確化

醫療過失的認定應依據明確的事實與證據，正是所謂證據裁判主

---

107 網頁通報台灣病人安全通報系統，http://www.tpr.org.tw，最後瀏覽日：2021/12/9。

義，而事實的認定更是有賴醫療鑑定的判斷。惟，目前半官方的鑑定機構只有衛福部的醫事審議委員會，其餘皆有賴檢察官或法院委託民間單位鑑定，因而鑑定結果的公信力常常令人質疑，且送請鑑定的提問方式與鑑定結果有非常大的關聯性，倘若檢察官或法院的專業性不足，常常會獲得無法鑑定的結論，無法獲得明確的結論，則檢察官或法官的心證常常就會被批評流於恣意。在新法第 82 條通過後，過失的判斷明文寫出了許多要件，而這些要件大多需要鑑定結果的佐證，倘若無法獲得鑑定結果，檢察官與法官勢必無法做出合理的判斷。故，鑑定將會是新法上路後，上述人員的一大新挑戰。

捌、尊重醫療專業經驗法則明確化

除了尊重醫事人員的專業裁量外，對於醫事人員的過往臨床經驗亦應採納之，並將其納入法官的心證。

玖、被告對質詰問權明確化

現行司法實務，除了鑑定人是自然人外，對於機關鑑定，都採取書面審查，當事人因此並沒有對質詰問的機會。而所謂事實是越辯越明，且被告的對質詰問權是憲法賦予的權利，保障被告的對質詰問權，透過理性辯論，發現事實真相，釐清責任的歸屬，是解決醫療糾紛，避免醫病關係陷入對立緊張的有效途徑。

拾、刑責微罪不舉原則明確化

不論刑事法或行政法都有微罪不舉的規定，排除法益被侵害甚小的事件，以避免浪費司法資源及訴訟經濟的考量，故醫療刑責的追訴，應審酌違反義務的輕重程度，及醫療行為的動機、目的、損害等，綜合判斷。

第四項　八方面有待解決的問題[108]

壹、實質欠缺法律明確性

　　本次修法強調醫療過失判定明確化，但卻選擇法院尚未統一使用的文字及不確定法律概念。

一、醫療常規與醫療水準

　　該條第 4 項有明列出醫療常規與醫療水準。惟，兩者是相同、相異或是涵義有重疊之處？實務見解分歧。

(一) 相同：「按醫療行為具有其特殊性及專業性，醫療行為者對於病患之診斷及治療方法，應符合醫療常規（醫療準則，即臨床上一般醫學水準者共同遵循之醫療方式）。[109]」

(二) 涵義重疊：「在醫療行為，因具專業性、錯綜性及不可預測性，並為求醫療水準提升及保障病人權益的均衡，一般均以醫療常規，作為醫護人員注意義務的判別標準。原則上，醫學中心的醫療水準高於區域醫院，區域醫院又高於地區醫院，一般診所最後；專科醫師高於非專科醫師，因此，尚不得一律逕以醫學中心之醫療水準，作為判斷的標準。[110]」

(三) 相異：新醫療法第 82 條第 4 項將兩者前後並列，是認為兩者為相異概念嗎？立法理由表示係參酌衛生福利部醫療糾紛鑑定作業要點第 16 條之規定，似將兩者視為不同的概念。惟，二者有何不同，亦未說明之。

二、必要之注意義務與合理臨床專業裁量

(一)「必要」之注意義務：過失理論中之注意義務乃是指避免構成要件結果發生的措施，若非防止構成要件結果發生即非注意義務，故注意義務只有「有或無」，何謂「必要」之注意義務？似

---

108 廖建瑜，前揭註 94，頁 63。
109 最高法院 103 年度台上字第 2070 號民事判決（簡稱：103 台上 2070）。
110 最高法院 105 年度台上字第 182 號刑事判決（簡稱：105 台上 182）。

有語焉不詳之處。

(二) 合理臨床專業裁量：行政程序法第 10 條：「行政機關行使裁量權，不得逾越法定之裁量範圍，並應符合法規授權之目的。」行政法中之裁量是為了達成行政的目的而訂，而醫療法中的裁量與行政法的規定是否相同？是為了達成醫療的目的？抑或另有所指？合理裁量與不合理裁量的界線又在哪裡？立法者用一個不確定法律概念去解釋另一個不確定法律概念，似乎捲入了循環論證的漩渦。

貳、不同層次概念混為一談

醫療常規是用來判斷客觀行為的義務，醫療水準則是作為認定過失責任前提的預見可能性之判斷，工作條件則是應歸類為規範責任論下的期待可能性之判斷，立法者將三者放在一起，似有混淆過失成立不同層次的法律體系。

參、法條結構邏輯錯誤

條文第 3 項第一句話先表明醫事人員有過失，而後在第二句話以「違反醫療上必要之注意義務且逾越合理臨床專業裁量所致者」限縮過失責任的成立。既然已有過失，此處認定過失之注意義務為何？又，「違反醫療上必要之注意義務且逾越合理臨床專業裁量」這兩個要件在刑法體系上如何定位？是阻卻違法要件抑或是客觀處罰條件？還是根本是立法者誤寫了？

肆、判斷要素優先順位不明

醫療法第 82 條第 4 項所列舉的判斷要素中，彼此之間是否有位階高低之分？亦即符合醫療常規是否必定免責？還是符合醫療常規但不符醫療水準仍應負起責任？衛生主管機關曾經委託醫策會制定手冊：「所謂『醫療常規』，是指臨床醫療上，由醫療習慣、條理或經驗等所形成之常見成規。需具備以下要件：（一）適應性：為保持或增進病人健康，必要且相當之醫療行為。（二）適正性：符合當時當地之醫療水準，以一般醫學上

所承認之方法進行醫療行為⋯⋯。」依手冊[111]的定義，符合醫療常規應該絕對符合醫療水準，而會造成這種混沌不明的疑惑無非是二個名詞法律概念不清楚。其次，是二個名詞應該是判定過失成立要件不同層次的標準，全都擺在判斷客觀注意義務，即造成這種爭議之處[112]。

伍、舉證與鑑定

新法施行前，為證明醫事人員有違反注意義務，通常會送請衛福部醫事審議委員會鑑定是否有違反醫療常規，而法官僅須知道醫療常規是什麼，而不用決定醫師在規範上應為如何之醫療行為；在新法施行後，原告或檢察官因為必須舉證證明醫事人員有違反必要注意義務及合理臨床專業裁量。故，請求鑑定時是否應例行性鑑定違反醫療常規、醫療水準，並參考醫療設施、工作條件及緊急迫切等要件？再者，醫療設施、工作條件及緊急迫切等條件係用來判斷有無期待可能性，此本屬法官應依職權判斷之處，鑑定機關只須告訴法院，醫師應該做什麼，而非通常怎麼做，授權醫審會「越俎代庖」予以鑑定，否則審判權將被鑑定單位實質架空[113]。

陸、文字使用疑慮

第 3 項與第 2 項使用之文字相同，適用範圍如果也相同，恐使醫師負抽象輕過失責任，反較實務上審酌醫師之過失標準實近乎重大過失，更為加重，此與要減輕醫師適用範圍恐背道而馳[114]。

柒、提升「合理臨床裁量」的地位

現代醫學分工專科化，連小小的一個牙醫領域都已分出十個專科，複雜的病況往往需要跨專科領域的合作才能克竟其功，由於專業知識的隔閡，即便同為醫療人員，也無法明確判斷其他領域醫療人員是否符合專業臨床裁量，更何況是法官。故本次修法能將其入法，符合醫療現場動態變

---

111 醫事糾紛鑑定初鑑醫師指引手冊，財團法人醫院評鑑暨醫療品質策進會，第 3 版，2012 年 12 月，頁 11-12。
112 廖建瑜，前揭註 94，頁 63。
113 同前註 112，頁 70。
114 參考劉柏駿，醫療法第 82 條修正後刑事法律適用之探討，演講 POWEROINT，頁 12。

化的過程，實為一大突破。惟，美中不足之處是，其被列在過失構成要件外之判斷事項，實則混淆了醫療刑事過失責任審查應有的順序。醫事人員的行為若已符合合理臨床專業裁量，則行為人客觀上應已履行醫療法上的醫療注意義務，亦符合依法令之行為之阻卻違法事由，不具違法性而不成立過失犯，而非雖有過失而不成立犯罪[115]。

捌、醫療刑法或醫療民法

所謂醫療刑法或醫療民法，係指討論涉及醫療領域的刑法或民法，既然涉及醫療領域，自宜以醫療法的概念為出發點，刑法或民法不宜另定判斷標準，否則可能會動搖法安定性與法公平性，並且會侵蝕罪刑法定主義的機能。例如：注意義務、作為義務或不作為義務，一旦涉及醫療領域，其判斷標準不但需要符合刑法或民法的理論架構，亦應符合醫療法的理論架構。換言之，在某種意義之下，醫療法應該是刑法或民法的適用範圍限縮事由。故行為一旦符合醫療法的規定，自應確定行為人不成立犯罪，即便未經刑法的判斷。而這也可以解決醫療法的相關條文，一下子適用刑法理論，一下子適用民法理論，一下子適用行政法理論，而有妾身不明的困境[116]。

---

115 周賢章，前揭註 24，頁 91。
116 鄭逸哲、莊裕堂，醫療法下的醫療刑法 —— 醫療刑法導論，軍法周刊，第 55 卷第 5 期，2009 年 10 月，頁 181-182。

Chapter 3
判決分析

第一節　有違反注意義務及有因果關係

案例一　植體掉入上顎鼻竇案

壹、案例基本資料

一、案例事實

　　病患至被告醫師處做牙齒矯正及左上第一大臼齒（26）植牙。被告醫師於 96 年 5 月 11 日進行人工植牙第一階段手術，並預計於 96 年 10 月 29 日進行第二階段療程。惟，被告醫師於 96 年 10 月 29 日時發現植體有鬆脫（搖晃）情形，遂將該植體移除（因為骨整合失敗）。而病患返家後感到傷口疼痛不已，於翌日再次前往求診後仍深感疼痛，遂開始質疑被告醫師的醫療技術。病患遂於四天後前往 T 醫院求診，T 醫院醫師表示要等到傷口恢復才可進行後續處置。

　　96 年 11 月 9 日病患回診，要求取下牙齒矯正器且不願再接受被告醫師治療，被告醫師竟勸說病患於該日再一次接受左上第一大臼齒（26）的人工植牙第一階段手術，而病患亦接受。但因為傷口尚未恢復，植體於手術時掉入上顎鼻竇，致病患聽力受損，說話時聽見自己聲音之回音，且無法正常說話。被告醫師遂於該日將病患送至 S 醫院就診，而 S 醫院醫師亦無法取出該植體。隔日轉診至 T 醫院，T 醫院醫師開刀取出該植體，病患之症狀才解。

二、判決結果

(一) 第一審（台灣士林地方法院 98 年醫易字第 2 號刑事判決）

　　1. 被告醫師就前次植牙失敗之植牙區重新再植入植體前，自應依醫療準則，評估傷口復元情況及軟、硬組織癒合時間，而一般癒合所需時間至少 2 至 3 個月以上，本件重行植入植體係於 96 年 11 月 9 日，距同年 10 月 29 日拔除植牙失敗之植體，僅 11 日，且病患於同年 11 月 9 日當時齒槽骨條件未見改善之情況下，被告醫師未安排電腦斷層（CT）評估骨頭條件是否可供植體植入之穩定度，以避免植體掉入上顎鼻竇，顯見被告醫師未先評估病人傷口復原情況，及齒槽骨之條件是否能提供植體初步之穩定度，即貿然再行植入植體，違背醫療準則所揭示之注意義務，其有應注意、能注意而未注意之過失。

　　2. 身為牙醫師，應注意植牙失敗處重新再植牙需評估口腔軟硬組織癒合時間及客觀條件，始得勸說病患接受重新植入植體，而非一徵得病患同意，即免除其身為牙醫師之注意義務。

　　3. 被告醫師於 96 年 11 月 9 日為病患左上顎第一大臼齒缺牙處重新植入植體之醫療行為有過失，且與該植體掉入病患左上顎鼻竇內，致其當時聽力受損及說話時聽見自己聲音之回音而無法正常說話，有相當因果關係。

　　4. 被告醫師對於病患之醫療行為確有疏失，且其疏失行為與病患因植體掉入左上顎鼻竇內，致當時聽力受損且說話時聽見自己聲音之回音而無法正常說話之傷害間亦有相當因果關係且被告醫師犯後否認犯行、飾詞卸責，難認有任何悔意之犯後態度，故量處有期徒刑 4 月。

(二) 第二審（台灣高等法院 99 年醫上易字第 5 號刑事判決）

　　1. 被告醫師重新植入之植體掉入病患左上鼻竇內，係因病患傷口癒合僅 11 日，上仍有肉芽組織、骨質密度差，且齒槽骨客觀條件未見改善，未能提供植體初步之穩定度，確實疏未注意病患植牙失敗之客觀條件，如立即再行植入植體，有將植體推入鼻竇內之危險，被告醫師對於病患之醫療行為確有疏失，致病患受有傷害。

2. 被告醫師於 96 年 11 月 9 日為病患左上顎第一大臼齒缺牙處重新植入植體前，疏未注意植牙失敗處重新再植牙需評估口腔軟硬組織癒合時間及客觀條件，率予進行植體植入，致該植體掉入病患左上顎鼻竇內，造成病患聽力受損與說話時聽見自己聲音回音之傷害。是醫師重新植入植體之過失行為，與病患因植體進入鼻竇造成聽力受損等傷害之間，具有相當因果關係。

3. 而關於刑之量定，係法院得本於職權自由裁量之事項，倘其未有逾越法律所規定之範圍或濫用其權限，即不得任意指摘為違法，原判決之量刑並無明顯疏失，上訴駁回，維持有期徒刑 4 月。

三、鑑定意見

（僅第一審有送鑑定，第二審認為事證已明確，無再送鑑定之必要）。

醫審會（98 年 3 月 18 日檢察官送請，99 年 7 月 15 日第一審法院送請，兩次鑑定）、T 醫院牙醫師於第一審證稱：

(一) 口腔軟組織傷口癒合約需 4 至 8 週，齒槽骨癒合約需 4 至 6 個月，植牙失敗處再植牙至少需要 2 至 3 個月以上。

(二) 該植牙區牙脊高度可能約 5mm，為避免上顎鼻竇黏膜破裂，應先安排電腦斷層評估骨頭條件。

(三) 立即性植體植入之植牙區須可以提供植體初步穩定，骨頭條件不佳，無法提供植體初步穩定度之情形下，植體失敗率會較高，本案移除第一顆植體 11 天後再行植牙，顯過於急迫，治療計畫有可議之處。

(四) 本案於 96 年 10 月 29 日移除原先植體，復於 11 月 9 日予以再植，再植入之時程太短，與植體掉入鼻竇難謂無因果關係。

貳、評 析

一、刑法上過失責任

(一)刑法學說上過失

過失是行為人未有意而為行為，但該行為卻發生法益的侵害，且該侵

害並非行為意思所希望的。本案例中，被告醫師因為病患不願再接受其治療，甚至要求取下與失敗醫療無關的矯正裝置，可能一時心急而於傷口未痊癒的狀況下，再次植入植體（作為）。雖然被告醫師是故意再次植入植體，但並未有意造成植牙失敗而使得植體掉入上顎鼻竇，且該後果被告醫師雖得預見其發生，但該發生的後果並非不違背被告醫師的本意。最終，再次植入植體的行為發生了病患聽力受損的傷害，該傷害並非被告醫師的再次植入植體的行為意思所希望的。故，被告醫師並非故意犯，乃係成立刑法上的過失作為犯。

1. 過失作為犯的構成要件

(1) 行為與結果之（條件）因果關係：非 P 則非 Q，倘若 P 現象不存在，Q 結果就不會發生。本案例中，倘若被告醫師不要再次植入植體，植體就不會掉入上顎鼻竇而造成病患聽力的損害，故被告醫師的再植入植體的行為是發生病患聽力受損害結果所不可想像其不存在的條件，故二者成立條件因果關係。

(2) 行為與結果之客觀歸責

A. 製造法所不容許的風險：行為人的行為違背客觀的注意義務而具有行為不法，該行為即是以客觀上違反法義務規範的行為方式，製造法所不容許的風險。本案例中，依據醫審會的鑑定意見：植牙失敗處再植牙至少需要 2 至 3 個月以上，這是一般牙醫師應有的客觀注意義務，抑或可稱之為醫療常規，亦即法義務規範，被告醫師再植入植體的行為違背客觀上法義務規範（醫療常規）而造成病患的聽力可能受損之法所不容許之風險。

B. 實現法所不容許的風險：行為人的行為係結果發生的原因，乃行為所導致結果的發生。本案例中，被告醫師再植入植體的行為是病患聽力受損的原因，故被告醫師的行為實現了病患的聽力受損之法所不容許的風險。

(A) 注意規範的保護目的：行為與結果間縱然具有因果關係，然而行為人所違反的注意義務，其規範保護目的並非在於避免此一結果發生者，則所發生的結果對行為人而言，不具有客

觀歸責。本案例中，行為人所違反的注意義務，亦即上述之
醫療常規，其規範保護目的乃係在於避免病患受傷害的結果
發生，故病患聽力受傷害的結果對被告醫師而言具有客觀歸
責。

(B) 結果具有可避免性：如果行為人即使採取了合乎注意義務之
行為，但結果仍無法避免發生，則可認為違反義務之行為與
結果間不具有可避免性，該行為即不具有結果可歸責。本案
例中，如果被告醫師依據醫療常規，等傷口復原再行植牙，
則植體將不會掉入上顎鼻竇，而造成病患聽力傷害，故被告
醫師的行為與結果間具有可避免性。

C. 構成要件效力範圍：如果僅在結果與行為人所製造的法所不容許
風險之間有因果關係，尚不足以滿足客觀構成要件，尚須此一結
果落在避免危險的構成要件效力範圍內，才能滿足客觀歸責。本
案例中，病患傷害結果的發生落在過失傷害罪的構成要件效力範
圍內。

(3) 過失之主觀構成要件

本案例中，雖然被告醫師是故意再次植入植體，但並未有意造成植
牙失敗而使得植體掉入上顎鼻竇，且該後果被告醫師雖得預見其發
生，但該發生的後果並非不違背被告醫師的本意，故被告醫師並不
成立故意犯而是成立過失犯罪。

2. **違法性**：被告醫師無任何阻卻違法事由。

3. **罪責**：被告醫師無任何阻卻罪責事由。

4. **結論**：被告醫師成立刑法上的過失。

(二) 醫療實務上過失

1. **違反注意義務**：一般的過失犯罪與故意犯罪不同，過失犯罪行為人主觀
上欠缺犯意，故過失犯的行為非價在於違反規範的要求，而過失犯的
行為非價的判斷標準在於違反注意義務，因此須從客觀上判斷其行為是
否違反應盡的注意義務，也就是說，過失犯的行為人未遵守社會一般人

所要求的注意（亦即客觀的注意義務之違反），再反推其對於該結果是
否應負過失責任；相同地，醫療上的過失犯罪亦須從客觀上判斷醫師是
否違反應盡的注意義務，亦即違反普通一般醫師所應遵循的醫療行為模
式，再反推其對於該結果是否應負過失責任。注意義務的內容包含範圍
廣大，本段落僅就與牙科醫療行為較有關聯的親自診療義務、常規診療
義務、轉診義務、告知同意義務予以分析之：

(1) 親自診療義務：醫師法第 11 條第 1 項前段規定：「醫師非親自診察，
　　不得施行治療、開給方劑或交付診斷書。」因為疾病的症狀具有多
　　變性及複雜性，而每個病患皆是獨立的個體，且每次的病徵都是獨
　　立的事件，故醫師唯有親自診察才能做出正確的判斷，以避免因為
　　誤診而延誤病情或治療錯誤致生醫療紛爭。本案例中，被告醫師不
　　論進行診斷或施行植牙，皆親自執行而未假手他人，故被告醫師並
　　未違反親自診療義務。

(2) 常規診療義務：過失犯的行為非價之判斷標準在於是否違反注意義
　　務，而注意義務的判斷基準為何？渠以為，應以刑法為保護法益免
　　於受侵害而課予行為人在具體情狀下，以一位善良理智之人處於當
　　時相同狀態所應恪遵該事務之注意義務為標準，此在醫療上則稱之
　　為「醫療常規」，以其作為判定符合注意義務與否之依據，即在臨
　　床上長時間發展而沿襲下來經常實行的規矩，並以「醫療成員之平
　　均、通常具備之技術」為判斷標準，惟，醫療常規並非一成不變，
　　在醫學中心、區域醫院、地區醫院、一般診所，因設備等之差異；
　　在每一時期，因醫學之進步程度，醫療常規乃具浮動性，由此可明
　　白「醫療水準」是作為「醫療常規」之調整器，使得醫療人員能因
　　時制宜而提供符合當時需求的客製化醫療行為。本案例中，依醫審
　　會鑑定意見，口腔軟組織傷口癒合約需 4 至 8 週，齒槽骨癒合約需
　　4 至 6 個月，植牙失敗處再植牙至少需要 2 至 3 個月以上，此為植
　　牙失敗後，再植牙所需時間的醫療常規，而牙醫師身處基層診所，
　　只須符合最低層級的醫療水準，亦即最基本的醫療常規，即無違反
　　常規診療義務。惟，牙醫師就前次植牙失敗之植牙區重新再植入植

體前，未詳實評估傷口復原情況及軟、硬組織癒合時間，貿然再行植入植體，違背醫療準則所揭示之義務，其有應注意、能注意而未注意之過失，故牙醫師違反常規診療義務。

(3) 轉診義務：醫療法第 73 條第 1 項前段規定：「醫院、診所因限於人員、設備及專長能力，無法確定病人之病因或提供完整治療時，應建議病人轉診。」轉診本質上屬於醫療院所之法定責任，惟，接觸病患的主體是醫師，故實務上將醫療院所的責任直接由行為人（醫師）承接，故，一般醫師如果限於專科醫學能力的不足，即應評估將病患轉診至專科醫師處所，以讓病患獲得更專業的照顧，此乃正確醫療行為的一個環節，若違背正確的轉診評估，即顯然有過失之虞。本案例中，牙醫師違反醫療常規之處為未詳實評估傷口復原情況及軟、硬組織癒合時間，貿然再行植入植體，此與轉診義務無涉，故牙醫師並未違反轉診義務。

(4) 告知同意義務：醫師法第 12 條之 1 規定：「醫師診治病人時，應向病人或其家屬告知其病情、治療方針、處置、用藥、預後情形及可能之不良反應。」醫療乃是高度專業且具危險之行為，病患或其家屬通常須仰賴醫師之說明方能瞭解醫療行為的風險、效果及必要性，故醫師為醫療行為時，自應詳細對病患本人或家屬說明病情、可能診斷及治療方式之選擇及其風險，賦予病患選擇拒絕或接受的空間，以保障病患身體自主權。一般情形下，如曾說明，病人即有拒絕醫療之可能時，即有說明之義務；於此，醫師若未盡上開說明之義務，除有正當理由外，難謂已盡注意之義務。本案例中，被告醫師於第一次植牙失敗後，竟勸說病患於短時間內再一次接受人工植牙第一階段手術，而病患亦接受，被告醫師似乎有盡告知同意義務。惟，身為牙醫師，應注意植牙失敗處重新再植牙需評估口腔軟、硬組織癒合時間及客觀條件，始得勸說病患接受重新植入植體，而非一徵得病患同意，即免除其身為牙醫師之注意義務。故，本案件中，被告醫師因未詳細對病患說明可能診斷及治療方式之選擇及其風險，致使病患處於無從選擇之立場，則被告醫師之說明如

同未盡說明一般。故，本文以為牙醫師違反告知同意義務。

2. **因果關係（客觀之相當因果關係說）**：實務上為防止條件理論不當擴大刑事責任而採相當因果關係理論，因為可以將偶然的事實或偶然發生的結果從刑法評價上予以排除，即原則上得將不尋常或異常因果連結視為偶然發生的條件，而以不具相當性來加以擯除。而相當因果關係之客觀說係立於法官裁判時之立場（事後判斷），於行為人行為當時客觀所存在之事實狀況及行為後所產生之事情，於經驗法則上（客觀上）為一般人所能預見或經驗上認為可能之狀況作為判斷資料而判斷之基礎，判斷的基準可說是法官之認識力。本案件中，倘若立於裁判時的立場，做客觀之事後審查，依經驗法則或是醫療常規，口腔軟組織傷口癒合約需 4 至 8 週，齒槽骨癒合約需 4 至 6 個月，植牙失敗處再植牙至少需要 2 至 3 個月以上，而牙醫師仍執意於第一次植牙失敗後 11 日即再行植牙，渠當能預見，一般情形，有此環境，有此行為之條件下，均會發生同一失敗的結果，此非偶然的事實或偶然發生的結果，故被告醫師的行為與植體掉入病患上顎鼻竇，致病患聽力受損，說話時聽見自己聲音的回音，且無法正常說話的傷害有相當因果關係。

3. **結論**：被告醫師違反常規診療義務、告知同意義務兩項注意義務，且被告醫師再植牙的行為與植體掉入病患上顎鼻竇，致病患聽力受損，說話時聽見自己聲音的回音，且無法正常說話的傷害有相當因果關係，故被告醫師成立醫療上的過失。

二、醫療法第82條過失責任

(一)是否違反醫療上必要之注意義務

醫療法第 82 條第 4 項規定：「……以該醫療領域當時當地之醫療常規、醫療水準、醫療設施、工作條件及緊急迫切等客觀情況為斷。」此條項將醫療常規設計為注意義務之一部分（或可稱之為下位概念）。故，審查時除了所謂平均醫師注意義務的醫療常規外，尚需考量其他要件，例如：醫療水準並非一成不變，乃係因地制宜、因時制宜，醫師在診察、檢查、處置時可以合理期待的醫療方式，而醫療設施更能具體化判斷醫療水

準的標準，最後再綜合各個列舉的多元客觀條件評斷之：

1. **醫療常規**：口腔軟組織傷口癒合約需 4 至 8 週，齒槽骨癒合約需 4 至 6 個月，植牙失敗處再植牙至少需要 2 至 3 個月以上，此為平均醫師注意義務之醫療常規。本案例中，被告醫師於 96 年 10 月 29 日時發現植體有鬆脫（搖晃）情形，遂將該植體移除（因為骨整合失敗），竟於 96 年 11 月 9 日勸說病患於該日再一次接受左上第一大臼齒（26）的人工植牙第一階段手術，而因為傷口尚未恢復，植體於手術時掉入上顎鼻竇，被告醫師顯然違反醫療常規。

2. **醫療水準**：醫療行為容許相當程度的風險，故應以行為時臨床醫療水準來判斷是否違反注意義務。原則上醫學中心之醫療水準高於區域醫院，而區域醫院又高於地區醫院，一般診所則居於最後；專科醫師高於非專科醫師，自不待言。而醫療水準是醫療常規的調整器，故倘若被告醫師身處基層診所，其醫療水準只須符合最基本的醫療常規即可。本案例中，被告醫師身處於基層診所，其行為只須符合最低層級的醫療水準，亦即只須符合最基本的醫療常規即可。惟，如上述，被告醫師的行為不符合醫療常規，亦即連最低層級的醫療水準都不符合。

3. **醫療設施、工作條件、緊急迫切**：衛生福利部依據醫療法第 12 條第 3 項訂定了醫療機構設置標準，規定了各醫療院所設置時應有的設施標準；工作條件係指在工作中的設施條件、工作環境、勞動強度和工作時間的總和，又可稱之為勞動條件。我國對於勞動條件的規範大多於勞動基準法中可得知概略。本案例中，被告醫師處於基層牙醫診所，而該植牙手術於任何醫療院所都能勝任，至於工作條件應與本案例無關，本案例亦非是緊急急迫的案例。

4. 綜合上述要件，以客觀情況為斷，被告醫師應有違反醫療上必要之注意義務。

(二) 是否逾越合理臨床專業裁量

醫療常規所代表的是普通一般醫師所依循的醫療行為模式，但醫療狀況千變萬化，遵循醫療常規不一定能醫治病患的疾病，因為每個病患的病

情、體質皆不相同，故需要醫師做現場的診斷，也就是臨床專業裁量，才能符合個案病患的需求。最高法院 107 年度台上字第 4587 號刑事判決略以：「『合理臨床專業裁量』即允許醫師對於臨床醫療行為，保有一定的『治療自由』、『臨床的專業裁量權限』，以決定治療方針。尤其對於罕見疾病、遇首例或對於末期病人充滿不確定性的治療，在無具體常規可遵循時，即須仰賴醫師合理的臨床裁量。」雖然醫療法第 82 條第 4 項規定，合理臨床專業裁量仍須「以該醫療領域當時當地之醫療常規、醫療水準、醫療設施、工作條件及緊急迫切等客觀情況為斷」。惟，違反醫療上必要之注意義務與逾越合理臨床裁量應是不一樣的判斷方式，倘以相同的要件論斷，恐有重複評價之虞，故，本段落嘗試以最高法院的判斷方式分析之：

　　1.本案例中，該病患因為缺牙而需植牙，並非罕見疾病，亦非首例之病例，該病患更非末期之病人而有充滿不確定的治療，而該情狀有具體常規可遵循，此時似乎不需仰賴醫師的臨床裁量來治療病患，故被告醫師並未保有治療的自由及臨床的專業裁量權限，被告醫師的合理臨床專業裁量即是遵循醫療常規，又，醫審會的鑑定意見：口腔軟組織傷口癒合約需 4 至 8 週，齒槽骨癒合約需 4 至 6 個月，植牙失敗處再植牙至少需要 2 至 3 個月以上，被告醫師違反醫療常規即是逾越合理臨床專業裁量。

　　2.本案例之被告醫師逾越合理臨床專業裁量。

　　本案例中，被告醫師違反醫療上必要之注意義務且逾越合理臨床專業裁量，故被告醫師成立醫療法第 82 條的過失。

案例二　植牙導致蜂窩性組織炎案

壹、案例基本資料

一、案例事實

　　被告醫師於 96 年 11 月 5 日僅為病患做全口的 X 光攝影後，即於兩日後為病患進行右下臼齒的人工植牙。術後病患數次回診，病患主訴有

腫痛、植體螺絲鬆掉，被告醫師僅鎖緊螺絲，未做其他處置。而病患又於97年1月7日、8日、10日因為植體的螺絲鬆脫、牙齦腫脹而前往求診，而被告醫師僅將鬆脫之螺絲鎖緊，亦未給藥。

　　97年2月21日病患又因為相同地方之疼痛、發燒，這次去了訴外牙醫診所，而該訴外牙醫要求病患去Z醫院掛急診，但Z醫院自認設備不夠並未收治，要求病患去大醫院（該Z醫院可能只是分院）；97年2月25日去TZ醫院求診，27日做斷層掃描，及穿刺切片，並無異常。

　　97年3月8日病患因為持續高燒不退，先前往TZ醫院急診後，又前往J醫院急診而後住院，經醫院診斷，係因植牙後細菌感染，導致右臉頰蜂窩性組織炎合併右頸局部淋巴結腫大。最後於97年5月1日於TZ醫院就診，並於5月9日於該院移除植體，症狀始消除。

二、判決結果

(一)第一審（台灣士林地方法院99年醫易字第1號刑事判決）

　　1. 病患於植牙前兩天即96年11月5日至被告醫師診所就診，被告醫師僅為病患照全口X光認為可以植牙，而於96年11月7日診斷出病患患有牙周病後，未再為其評估風險及身體狀況，當天即貿然為其進行植牙手術，顯與醫療常規有違。

　　2. 被告醫師為病患於97年11月7日實施植牙手術前，未盡其注意義務，使病患閱後簽署手術同意書及麻醉同意書等文件，或對病患詳加說明植牙手術之風險及成功率，即進行手術。

　　3. 由證人（專家證人）證言可知，醫療常規上對於患者發燒或淋巴結腫大等情形，醫師於無法排除感染可能性時，應將病患轉診或施予抗生素治療，否則將令患者產生蜂窩性組織炎等併發症甚而致命之風險，且植牙後殺菌不完全將導致植體感染之可能性，僅單純將支台體螺絲鎖緊更無殺菌之效果。

　　4. 觀諸病患右下腫痛與支台體螺絲反覆鬆動之情形，當應注意、能注意植牙手術與病患腫痛處之關聯性及支台體螺絲反覆鬆動後細菌急速繁殖導致植體感染之可能性，被告醫師竟均未注意對病患給以抗生素治療或轉診，其確有過失。

　　5.被告醫師於診斷病患患有牙周病後，當天即貿然為其進行植牙手術，既未於術前告知風險及併發症可能，於病患因發炎回診時，亦未施予適當治療或將病患轉診至醫學中心診治，違背醫療準則所揭示之注意義務，其有應注意、能注意而未注意之過失，且其疏失行為與病患因植牙後細菌感染導致右臉頰蜂窩性組織炎之傷害間有相當因果關係，故量處有期徒刑5月。

(二)第二審（台灣高等法院100年醫上易字第1號刑事判決）

　　1.醫療常規上對於患者發燒或淋巴結腫大等情形，醫師於無法排除感染可能性時，應將病患轉診或施予抗生素治療，否則將令患者產生蜂窩性組織炎等併發症甚至有致命之危險，且植牙後殺菌不完全將導致植體感染之可能性，僅單純將支台體螺絲鎖緊更無殺菌之效果。

　　2.法院判斷，本件病患極有可能因植體鬆動而引發其右臉頰之蜂窩性組織炎。

　　3.被告醫師於97年1月7日、8日、10日之處置，未對病患施以抗生素治療或建議轉診，有違醫療常規。

　　4.被告醫師疏未注意病患患有牙周病不宜進行植牙手術，即貿然為其植牙，植後復未注意病患發生感染應予治療或轉診，導致受有蜂窩性組織炎之傷害，最終不得不移除植體，被告之過失程度非輕。惟，被告醫師無違反醫療法第63條之義務，原判決對於上開事項疏未查明遽以認定，自屬違誤而有可議，被告上訴要旨猶執前詞否認犯罪，固無可採，惟原判決既有可議，仍屬無可維持，自應由本院予以撤銷改判，故量處有期徒刑4月。

三、鑑定意見

(一)醫審會（98年12月3日）鑑定意見

　　如果被告醫師能在第一時間轉介給醫學中心，比較符合醫療常規。

(二)TZ醫院口腔醫學部主任醫師於第一審時到庭證稱

　　1.牙周病本身就是潛在的細菌感染，如果去植牙的話，會有可能造成細菌感染的機會存在。

2. 依個人的經驗，植牙手術完後會給 3 至 5 天的抗生素以用來殺菌之用，避免感染的機會。

3. 支台體鬆動則與表面無法密合，會容易堆積牙垢，造成牙齦刺激，引起牙齦發炎的關鍵，如果將支台體重新鎖緊，上下密合，就不會有藏汙納垢的地方，但單純將螺絲鎖上沒有直接殺菌的效果。

(三) J 醫院感染科主任醫師於檢察官偵查中證稱：我們有會診醫院牙科，牙科認為應該是植牙造成的蜂窩性組織炎……。

(四) J 醫院感染科主任醫師於第一審審理時證稱：因為附近沒有其他傷口，當時只有一個明顯的傷口在那裡，我們就考慮是因為植牙所造成的，因為植牙這是外來的東西，如果植牙沒有好好消毒，也有可能以後一兩個月才發炎，我無法確定是手術本身或是手術後的處置才造成的蜂窩性組織炎……。

(五) TZ 醫院口腔外科醫師於第二審時證稱：97 年 4 月 16 日門診紀錄，病人主訴右側頸部有腫脹，超過一個月，我們檢查右側下顎區有硬塊的感覺，2x2 公分，右側頸部第二區有 1.5 公分的淋巴腫大（電腦斷層），切片檢查的病理報告沒有看到惡性細胞……。

貳、評 析

一、刑法上過失責任

(一)刑法學説上過失

過失是行為人未有意而為行為，但該行為卻發生法益的侵害，且該侵害並非行為意思所希望的。本案例中，被告醫師雖明知病患患有牙周病而仍執意替其植牙，而牙周病的併發症極易發生細菌感染致有蜂窩性組織炎的風險，但被告醫師雖得預見其發生，但該發生的後果並非不違背被告醫師的本意，亦即其並非有意造成病患蜂窩性組織炎的傷害，該傷害並非被告醫師的行為意思所希望的，即便是被告醫師於病患發生腫脹的症狀時，僅將植體的螺絲鎖緊且未給藥。故，被告醫師並非故意犯，而是成立刑法上的過失犯。又，不作為犯乃係行為人以消極的不作為方式實現構成要件的犯罪，本案被告醫師對於病患的腫脹症狀未有積極的治療行為，而僅以

消極的不作為方式造成病患蜂窩性組織炎的傷害，故被告醫師成立刑法上的過失不作為犯。

1. 過失不作為犯的構成要件

(1) 構成要件該當結果的發生：審查實際上所發生的事實是否與作為判準的法條構成要件要素相符合。本案中，由於被告醫師明知病患為牙周病的患者，卻疏於適當治療或轉診，因而導致病患受有蜂窩性組織炎的傷害，該事實與刑法條文過失傷害罪的構成要件要素相符合。

(2) 因果關係與客觀歸責

A. 行為與結果之（條件）因果關係：非 P 則非 Q，倘若 P 現象不存在，Q 結果就不會發生。本案例中，若被告牙醫師對於病患腫脹的病況不積極治療，僅將植體的螺絲鎖緊且未給藥，病患就不會因而受到蜂窩性組織炎的傷害。故被告醫師的不積極治療行為是發生病患蜂窩性組織炎的傷害結果所不可想像其不存在的條件，故二者成立條件因果關係。

B. 行為與結果之客觀歸責

(A) 製造法所不容許的風險：行為人的行為違背客觀的注意義務而具有行為不法，該行為即是以客觀上違反法義務規範的行為方式，製造法所不容許的風險。本案例中，被告醫師先是診斷出病患患有牙周病後，未再為其評估風險及身體狀況，當天即貿然為其進行植牙手術，其作為顯與醫療常規有違；爾後對於患者發燒或淋巴結腫大等情形，被告醫師於無法排除感染可能性時，醫療常規上應將病患轉診或施予抗生素治療卻未有該作為。被告醫師二個時點的作為或不作為皆未符合醫療常規，因而違背客觀的注意義務而具有行為不法，該不法作為即是以客觀上違反法義務規範（醫療常規）的行為方式，製造病患蜂窩性組織炎之法所不容許的風險。

(B) 實現法所不容許的風險：行為人的行為係結果發生的原因，乃行為所導致結果的發生。本案中，被告醫師的兩個行為，

一者貿然為病患植牙，二者疏於將病患轉診或施予抗生素治療，皆是造成病患蜂窩性組織炎傷害的原因，該兩個行為實現了病患受傷害之法所不容許的風險。

(3) 過失行為的行為不法與結果不法：不法係指經刑法規範所否定的具有負面價值判斷的行為，包括行為不法與結果不法。行為不法指法益破壞行為或義務違反行為的行為方式；結果不法係指行為所造成的法益破壞或義務違反的結果。行為必須兼具行為不法與結果不法，始足以構成刑事上的不法。本案中，被告醫師的行為違反醫療常規，具義務違反行為而有行為不法；又，被告醫師的行為造成病患的傷害，亦即健康法益受到破壞而有結果不法。被告醫師的行為兼具行為不法與結果不法，構成刑事上的不法。

(4) 不為期待應為行為：所謂不作為，係指不著手實行刑法規範所要求與期待的特定行為，換言之，行為人不為刑法規範期待應為的特定行為，或不著手實行被期待的特定行為。本案中，被告醫師明知病患為牙周病的患者，患者發燒或淋巴結腫大時，牙醫師於無法排除感染可能性時，應將病患轉診或施予抗生素治療，否則將令患者產生蜂窩性組織炎等併發症甚而致命之風險，惟，被告醫師卻不著手實行被期待的上述行為。

(5) 防止結果發生的事實可能：行為人具有作為能力，對於防止構成要件該當結果的發生，具有事實可能性，即任何人均無義務為不可能之事（ultra posse nemo obligatur）的法諺。本案中，被告醫師身為一個專業的牙醫，當然具有專業的知識及能力可以防止因牙周病而導致感染而生的蜂窩性組織炎。

(6) 保證人地位：對於結果的發生負有防止其發生之法義務之人（即刑法第 15 條第 1 項前段：對於犯罪結果之發生，法律上有防止之義務），不履行這種防止結果發生的法義務，致發生構成要件該當的結果者。本案中，醫療法第 82 條第 1 項：「醫療業務之施行，應善盡醫療上必要之注意。」故，牙醫師於執行醫療業務時，「善盡醫療上必要之注意」即為其法義務，被告醫師對於病患具有牙周病而

仍為其植牙，爾後疏於注意，導致其蜂窩性組織炎的傷害，即未善盡其法義務，被告醫師為對於傷害結果的發生負有防止其發生之法義務之人，不履行這種防止結果發生的法義務，致發生傷害構成要件該當的結果，故該負未善盡其為保證人地位的責任。

(7) 不作為與作為等價：以不作為而實現不法構成要件，與以作為而實現不法構成要件，在刑法的非價判斷上，兩者彼此相當。本案中，被告醫師未將病患轉診，亦未施予抗生素治療，此不作為實現了病患傷害結果的不法構成要件，與以作為方式實現病患傷害結果的不法構成要件，兩者彼此相當（即病患都是因此而受醫療上的傷害）。

2. **違法性**：被告醫師無任何阻卻違法事由。

3. **罪責**：被告醫師無任何阻卻罪責事由。

4. **結論**：被告醫師成立刑法上的過失。

(二) 醫療實務上過失

1. **違反注意義務**：一般的過失犯罪與故意犯罪不同，過失犯罪行為人主觀上欠缺犯意，故過失犯的行為非價在於違反規範的要求，而過失犯的行為非價的判斷標準在於違反注意義務。因此須從客觀上判斷其行為是否違反應盡的注意義務，也就是說，過失犯的行為人未遵守社會一般人所要求的注意（亦即客觀的注意義務之違反），再反推其對於該結果是否應負過失責任；相同地，醫療上的過失犯罪亦須從客觀上判斷醫師是否違反應盡的注意義務，亦即違反普通一般醫師所應遵循的醫療行為模式，再反推其對於該結果是否應負過失責任。注意義務的內容包含範圍廣大，本段落僅就與牙科醫療行為較有關聯的親自診療義務、常規診療義務、轉診義務、告知同意義務予以分析之：

(1) 親自診療義務：醫師法第 11 條第 1 項前段規定：「醫師非親自診察，不得施行治療、開給方劑或交付診斷書。」因為疾病的症狀具有多變性及複雜性，而每個病患皆是獨立的個體，且每次的病徵都是獨立的事件，故醫師唯有親自診察才能做出正確的判斷，以避免因為誤診而延誤病情或治療錯誤致生醫療紛爭。本案例中，被告醫師不

論是診斷或是植牙，乃至於後續消極地僅將鬆脫之螺絲鎖緊，皆親自執行而未假手他人，故被告醫師並未違反親自診療義務。

(2) 常規診療義務：過失犯的行為非價之判斷標準在於是否違反注意義務，而注意義務的判斷基準為何？渠以為，應以刑法為保護法益免於受侵害而課予行為人在具體情狀下，以一位善良理智之人處於當時相同狀態所應恪遵該事務之注意義務為標準，此在醫療上則稱之為「醫療常規」，以其作為判定符合注意義務與否之依據，即在臨床上長時間發展而沿襲下來經常實行的規矩，並以「醫療成員之平均、通常具備之技術」為判斷標準，惟，醫療常規並非一成不變，在醫學中心、區域醫院、地區醫院、一般診所，因設備等之差異；在每一時期，因醫學之進步程度，醫療常規乃具浮動性，由此可明白「醫療水準」是作為「醫療常規」之調整器，使得醫療人員能因時制宜而提供符合當時需求的客製化醫療行為。本案例中，依第一審判決理由：被告醫師診斷出病患患有牙周病後，未再為其評估風險及身體狀況，當天即貿然為其進行植牙手術，顯與醫療常規有違；又，依醫審會鑑定意見：於病患因發炎回診時，醫師如果能在第一時間轉介給醫學中心，比較符合醫療常規。而被告醫師身處基層診所，只須符合最低層級的醫療水準，亦即最基本的醫療常規，即無違反常規診療義務。惟，牙周病本身就是潛在的細菌感染，如果未經適當治療就植牙的話，會有可能造成細菌感染的機會存在，而被告醫師先是未詳細評估該風險就進行植牙手術，爾後發生病患反覆腫痛、發燒的症狀，又疏於適當的治療或轉診，前後二行為皆違背醫療準則所揭示之義務，其有應注意、能注意而未注意之過失，故被告醫師違反常規診療義務。

(3) 轉診義務：醫療法第 73 條第 1 項前段規定：「醫院、診所因限於人員、設備及專長能力，無法確定病人之病因或提供完整治療時，應建議病人轉診。」轉診本質上屬於醫療院所之法定責任，惟，接觸病患的主體是醫師，故實務上將醫療院所的責任直接由行為人（醫師）承接。故，一般醫師如果限於專科醫學能力的不足，即應評估

將病患轉診至專科醫師處所，以讓病患獲得更專業的照顧，此乃正確醫療行為的一個環節，若違背正確的轉診評估，即顯然有過失之虞。本案例中，依照兩個審級的判決理由，由證人（專家證人）證言可知，醫療常規上對於患者發燒或淋巴結腫大等情形，醫師於無法排除感染可能性時，應將病患轉診或施予抗生素治療，否則將令患者產生蜂窩性組織炎等併發症甚而致命之風險，而被告醫師於病患腫痛、發燒時，僅將螺絲鎖緊，未將之轉診或施予抗生素治療，明顯違反醫療常規，故被告醫師違反轉診義務。

(4) 告知同意義務：醫師法第 12 條之 1 規定：「醫師診治病人時，應向病人或其家屬告知其病情、治療方針、處置、用藥、預後情形及可能之不良反應。」醫療乃是高度專業且具危險之行為，病患或其家屬通常須仰賴醫師之說明方能瞭解醫療行為的風險、效果及必要性，故醫師為醫療行為時，自應詳細對病患本人或家屬說明病情、可能診斷及治療方式之選擇及其風險，賦予病患選擇拒絕或接受的空間，以保障病患身體自主權。一般情形下，如曾說明，病人即有拒絕醫療之可能時，即有說明之義務；於此，醫師若未盡上開說明之義務，除有正當理由外，難謂已盡注意之義務。本案例中，依第一審判決理由，被告醫師為病患實施植牙手術前，未盡其注意義務，使病患閱後簽署手術同意書及麻醉同意書等文件，或對病患詳加說明植牙手術之成功率、風險及預後情形等，即對病患進行植牙手術，故被告醫師顯然違反告知同意義務。

2. **因果關係（客觀之相當因果關係說）**：實務上為防止條件理論不當擴大刑事責任而採相當因果關係理論，因為可以將偶然的事實或偶然發生的結果從刑法評價上予以排除，即原則上得將不尋常或異常因果連結視為偶然發生的條件，而以不具相當性來加以擯除。而相當因果關係之客觀說係立於法官裁判時之立場（事後判斷），於行為人行為當時客觀所存在之事實狀況及行為後所產生之事情，於經驗法則上（客觀上）為一般人所能預見或經驗上認為可能之狀況作為判斷資料而判斷之基礎，判斷的基準可說是法官之認識力。本案件中，倘若立於裁判時的立場，做

客觀之事後審查，依經驗法則或是醫療常規，被告醫師診斷出病患患有牙周病後，未再為其評估風險及身體狀況，當天即貿然為其進行植牙手術，顯與醫療常規有違，且當病患反覆腫痛、發燒時，被告醫師卻未能在第一時間轉診給專科醫師，亦顯然不符合醫療常規。渠當能預見，一般情形，有此環境，有此行為之條件下，均會發生同一植牙失敗的結果，此非偶然的事實或偶然發生的結果，故被告醫師的上述行為與植牙失敗及病患受有腫痛發燒等傷害有相當因果關係。

3. **結論**：被告醫師違反常規診療義務、轉診義務、告知同意義務等三項注意義務，且被告醫師的前述行為與植牙失敗及病患受有腫痛發燒等傷害有相當因果關係，故被告醫師成立醫療上的過失。

二、醫療法第82條過失責任

(一) 是否違反醫療上必要之注意義務

醫療法第 82 條第 4 項規定：「……以該醫療領域當時當地之醫療常規、醫療水準、醫療設施、工作條件及緊急迫切等客觀情況為斷。」此條項將醫療常規設計為注意義務之一部分（或可稱之為下位概念）。故，審查時除了所謂平均醫師注意義務的醫療常規外，尚需考量其他要件，例如：醫療水準並非一成不變，乃係因地制宜、因時制宜，醫師在診察、檢查、處置時可以合理期待的醫療方式，而醫療設施更能具體化判斷醫療水準的標準……最後再綜合各個列舉的多元客觀條件評斷之：

1. **醫療常規**：病患被診斷患有牙周病後，應經詳盡評估及治療後再行植牙，又，病患因發炎回診時，應施予適當治療或將病患轉介至醫學中心診治，此為平均醫師注意義務之醫療常規。本案例中，病患於植牙前兩天即 96 年 11 月 5 日至被告醫師診所就診，被告醫師僅為病患照全口 X 光認為可以植牙，竟於 96 年 11 月 7 日診斷出病患患有牙周病後，未再為其評估風險及身體狀況，當天即貿然為其進行植牙手術，顯與醫療常規有違。又，依醫審會鑑定意見，如果被告醫師能在第一時間轉介給醫學中心，比較符合醫療常規。故被告醫師先是未對牙周病患詳盡治療即貿然植牙，於病患發炎腫痛時，又未開給藥品給病患服用或轉診至醫學中心，其

前之作為與後之不作為等兩行為顯然違反醫療常規。

　　2. **醫療水準**：醫療行為容許相當程度的風險，故應以行為時臨床醫療水準來判斷是否違反注意義務。原則上醫學中心之醫療水準高於區域醫院，而區域醫院又高於地區醫院，一般診所則居於最後；專科醫師高於非專科醫師，自不待言。而醫療水準是醫療常規的調整器，故倘若被告醫師身處基層診所，其醫療水準只須符合最低層級的醫療常規即可。本案例中，被告醫師身處於基層診所，其行為只須適用最低層級的醫療水準，亦即只須符合基本的醫療常規即可。惟，如上述，被告醫師的兩行為皆不符合醫療常規，亦即連最低層級的醫療水準都不符合。

　　3. **醫療設施、工作條件、緊急迫切**：衛生福利部依據醫療法第 12 條第 3 項訂定了醫療機構設置標準，規定了各醫療院所設置時應有的設施標準；工作條件係指在工作中的設施條件、工作環境、勞動強度和工作時間的總和，又可稱之為勞動條件。我國對於勞動條件的規範大多於勞動基準法中可得知概略。本案例中，牙醫師處於基層牙醫診所，而該植牙手術前之評估於任何醫療院所都能勝任，至於開立藥品予病患服用亦為每一位醫師皆能勝任，至於工作條件應與本案例無關，本案例亦非是緊急急迫的案例。

　　4. 綜合上述要件，以客觀情況為斷，被告醫師應有違反醫療上必要之注意義務。

(二) 是否逾越合理臨床專業裁量

　　醫療常規所代表的是一般醫師所依循的醫療行為模式，但醫療狀況千變萬化，遵循醫療常規不一定能醫治病患的疾病，因為每個病患的病情、體質皆不相同，故需要醫師做現場的診斷，也就是臨床專業裁量，才能符合個案病患的需求。最高法院 107 年度台上字第 4587 號刑事判決略以：「『合理臨床專業裁量』即允許醫師對於臨床醫療行為，保有一定的『治療自由』、『臨床的專業裁量權限』，以決定治療方針。尤其對於罕見疾病、遇首例或對於末期病人充滿不確定性的治療，在無具體常規可遵循時，即須仰賴醫師合理的臨床裁量。」雖然醫療法第 82 條第 4 項之規定，

合理臨床專業裁量仍須「以該醫療領域當時當地之醫療常規、醫療水準、醫療設施、工作條件及緊急迫切等客觀情況為斷」。惟，違反醫療上必要之注意義務與逾越合理臨床裁量應是不一樣的判斷方式，倘以相同的要件論斷，恐有重複評價之虞，故，本段落嘗試以最高法院的判斷方式分析之：

　　1. 本案例中，該病患患有牙周病且因為缺牙而植牙，並非罕見疾病，亦非首例之病例，該病患更非末期之病人而有充滿不確定的治療，而該情狀有具體常規可遵循，此時似乎不需仰賴醫師的臨床裁量來治療病患，故牙醫師並未保有治療的自由及臨床的專業裁量權限，被告醫師的合理臨床專業裁量即是遵循醫療常規。前者應詳盡評估後治療牙周病，再行植牙；後者於病患發炎腫痛時，應開立藥品予病患服用或轉診於醫學中心，被告醫師違反醫療常規即是逾越合理臨床專業裁量。

　　2. 本案例之被告醫師逾越合理臨床專業裁量。

　　本案例中，被告醫師違反醫療上必要之注意義務且逾越合理臨床專業裁量，故被告醫師成立醫療法第 82 條的過失。

案例三　看守所內拔錯牙案

壹、案例基本資料

一、案例事實

　　被告醫師為台灣台北看守所特約牙醫師，於看守所內幫病患（在押人犯）拔左下第三大臼齒（智齒），不慎將左下第二大臼齒一併拔除，爾後竟將左下第二大臼齒逕塞回原處，而未為任何其他處置，該病患回房漱口時，該齒掉落流血。

　　本案於準備程序進行中，被告醫師就被訴之事實為有罪之陳訴，經告知簡式審判程序之旨，並聽取當事人之意見後，裁定進行簡式審判程序。

二、判決結果

(一)第一審（台灣新北地方法院98年易字第260號刑事判決）

1.既已知悉該所無 X 光機之設備，且依其專業，亦知於拔除智齒手術前，依現有醫療水準，應先照射 X 光，以確定病患齒列狀態，資為正確之醫療行為，其未依其專業治療流程實施拔牙外，亦未告知病患相關之醫療風險，以取得病患同意治療，而依當時狀況，本院復查無任何被告難施以注意之情事，是其有注意，應至顯然；又被告醫師之過失行為與病患所受傷害間，亦具相當之因果關係。承上所見，被告醫師所犯業務過失傷害（現已將「業務」刪除）犯行，事證業臻明確，堪予認定，應依法論科。

2.酌衡本件過失程度、病患傷勢、所在地點設備水準、犯後坦承，並屢屢表明願為病患裝置假牙，處拘役 20 日，得易科罰金。

貳、評　析

一、刑法上過失責任

(一)刑法學說上過失

過失是行為人未有意而為行為，但該行為卻發生法益的侵害，且該侵害並非行為意思所希望的。本案中，被告醫師是看守所特約的醫師，依契約在看守所內幫病患（在押人犯）治療牙疾，其欲替病患拔除第三大臼齒，卻不慎將相鄰的第二大臼齒一併拔除（作為），爾後竟直接將不慎但不該拔除的牙齒塞回原位，而未做其他處置，造成病患牙齒掉落流血之傷害，該後果被告醫師雖得預見其發生，但該發生的後果並非不違背被告醫師的本意。故，被告醫師並非故意犯，乃係成立刑法上的過失作為犯。

1. **過失作為犯的構成要件**

   (1) 行為與結果之（條件）因果關係：非 P 則非 Q，倘若 P 現象不存在，Q 結果就不會發生。本案例中，倘若被告醫師謹慎看診，就不會過失拔除病患的第二大臼齒，造成病患牙齒掉落流血之傷害，故被告醫師的過失拔除病患第二大臼齒行為是發生病患牙齒掉落流血之受損害結果所不可想像其不存在的條件，故二者成立條件因果關係。

   (2) 行為與結果之客觀歸責

A.製造法所不容許的風險：行為人的行為違背客觀的注意義務而具有行為不法，該行為即是以客觀上違反法義務規範的行為方式，製造法所不容許的風險。本案例中，被告醫師要拔牙時應注意相鄰牙齒是否會受傷害，這是一般牙醫師應有的客觀注意義務，抑或可稱之為醫療常規，亦即法義務規範。被告醫師未盡注意義務而過失拔除相鄰之第二大臼齒的行為，違背客觀上違反法義務規範（醫療常規）而造成病患牙齒掉落流血傷害之法所不容許之風險。

B.實現法所不容許的風險：行為人的行為係結果發生的原因，行為所導致結果的發生。本案例中，被告醫師拔除第二大臼齒的行為係病患傷害結果發生的原因，該行為導致結果的發生，故被告醫師的過失行為實現了病患牙齒掉落流血傷害之法所不容許之風險。

(A) 注意規範的保護目的：行為與結果間縱然具有因果關係，然而行為人所違反的注意義務，其規範保護目的並非在於避免此一結果發生者，則所發生的結果對行為人而言，不具有客觀歸責。本案例中，行為人所違反的注意義務，亦即上述之醫療常規，其規範保護目的乃係在於避免病患受傷害的結果發生，故病患牙齒掉落流血受傷害的結果對被告醫師而言具有客觀歸責。

(B) 結果具有可避免性：如果行為人即使採取了合乎注意義務之行為，但結果仍無法避免發生，則可認為違反義務之行為與結果間不具有可避免性，該行為即不具有結果可歸責。本案例中，如果被告醫師能以合乎注意義務之行為更謹慎地拔牙，則病患的第二大臼齒就不會因而脫落流血，故被告醫師的行為與結果間具有可避免性。

C.構成要件效力範圍：如果僅在結果與行為人所製造的法所不容許風險之間有因果關係，尚不足以滿足客觀構成要件，尚須此一結果落在避免危險的構成要件效力範圍內，才能滿足客觀歸責。本案例中，病患所受傷害結果的發生落在刑法過失傷害罪的構成要

件效力範圍內。

(3) 過失之主觀構成要件：本案例中，被告醫師於拔除第三大臼齒的過程中，不慎將相鄰的第二大臼齒一併拔除，該後果被告醫師雖得預見其發生，但該發生的後果並非不違背被告醫師的本意，故被告醫師並不成立故意犯而是成立過失犯罪。

2. **違法性**：被告醫師無任何阻卻違法事由。

3. **罪責**：被告醫師無任何阻卻罪責事由。

4. **結論**：被告醫師成立刑法上的過失。

(二) 醫療實務上過失

1. **違反注意義務**：一般的過失犯罪與故意犯罪不同，過失犯罪行為人主觀上欠缺犯意，故過失犯的行為非價在於違反規範的要求，而過失犯的行為非價的判斷標準在於違反注意義務。因此須從客觀上判斷其行為是否違反應盡的注意義務，也就是說，過失犯的行為人未遵守社會一般人所要求的注意（亦即客觀的注意義務之違反），再反推其對於該結果是否應負過失責任；相同地，醫療上的過失犯罪亦須從客觀上判斷醫師是否違反應盡的注意義務，亦即違反普通一般醫師所應遵循的醫療行為模式，再反推其對於該結果是否應負過失責任。注意義務的內容包含範圍廣大，本段落僅就與牙科醫療行為較有關聯的親自診療義務、常規診療義務、轉診義務、告知同意義務予以分析之：

(1) 親自診療義務：醫師法第 11 條第 1 項前段規定：「醫師非親自診察，不得施行治療、開給方劑或交付診斷書。」因為疾病的症狀具有多變性及複雜性，而每個病患皆是獨立的個體，且每次的病徵都是獨立的事件，故醫師唯有親自診察才能做出正確的判斷，以避免因為誤診而延誤病情或治療錯誤致生醫療紛爭。本案例中，被告醫師不論是欲拔除的第三大臼齒或是不慎拔除的第二大臼齒，皆是親自執行而未假手他人，故被告醫師並未違反親自診療義務。

(2) 常規診療義務：過失犯的行為非價之判斷標準在於是否違反注意義務，而注意義務的判斷基準為何？渠以為，應以刑法為保護法益免

於受侵害而課予行為人在具體情狀下，以一位善良理智之人處於當時相同狀態所應恪遵該事務之注意義務為標準，此在醫療上則稱之為「醫療常規」，以其作為判定符合注意義務與否之依據，即在臨床上長時間發展而沿襲下來經常實行的規矩，並以「醫療成員之平均、通常具備之技術」為判斷標準，惟，醫療常規並非一成不變，在醫學中心、區域醫院、地區醫院、一般診所，因設備等之差異；在每一時期，因醫學之進步程度，醫療常規乃具浮動性，由此可明白「醫療水準」是作為「醫療常規」之調整器，使得醫療人員能因時制宜而提供符合當時需求的客製化醫療行為。本案例中，被告醫師在拔除牙齒時，應注意鄰近牙齒是否有搖動，倘若有搖動，應該以手壓住該鄰近的牙齒，以免在拔牙的過程中遭受傷害，此為醫療常規。而被告醫師身處看守所內附設的醫務室，應屬基層診所，只須符合最低層級的醫療水準，亦即最基本的醫療常規，即無違反常規診療義務。惟，被告醫師於拔除第三大臼齒時，未能注意鄰近牙齒的狀況，致一併拔除兩齒，違背醫療準則所揭示之義務，其有應注意、能注意而未注意之過失，故被告醫師違反常規診療義務。

(3) 轉診義務：醫療法第 73 條第 1 項前段規定：「醫院、診所因限於人員、設備及專長能力，無法確定病人之病因或提供完整治療時，應建議病人轉診。」轉診本質上屬於醫療院所之法定責任，惟，接觸病患的主體是醫師，故實務上將醫療院所的責任直接由行為人（醫師）承接。故，一般醫師如果限於專科醫學能力的不足，即應評估將病患轉診至專科醫師處所，以讓病患獲得更專業的照顧，此乃正確醫療行為的一個環節，若違背正確的轉診評估，即顯然有過失之虞。本案例中，看守所內並無 X 光機，可能因此讓被告醫師誤判鄰近牙齒夠強壯，不會在拔牙過程中受傷害，故，判決理由中有提及，倘若被告醫師無法臨床判斷是否會傷及鄰近牙齒時，不應勉強拔牙，而應將病患轉診至有 X 光機的醫療院所，故被告醫師應有違反轉診義務。

(4) 告知同意義務：醫師法第 12 條之 1 規定：「醫師診治病人時，應

向病人或其家屬告知其病情、治療方針、處置、用藥、預後情形及可能之不良反應。」醫療乃是高度專業且具危險之行為，病患或其家屬通常須仰賴醫師之說明方能瞭解醫療行為的風險、效果及必要性，故醫師為醫療行為時，自應詳細對病患本人或家屬說明病情、可能診斷及治療方式之選擇及其風險，賦予病患選擇拒絕或接受的空間，以保障病患身體自主權。一般情形下，如曾說明，病人即有拒絕醫療之可能時，即有說明之義務；於此，醫師若未盡上開說明之義務，除有正當理由外，難謂已盡注意之義務。本案例中，依第一審判決理由，被告醫師為病患拔除智齒之前，並未告知病患相關之醫療風險，以取得病患同意而治療，故被告醫師應違反告知同意義務。

2. **因果關係（客觀之相當因果關係說）**：實務上為防止條件理論不當擴大刑事責任而採相當因果關係理論，因為可以將偶然的事實或偶然發生的結果從刑法評價上予以排除，即原則上得將不尋常或異常因果連結視為偶然發生的條件，而以不具相當性來加以摒除。而相當因果關係之客觀說係立於法官裁判時之立場（事後判斷），於行為人行為當時客觀所存在之事實狀況及行為後所產生之事情，於經驗法則上（客觀上）為一般人所能預見或經驗上認為可能之狀況作為判斷資料而判斷之基礎，判斷的基準可說是法官之認識力。本案件中，倘若立於裁判時的立場，做客觀之事後審查，依經驗法則或是醫療常規，被告醫師於拔牙前，應注意鄰近牙齒是否有搖動，倘若有搖動，應該以手壓住該鄰近的牙齒，以免在拔牙的過程中遭受傷害，且倘若醫療機構內沒有 X 光機致無法正確判別病患牙齒動搖的狀況，應轉診至有該設備之處所。渠當能預見，一般情形，有此環境，有此行為之條件下，均會發生同一的結果，此非偶然的事實或偶然發生的結果，故被告醫師的行為與病患第二大臼齒掉落流血遭受傷害有相當因果關係。

3. **結論**：被告醫師違反常規診療義務、轉診義務、告知同意義務等三項注意義務，且被告醫師的行為與病患第二大臼齒掉落流血遭受傷害有相當因果關係，故被告醫師成立醫療上的過失。

二、醫療法第82條過失責任

(一) 是否違反醫療上必要之注意義務

醫療法第 82 條第 4 項規定：「……以該醫療領域當時當地之醫療常規、醫療水準、醫療設施、工作條件及緊急迫切等客觀情況為斷。」此條項將醫療常規設計為注意義務之一部分（或可稱之為下位概念）。故，審查時除了所謂平均醫師注意義務的醫療常規外，尚需考量其他要件，例如：醫療水準並非一成不變，乃係因地制宜、因時制宜，醫師在診察、檢查、處置時可以合理期待的醫療方式，而醫療設施更能具體化判斷醫療水準的標準……最後再綜合各個列舉的多元客觀條件評斷之：

1. **醫療常規**：被告醫師在拔除牙齒時，應注意鄰近牙齒是否有搖動，倘若有搖動，應該以手壓住該鄰近的牙齒，以免在拔牙的過程中遭受傷害，此為平均醫師注意義務之醫療常規。本案例中，被告醫師在未有 X 光機的輔助判斷下，逕自進行拔牙，而拔牙時又未注意鄰近牙齒的狀況，而致該鄰牙遭一併拔除，被告醫師顯然違反醫療常規。

2. **醫療水準**：醫療行為容許相當程度的風險，故應以行為時臨床醫療水準來判斷是否違反注意義務。原則上醫學中心之醫療水準高於區域醫院，而區域醫院又高於地區醫院，一般診所則居於最後；專科醫師高於非專科醫師，自不待言。而醫療水準是醫療常規的調整器，故倘若醫師身處基層診所，其醫療水準只須符合最基本的醫療常規即可。本案例中，被告醫師在看守所內為病患拔牙，應視為身處於基層診所，其行為只須適用最低層級的醫療水準，亦即只須符合醫療常規即可，惟，如上述，被告醫師的行為不符合醫療常規，亦即連最低層級的醫療水準都不符合。

3. **醫療設施、工作條件、緊急迫切**：衛生福利部依據醫療法第 12 條第 3 項訂定了醫療機構設置標準，規定了各醫療院所設置時應有的設施標準；工作條件係指在工作中的設施條件、工作環境、勞動強度和工作時間的總和，又可稱之為勞動條件。我國對於勞動條件的規範大多於勞動基準法中可得知概略。本案例中，被告醫師可視為身處於基層診所，而該拔牙手術於任何醫療院所都能勝任，雖然該看守所未配備有 X 光機，判決理

由認為被告醫師應該將病患轉診至有 X 光機的醫療院所，惟，X 光機應只是輔助牙醫師進行診斷之用，並非必要。渠以為醫療設施方面應與本案例無太大關聯性，至於工作條件亦與醫療設施一樣視之，應與本案例無關，本案例亦非是緊急急迫的案例。

　　4.綜合上述要件，以客觀情況為斷，被告醫師應有違反醫療上必要之注意義務。

(二) 是否逾越合理臨床專業裁量

　　醫療常規所代表的是普通一般醫師所依循的醫療行為模式，但醫療狀況千變萬化，遵循醫療常規不一定能醫治病患的疾病，因為每個病患的病情、體質皆不相同，故需要醫師做現場的診斷，也就是臨床專業裁量，才能符合個案病患的需求。最高法院 107 年度台上字第 4587 號刑事判決略以：「『合理臨床專業裁量』即允許醫師對於臨床醫療行為，保有一定的『治療自由』、『臨床的專業裁量權限』，以決定治療方針。尤其對於罕見疾病、遇首例或對於末期病人充滿不確定性的治療，在無具體常規可遵循時，即須仰賴醫師合理的臨床裁量。」雖然醫療法第 82 條第 4 項之規定，合理臨床專業裁量仍須「以該醫療領域當時當地之醫療常規、醫療水準、醫療設施、工作條件及緊急迫切等客觀情況為斷」。惟，違反醫療上必要之注意義務與逾越合理臨床裁量應是不一樣的判斷方式，倘以相同的要件論斷，恐有重複評價之虞，故，本段落嘗試以最高法院的判斷方式分析之：

　　1.本案例中，該病患欲請求被告醫師為其拔除智齒，並非罕見疾病，亦非首例之病例，該病患更非末期之病人而有充滿不確定的治療，而該情狀有具體常規可遵循，此時似乎不需仰賴醫師的臨床裁量來治療病患，故被告醫師並未保有治療的自由及臨床的專業裁量權限，被告醫師的合理臨床專業裁量即是遵循醫療常規。此亦即被告醫師在拔除牙齒時，應注意鄰近牙齒是否有搖動，倘若有搖動，應該以手壓住該鄰近的牙齒，以免在拔牙的過程中遭受傷害，被告醫師違反醫療常規即是逾越合理臨床專業裁量。

2. 本案例之被告醫師逾越合理臨床專業裁量。

本案例中，被告醫師違反醫療上必要之注意義務且逾越合理臨床專業裁量，故被告醫師成立醫療法第 82 條的過失。

案例四　拆假牙變拔牙案

壹、案例基本資料

一、案例事實

病患因為右上智齒疼痛求診，被告醫師為其拍 X 光片後發現，病患有牙周病，其上顎共有 15 顆相連的假牙（28-17），如要治療，需將該龐大的假牙拆除後，再一一治療。惟，在拆除假牙的過程中，不慎造成右上第五顆牙齒（15）脫落，因而造成病患之傷害。

二、判決結果

(一) 第一審（台灣嘉義地方法院 97 年易字第 313 號刑事判決）

1. 被告醫師在治療前疏未明白告知病患可能產生之後遺症，使不瞭解拆除固定假牙具有上揭危險性之病患，因而同意被告醫師拆除固定假牙之建議。

2. 被告醫師本應注意於治療前，明白告知病患其固定假牙下面之支柱牙，右上第 5 顆牙齒患有牙周病，可能存在有牙齒動搖度增加現象，拆除固定假牙時難以避免造成牙齒與假牙同時脫落之情形，使病患能充分明瞭所可能產生之後遺症，再自行評估拆除固定假牙之風險，且應注意在拆除固定假牙進行治療時，於操作過程不能使力過大，在拆除固定假牙前，應先將右上第五顆假牙之牙冠予以切割，再予以分段拆除，以免傷及其餘固定之牙齒。

3. 被告醫師因於操作過程中使力過大，對右上第五顆假牙（15）之牙橋並未予以事先切割，預防措施並未十分完整，致病患之右上第五顆牙齒（15）於拆除假牙過程中連帶鬆動脫落流血，使病患受有傷害，其有過失甚明，故被告醫師之過失與病患之傷害結果間，具有相當因果關係，處拘

役 59 日，適逢罪犯減刑條例公布施行，依法經減刑為拘役 29 日。

(二) 第二審

撤回上訴。

三、鑑定意見

1. 醫審會（檢察官囑託，96 年 4 月 16 日）

(1)右上第五顆牙齒有齒槽骨部分吸收，應患有牙周病，此種牙齒在拆除其上之假牙時，即使小心拆除，有時仍難避免造成牙齒與假牙同時脫落之情形，故其疏失情節尚屬輕微，被告醫師在拆除前應事先告知病患此種可能性。

(2)雖然 X 光片顯示齒槽骨有相當程度破壞，但單僅靠牙齒 X 光片證據，並無法明確斷定，該牙病況已嚴重到應該拔除的程度。

2. 醫審會（第一審法院囑託，97 年 11 月 5 日）

(1)病患右上第五顆牙齒於拆除牙橋時脫落，直接原因雖是被告拆除假牙過程中所造成，但間接原因主要是因為該牙已有牙周病，導致齒槽骨吸收，而產生動搖度引起。

(2)被告醫師事先有將右上第四顆假牙先予切割，初步有預防之措施，但並未十分完整，對於這樣之牙齒，在拆除假牙過程當中，即使已做到事先預防措施，有時亦難以完全避免此項意外發生。

貳、評　析

一、刑法上過失責任

(一)刑法學說上過失

過失是行為人未有意而為行為，但該行為卻發生法益的侵害，且該侵害並非行為意思所希望的。本案例中，被告醫師欲治療包覆在 15 顆假牙下的有牙周病的自然牙，而將該 15 顆假牙拆除，惟，不慎造成右上第五顆牙齒脫落（作為）。該後果被告醫師雖得預見其發生，但該發生的後果並非不違背被告醫師的本意。最終，造成了病患失去一顆牙齒的傷害，該傷害並非被告醫師拆除 15 顆假牙的行為意思所希望的。故，被告醫師並非故意犯乃係成立刑法上的過失作為犯。

1. 過失作為犯的構成要件

(1) 行為與結果之（條件）因果關係：非 P 則非 Q，倘若 P 現象不存在，Q 結果就不會發生。本案例中，倘若被告醫師拆除 15 顆相連的假牙時能更謹慎，就不會造成病患右上的第五顆牙齒的脫落的傷害，故被告醫師拆除假牙過程中的不慎行為是發生病患牙齒脫落損害結果所不可想像其不存在的條件，故二者成立條件因果關係。

(2) 行為與結果之客觀歸責

A. 製造法所不容許的風險：行為人的行為違背客觀的注意義務而具有行為不法，該行為即是以客觀上違反法義務規範的行為方式，製造法所不容許的風險。本案例中，被告醫師於拆除假牙過程中使力過大，對右上第五顆假牙（15）之牙橋並未予以事先切割，預防措施並未十分完整，這是一般牙醫師應有的客觀注意義務，抑或可稱之為醫療常規，亦即法義務規範。被告醫師上述行為違背客觀上違反法義務規範（醫療常規），而造成病患牙齒脫落之法所不容許之風險。

B. 實現法所不容許的風險：行為人的行為係結果發生的原因，行為所導致結果的發生。本案例中，被告醫師拆除假牙過程中的前述不慎行為是病患牙齒脫落的原因，故被告醫師的行為實現了病患的失去牙齒之法所不容許的風險。

(A) 注意規範的保護目的：行為與結果間縱然具有因果關係，然而行為人所違反的注意義務，其規範保護目的並非在於避免此一結果發生者，則所發生的結果對行為人而言，不具有客觀歸責。本案例中，行為人所違反的注意義務，亦即上述之醫療常規，其規範保護目的乃係在於避免病患受傷害的結果發生，故病患失去牙齒之傷害的結果對被告醫師而言具有客觀歸責。

(B) 結果具有可避免性：如果行為人即使採取了合乎注意義務之行為，但結果仍無法避免發生，則可認為違反義務之行為與結果間不具有可避免性，該行為即不具有結果可歸責。本案

　　　　例中，如果被告醫師依據醫療常規，在拆除固定假牙前，先
　　　　將右上第五顆假牙之牙冠予以切割，再予以分段拆除，以免
　　　　傷及其餘固定之牙齒，就不會因而造成病患失去一顆牙齒的
　　　　傷害，故被告醫師的行為與結果間具有可避免性。

　　C.構成要件效力範圍：如果僅在結果與行為人所製造的法所不容許
　　　　風險之間有因果關係，尚不足以滿足客觀構成要件，尚須此一結
　　　　果落在避免危險的構成要件效力範圍內，才能滿足客觀歸責。本
　　　　案例中，病患傷害結果的發生落在刑法過失傷害罪的構成要件效
　　　　力範圍內。

　(3)過失之主觀構成要件：本案例中，雖然被告醫師是故意拆除 15 顆
　　　假牙，但並未有意造成病患右上的第五顆牙齒的脫落，且該後果被
　　　告醫師雖得預見其發生，但該發生的後果並非不違背被告醫師的本
　　　意，故被告醫師並不成立故意犯而是成立過失犯罪。

2.**違法性**：被告醫師無任何阻卻違法事由。

3.**罪責**：被告醫師無任何阻卻罪責事由。

4.**結論**：被告醫師成立刑法上的過失。

(二)醫療實務上過失

1.**違反注意義務**：一般的過失犯罪與故意犯罪不同，過失犯罪行為人主觀
　上欠缺犯意，故過失犯的行為非價在於違反規範的要求，而過失犯的
　行為非價的判斷標準在於違反注意義務。因此須從客觀上判斷其行為是
　否違反應盡的注意義務，也就是說，過失犯的行為人未遵守社會一般人
　所要求的注意（亦即客觀的注意義務之違反），再反推其對於該結果是
　否應負過失責任；相同地，醫療上的過失犯罪亦須從客觀上判斷醫師是
　否違反應盡的注意義務，亦即違反普通一般醫師所應遵循的醫療行為模
　式，再反推其對於該結果是否應負過失責任。注意義務的內容包含範圍
　廣大，本段落僅就與牙科醫療行為較有關聯的親自診療義務、常規診療
　義務、轉診義務、告知同意義務予以分析之：

　(1)親自診療義務：醫師法第 11 條第 1 項前段規定：「醫師非親自診察，
　　　不得施行治療、開給方劑或交付診斷書。」因為疾病的症狀具有多

變性及複雜性，而每個病患皆是獨立的個體，且每次的病徵都是獨立的事件，故醫師唯有親自診察才能做出正確的判斷，以避免因為誤診而延誤病情或治療錯誤致生醫療紛爭。本案例中，牙醫師拆除右上 15 顆相連的假牙（28-17），皆親自執行而未假手他人，故牙醫師並未違反親自診療義務。

(2) 常規診療義務：過失犯的行為非價之判斷標準在於是否違反注意義務，而注意義務的判斷基準為何？渠以為，應以刑法為保護法益免於受侵害而課予行為人在具體情狀下，以一位善良理智之人處於當時相同狀態所應恪遵該事務之注意義務為標準，此在醫療上則稱之為「醫療常規」，以其作為判定符合注意義務與否之依據，即在臨床上長時間發展而沿襲下來經常實行的規矩，並以「醫療成員之平均、通常具備之技術」為判斷標準。惟，醫療常規並非一成不變，在醫學中心、區域醫院、地區醫院、一般診所，因設備等之差異；在每一時期，因醫學之進步程度，醫療常規乃具浮動性，由此可明白「醫療水準」是作為「醫療常規」之調整器，使得醫療人員能因時制宜而提供符合當時需求的客製化醫療行為。本案例中，在拆除固定假牙前，應先將右上第五顆假牙之牙冠予以切割，再予以分段拆除，以免傷及其餘固定之牙齒，此為拆除假牙應有的醫療常規。而牙醫師身處基層診所，只須符合最低層級的醫療水準，亦即最基本的醫療常規，即無違反常規診療義務。惟，牙醫師拆除上顎 15 顆相連的假牙（28-17），未將右上第五顆假牙之牙冠予以切割，再予以分段拆除，故於過程中不慎造成右上第五顆牙齒（15）脫落，因而造成病患之傷害，該行為違背醫療準則所揭示之義務，其有應注意、能注意而未注意之過失，故牙醫師違反常規診療義務。

(3) 轉診義務：醫療法第 73 條第 1 項前段規定：「醫院、診所因限於人員、設備及專長能力，無法確定病人之病因或提供完整治療時，應建議病人轉診。」轉診本質上屬於醫療院所之法定責任，惟，接觸病患的主體是醫師，故實務上將醫療院所的責任直接由行為人（醫師）承接，故，一般醫師如果限於專科醫學能力的不足，即應評估

將病患轉診至專科醫師處所，以讓病患獲得更專業的照顧，此乃正確醫療行為的一個環節，若違背正確的轉診評估，即顯然有違有過失之虞。本案例中，一般牙醫師皆有能力進行上顎 15 顆相連假牙（28-17）的拆除，無須轉診至專科醫師處所，故被告醫師並未違反轉診義務。

(4) 告知同意義務：醫師法第 12 條之 1 規定：「醫師診治病人時，應向病人或其家屬告知其病情、治療方針、處置、用藥、預後情形及可能之不良反應。」醫療乃是高度專業且具危險之行為，病患或其家屬通常須仰賴醫師之說明方能瞭解醫療行為的風險、效果及必要性，故醫師為醫療行為時，自應詳細對病患本人或家屬說明病情、可能診斷及治療方式之選擇及其風險，賦予病患選擇拒絕或接受的空間，以保障病患身體自主權。一般情形下，如曾說明，病人即有拒絕醫療之可能時，即有說明之義務；於此，醫師若未盡上開說明之義務，除有正當理由外，難謂已盡注意之義務。本案例中，依第一審判決理由，被告醫師在治療前疏未注意明白告知病患可能產生之後遺症，使不瞭解拆除固定假牙具有上揭危險性之病患，因而同意被告拆除固定假牙之建議。故，被告醫師似乎有告知病患將拆除假牙。惟，身為牙醫師，對於拆除如此長的牙橋之風險，應盡更詳細的解說，使病患能瞭解其風險性，而非一徵得病患同意，即免除其身為牙醫師之注意義務，故，被告醫師因未詳細對病患說明可能診斷及治療方式之選擇及其風險，致使病患處於無從選擇之立場，則被告醫師之說明如同未盡說明一般。故，渠以為被告醫師違反告知同意義務。

2. **因果關係（客觀之相當因果關係說）**：實務上為防止條件理論不當擴大刑事責任而採相當因果關係理論，因為可以將偶然的事實或偶然發生的結果從刑法評價上予以排除，即原則上得將不尋常或異常因果連結視為偶然發生的條件，而以不具相當性來加以擯除。而相當因果關係之客觀說係立於法官裁判時之立場（事後判斷），於行為人行為當時客觀所存在之事實狀況及行為後所產生之事情，於經驗法則上（客觀上）為一

般人所能預見或經驗上認為可能之狀況作為判斷資料而判斷之基礎，判斷的基準可說是法官之認識力。本案件中，倘若立於裁判時的立場，做客觀之事後審查，依經驗法則或是醫療常規，被告醫師在拆除固定假牙前，應先將右上第五顆假牙之牙冠予以切割，再予以分段拆除，以免傷及其餘固定之牙齒，渠當能預見，一般情形，有此環境，有此行為之條件下，均會發生同一醫療失敗的結果，此非偶然的事實或偶然發生的結果，故被告醫師的行為與病患右上第五顆牙齒（15）脫落的傷害有相當因果關係。

3. **結論**：被告醫師違反常規診療義務、告知同意義務兩項注意義務，且牙醫師的行為與病患右上第五顆牙齒（15）脫落的傷害有相當因果關係，故牙醫師成立醫療上的過失。

二、醫療法第82條過失責任

(一) 是否違反醫療上必要之注意義務

醫療法第 82 條第 4 項規定：「……以該醫療領域當時當地之醫療常規、醫療水準、醫療設施、工作條件及緊急迫切等客觀情況為斷。」此條項將醫療常規設計為注意義務之一部分（或可稱之為下位概念）。故，審查時除了所謂平均醫師注意義務的醫療常規外，尚需考量其他要件，例如：醫療水準並非一成不變，乃係因地制宜、因時制宜，醫師在診察、檢查、處置時可以合理期待的醫療方式，而醫療設施更能具體化判斷醫療水準的標準……最後再綜合各個列舉的多元客觀條件評斷之：

1. **醫療常規**：在拆除多顆相連的固定假牙前，應先將假牙之牙冠予以切割，再予以分段拆除，以免傷及其餘固定之牙齒，此為平均醫師注意義務之醫療常規。本案例中，被告醫師明知病患有牙周病，欲拆除上顎共有 15 顆相連的假牙（28-17），再治療牙周病，卻疏未將假牙分段切割，而致不慎造成右上第五顆牙齒（15）脫落，被告醫師顯然違反醫療常規。

2. **醫療水準**：醫療行為容許相當程度的風險，故應以行為時臨床醫療水準來判斷是否違反注意義務。原則上醫學中心之醫療水準高於區域醫院，而區域醫院又高於地區醫院，一般診所則居於最後；專科醫師高於非

專科醫師，自不待言。而醫療水準是醫療常規的調整器，故倘若牙醫師身處基層診所，其醫療水準只須符合最基本的醫療常規即可。本案例中，被告醫師身處於基層診所，其行為只須適用最低層級的醫療水準，亦即只須符合基本的醫療常規即可，惟，如上述，被告醫師的行為不符合醫療常規，亦即連最低層級的醫療水準都不符合。

3.**醫療設施、工作條件、緊急迫切**：衛生福利部依據醫療法第 12 條第 3 項訂定了醫療機構設置標準，規定了各醫療院所設置時應有的設施標準；工作條件係指在工作中的設施條件、工作環境、勞動強度和工作時間的總和，又可稱之為勞動條件，我國對於勞動條件的規範大多於勞動基準法中可得知概略。本案例中，被告醫師處於基層牙醫診所，而該拆除假牙之技術及設備於任何醫療院所都能勝任，至於工作條件應與本案例無關，本案例亦非是緊急急迫的案例。

4.綜合上述要件，以客觀情況為斷，被告醫師應有違反醫療上必要之注意義務。

(二) 是否逾越合理臨床專業裁量

醫療常規所代表的是普通一般醫師所依循的醫療行為模式，但醫療狀況千變萬化，遵循醫療常規不一定能醫治病患的疾病，因為每個病患的病情、體質皆不相同，故需要醫師做現場的診斷，也就是臨床專業裁量，才能符合個案病患的需求。最高法院 107 年度台上字第 4587 號刑事判決略以：「『合理臨床專業裁量』即允許醫師對於臨床醫療行為，保有一定的『治療自由』、『臨床的專業裁量權限』，以決定治療方針。尤其對於罕見疾病、遇首例或對於末期病人充滿不確定性的治療，在無具體常規可遵循時，即須仰賴醫師合理的臨床裁量。」雖然醫療法第 82 條第 4 項之規定，合理臨床專業裁量仍須「以該醫療領域當時當地之醫療常規、醫療水準、醫療設施、工作條件及緊急迫切等客觀情況為斷」。惟，違反醫療上必要之注意義務與逾越合理臨床裁量應是不一樣的判斷方式，倘以相同的要件論斷，恐有重複評價之處，故，本段落嘗試以最高法院的判斷方式分析之：

1.本案例中，該病患因為欲治療牙周病而須拆除假牙，此並非罕見疾病，亦非首例之病例，該病患更非末期之病人而有充滿不確定的治療，而該情狀有具體常規可遵循，此時似乎不需仰賴醫師的臨床裁量來治療病患，故被告醫師並未保有治療的自由及臨床的專業裁量權限，被告醫師的合理臨床專業裁量即是遵循醫療常規，亦即在拆除多顆相連的固定假牙前，應先將假牙之牙冠予以切割，再予以分段拆除，以免傷及其餘固定之牙齒。故，被告醫師違反醫療常規即是逾越合理臨床專業裁量。

2.本案例之被告醫師逾越合理臨床專業裁量。

本案例中，被告醫師違反醫療上必要之注意義務且逾越合理臨床專業裁量，故被告醫師成立醫療法第 82 條的過失。

案例五　活動假牙造成潰瘍再導致口腔癌案

壹、案例基本資料

一、案例事實

病患從 104 年 10 月 16 日起於被告醫師處接受治療。被告醫師從 104 年 11 月 10 日開始為病患製作活動假牙，因為病患缺牙太久造成舌頭肥大，且有嚴重的牙床萎縮，故於 105 年 4 月 28 日始完成活動假牙的製作。惟，製作完成後沒幾天，病患家屬跟被告醫師反映活動假牙刺傷舌頭，但被告醫師因故休診 2 個月，而被告醫師有請患者先去其他診所診治。

105 年 7 月 5 日，病患來求診，被告醫師發現病患舌頭左下緣有潰瘍，傷口有擦優碘；從 105 年 7 月 15 日至 105 年 10 月 25 日共來診 12 次，傷口都有存在；105 年 11 月 2 日，被告醫師始於病例中記載口腔潰瘍，並建議病患去找口腔外科醫師看看。105 年 11 月 9 日至 106 年 1 月 12 日共來診 8 次，傷口都存在，而被告醫師於 105 年 12 月 30 日要求病患不要戴活動假牙，並最終於 106 年 1 月 12 日轉診於 S 醫院口腔外科，切片檢查結果為舌部鱗狀上皮細胞癌。

106 年 2 月 20 日病患自行前往 C 醫院治療，切除三分之二舌頭，經

檢驗為舌部鱗狀上皮細胞癌第四期。

二、判決結果

(一) 第一審 (台灣彰化地方法院 108 年易字第 371 號刑事判決)

　　1.被告醫師自 105 年 7 月 5 日發現口腔潰瘍先試圖移除外在刺激（如磨平假牙、調整假牙位置）及觀察其變化之時間，至 105 年 11 月 2 日僅建議病人尋求口腔顎面外科醫師診治，之後並繼續收治病人 7 次，而至 106 年 1 月 12 日始將其轉診，其間之作為及所花之時間已違反醫療常規及逾越合理臨床專業裁量。

　　2.縱已考量病患之年齡及醫師調整假牙即先試圖移除外在刺激之情形下，醫事審議委員會仍認醫師之處置難謂符合醫療常規及合理臨床專業裁量。

　　3.病患於 106 年 2 月 21 日切除惡性腫瘤時，該腫瘤已達 3.5x2x2 公分之大，發生時間至少數月期間以上，被告醫師自 105 年 11 月 2 日至 106 年 1 月 12 日將病患轉診之兩個多月間，頻繁為其看診 8 次，應得發現舌癌病兆甚至惡化之情形，至第八次即 106 年 1 月 12 日始轉診，不僅早已逾鑑定書所指之 2 至 3 週，亦逾被告醫師於偵訊時自述其認為之 1 個月合理期間，顯有延誤之疏失。

　　4.依被告醫師之專業知識及當時狀況，並無不能注意之情事，竟疏於注意，其於 105 年 7 月 5 日即發現病患舌頭左下緣有潰瘍，自承於 105 年 11 月 2 日已移除所有外在刺激，卻遲至 106 年 1 月 12 日始將病患轉診，被告醫師顯已延誤病人接受適當醫療處置之時機，其有違反醫療常規之過失行為，且該不作為之過失逾越合理臨床專業裁量，自屬明確。被告醫師上開過失行為與病患受重傷之結果間，有相當因果關係，應可認定。適逢刑法修正，惟，修正後之規定並未較有利於被告，故仍應適用修正前之規定論處，處有期徒刑 6 月。

(二) 第二審 (台灣高等法院台中分院 109 年醫上易字第 743 號刑事判決)

　　被告醫師自 105 年 11 月 2 日排除所有外在刺激後，至 106 年 1 月 12 日將告訴人轉診之兩個多月間，為病患看診 8 次，均未注意該潰瘍可能具

惡性潛力之病變，顯見以其診所當時當地之醫療常規、醫療水準、醫療設備、工作條件及緊急迫切等客觀情況判斷，醫師上開未及時處置之過失係違反醫療上必要之注意義務，且該不作為之過失逾越合理臨床專業裁量。惟，病患本身就其病情亦延誤就醫，依醫事審議委員會函附鑑定書可參。本案危害之造成病患既與有過失，其所受損害自非均屬被告醫師過失行為所致，原審未酌及以為科刑依據，自有未洽，故撤銷改判有期徒刑 3 月。

三、鑑定意見

(一) 醫審會（檢察官送請鑑定，107 年 10 月 30 日）

1.口腔潰瘍雖有復發性，但亦有自限性，通常在 1 至 2 週左右時可自癒。一般口腔內之傷口，若移除外在刺激，超過 2 週仍未見改善，則有可能為具惡性潛力之病變，為避免貽誤病情，應建議轉診至相關專科就診，始符合醫療常規。

2.就潰瘍發生時點而言，若回溯自 105 年 7 月 5 日起計算，時間已超過半年；若由 105 年 11 月 2 日起計算則超過 2.5 個月，而依 C 醫院病歷紀錄，顯示舌側惡性腫瘤之進展，並非於近期數週內發生，被告醫師對病人之處置，難謂符合一般醫療常規。

3.被告醫師若發現口腔潰瘍有可能具惡性潛力之病變後，可開立轉診單至具有專科醫師之醫療院所就診，並安排切片或追蹤檢查。僅建議病人尋求口腔顎面外科醫師診治，並於後續病人共 8 次就診期間，未直接將人轉診，難謂符合醫療常規及合理臨床專業裁量。

(二) 醫審會（第一審法院送請補充鑑定，109 年 3 月 5 日）

1.舌癌初期之潰瘍與一般口腔破皮之潰瘍之外貌相類似，惟潰瘍邊緣如火山口，亦有較明顯的硬結，一般牙科醫師雖不易區別，但除有外在刺激因素外，在舌部潰瘍未癒合之傷口，若移除外在刺激後，仍超過 2 至 3 週未癒合，專業牙醫師應可高度懷疑為舌癌之可能性。

2.病人舌部惡性腫瘤之進展，並非於短期數週生長出，發生時間至少數月期間以上。此舌部惡性腫瘤之進展，較無可能自 106 年 1 月 12 日轉診至 2 月 21 日切除時，由 0 長成為 3.5x2x2 公分大小之腫瘤。

3.本案病患當時年齡66歲,建議觀察期可為2至3週,在口腔內之傷口如醫師觀察,超過2個半月始作處置,難謂符合醫療常規及合理臨床專業裁量。

4.若依潰瘍發生之病歷紀錄回溯自105年7月5日起計算,其間已超過半年;若時間由105年11月2日起計算,期間則超過2個月半。其間之作為及所花之時間,難謂符合醫療常規及合理臨床專業裁量。

5.為避免延誤病情,2至3週後未癒合之傷口,建議病人及早轉診至專科醫師門診就診,乃是應為之處置。醫師若發現病人舌部潰瘍未癒合之傷口,除有外在刺激因素外,超過2至3週仍未見改善時,建議最遲應於3週後將病人轉診,較符合醫療常規及合理臨床專業裁量。

貳、評　析

一、刑法上過失責任

(一)刑法學說上過失

過失是行為人未有意而為行為,但該行為卻發生法益的侵害,且該侵害並非行為意思所希望的。本案例中,被告醫師自105年11月2日至106年1月12日將病患轉診之兩個多月間,頻繁為其看診8次,被告醫師應得發現舌癌病兆甚至惡化之情形發生,但該發生的後果並非不違背被告醫師的本意,亦即其並非有意造成病患舌癌的傷害,該傷害並非被告醫師的行為意思所希望的。故,被告醫師並非故意犯,而是成立刑法上的過失犯。又,不作為犯乃係行為人以消極的不作為方式實現構成要件的犯罪,本案被告醫師對於病患的舌頭反覆潰瘍未有積極的治療行為,而僅以消極的不作為方式導致病患舌癌第四期的傷害,故被告醫師成立刑法上的過失不作為犯。

1. 過失不作為犯的構成要件

(1)構成要件該當結果的發生:審查實際上所發生的事實是否與作為判準的法條構成要件要素相符合。本案中,由於被告醫師明知病患於相當時間內有反覆潰瘍發作,卻疏於適當治療或轉診,因而導致病患受有舌癌第四期的重傷害,該事實與刑法條文過失傷害致重傷罪

的構成要件要素相符合。

(2) 因果關係與客觀歸責

A.行為與結果之（條件）因果關係：非 P 則非 Q，倘若 P 現象不存在，Q 結果就不會發生。本案例中，若非被告醫師對於病患反覆發作的舌頭潰瘍不積極治療或轉診，雖嘗試移除外在刺激但無效果，且僅在舌頭上塗優碘，病患就不會因而受到舌癌第四期的重傷害。故被告醫師的不積極治療行為是發生病患重傷害結果所不可想像其不存在的條件，故二者成立條件因果關係。

B.行為與結果之客觀歸責

(A) 製造法所不容許的風險：行為人的行為違背客觀的注意義務而具有行為不法，該行為即是以客觀上違反法義務規範的行為方式，製造法所不容許的風險。本案例中，口腔潰瘍雖有復發性，但亦有自限性，通常在 1 至 2 週左右時可自癒。一般口腔內之傷口，若移除外在刺激，超過 2 週仍未見改善，則有可能為具惡性潛力之病變，為避免貽誤病情，應建議轉診至相關專科就診，始符合醫療常規。被告醫師對於病患反覆舌頭潰瘍時，雖嘗試移除其外在刺激卻未有成效，而僅為病患舌頭患部塗優碘，醫療常規上應將病患轉診卻未有該作為，其做法顯與醫療常規有違；被告醫師因而違背客觀的注意義務而具有行為不法，該不法作為即是以客觀上違反法義務規範（醫療常規）的行為方式，造成病患舌癌第四期重傷害之法所不容許的風險。

(B) 實現法所不容許的風險：行為人的行為係結果發生的原因，行為所導致結果的發生。本案中，被告醫師未將病患轉診至專科醫師的行為，是造成病患因延誤病情而至舌癌第四期的結果的原因，該行為實現了病患受重傷害之法所不容許的風險。

(3) 過失行為的行為不法與結果不法：不法係指經刑法規範所否定的具有負面價值判斷的行為，包括行為不法與結果不法。行為不法指法

益破壞行為或義務違反行為的行為方式，結果不法係指行為所造成的法益破壞或義務違反的結果；行為必須兼具行為不法與結果不法，始足以構成刑事上的不法。本案中，被告醫師的行為未將病患轉診而違反醫療常規，具義務違反行為而有行為不法；又，被告醫師的行為造成病患病情延誤就醫而致舌癌第四期的重傷害，亦即健康法益受到破壞而有結果不法。被告醫師的行為兼具行為不法與結果不法，構成刑事上的不法。

(4) 不為期待應為行為：所謂不作為，係指不著手實行刑法規範所要求與期待的特定行為，換言之，行為人不為刑法規範期待應為的特定行為，或不著手實行被期待的特定行為。本案例中，被告醫師明知病患於相當期間內有反覆潰瘍的症狀發生，應將病患轉診於專科醫師，否則將令患者產生致命之風險，惟，被告醫師卻不著手實行被期待的上述行為。

(5) 防止結果發生的事實可能：行為人具有作為能力，對於防止構成要件該當結果的發生，具有事實可能性，即任何人均無義務為不可能之事的法諺。本案中，被告醫師身為一個專業的牙醫，當然具有專業的知識及能力可以防止病患因為延誤就醫而導致舌癌第四期的事實發生。

(6) 保證人地位：對於結果的發生負有防止其發生的法義務之人（即刑法第 15 條第 1 項前段：對於犯罪結果之發生，法律上有防止之義務），不履行這種防止結果發生的法義務，致發生構成要件該當的結果者。本案中，醫療法第 82 條第 1 項規定：「醫療業務之施行，應善盡醫療上必要之注意。」故，被告醫師於執行醫療業務時，「善盡醫療上必要之注意」即為其法義務，被告醫師對於病患施做活動假牙，爾後病患因故有反覆潰瘍發生，被告醫師竟疏於注意而未將其轉診，導致病患舌癌第四期的重傷害，即未善盡其法義務。被告醫師為對於重傷害結果的發生負有防止其發生的法義務之人，不履行這種防止結果發生的法義務，致發生重傷害構成要件該當的結果，故該負未善盡其為保證人地位的責任。

(7) 不作為與作為等價：以不作為而實現不法構成要件，與以作為而實現不法構成要件，在刑法上的非價判斷上，兩者彼此相當。本案中，被告醫師未將病患轉診，此不作為實現了病患重傷害結果的不法構成要件，與以作為方式實現病患重傷害結果的不法構成要件，兩者彼此相當（即病患都是因此而受醫療上的傷害）。

2. **違法性**：被告醫師無任何阻卻違法事由。
3. **罪責**：被告醫師無任何阻卻罪責事由。
4. **結論**：被告醫師成立刑法上的過失。

(二) 醫療實務上過失

1. **違反注意義務**：一般的過失犯罪與故意犯罪不同，過失犯罪行為人主觀上欠缺犯意，故過失犯的行為非價在於違反規範的要求，而過失犯的行為非價的判斷標準在於違反注意義務。因此須從客觀上判斷其行為是否違反應盡的注意義務，也就是說，過失犯的行為人未遵守社會一般人所要求的注意（亦即客觀的注意義務之違反），再反推其對於該結果是否應負過失責任；相同地，醫療上的過失犯罪亦須從客觀上判斷醫師是否違反應盡的注意義務，亦即違反普通一般醫師所應遵循的醫療行為模式，再反推其對於該結果是否應負過失責任。注意義務的內容包含範圍廣大，本段落僅就與牙科醫療行為較有關聯的親自診療義務、常規診療義務、轉診義務、告知同意義務予以分析之：

(1) **親自診療義務**：醫師法第 11 條第 1 項前段規定：「醫師非親自診察，不得施行治療、開給方劑或交付診斷書。」因為疾病的症狀具有多變性及複雜性，而每個病患皆是獨立的個體，且每次的病徵都是獨立的事件，故醫師唯有親自診察才能做出正確的判斷，以避免因為誤診而延誤病情或治療錯誤致生醫療紛爭。本案例中，被告醫師不論是製作活動假牙，或是之後病患舌頭潰瘍而僅消極地擦優碘，皆親自執行而未假手他人，故被告醫師並未違反親自診療義務。

(2) **常規診療義務**：過失犯的行為非價之判斷標準在於是否違反注意義務，而注意義務的判斷基準為何？渠以為，應以刑法為保護法益免

於受侵害而課予行為人在具體情狀下，以一位善良理智之人處於當時相同狀態所應恪遵該事務之注意義務為標準。此在醫療上則稱之為「醫療常規」，以其作為判定符合注意義務與否之依據，即在臨床上長時間發展而沿襲下來經常實行的規矩，並以「醫療成員之平均、通常具備之技術」為判斷標準，惟，醫療常規並非一成不變，在醫學中心、區域醫院、地區醫院、一般診所，因設備等之差異；在每一時期，因醫學之進步程度，醫療常規乃具浮動性，由此可明白「醫療水準」是作為「醫療常規」之調整器，使得醫療人員能因時制宜而提供符合當時需求的客製化醫療行為。本案例中，依據醫審會的鑑定意見，一般口腔內之傷口，若移除外在刺激，超過 2 週仍未見改善，則有可能為具惡性潛力之病變，為避免貽誤病情，應建議轉診至相關專科就診，始符合醫療常規。而被告醫師身處基層診所，只須符合最基本的醫療水準，亦即最基本的醫療常規，即無違反常規診療義務。惟，被告醫師自 105 年 11 月 2 日至 106 年 1 月 12 日將病患轉診之兩個多月間，頻繁為其看診 8 次，應得發現舌癌病兆甚至惡化之情形，至第八次即 106 年 1 月 12 日始轉診，不僅早已逾鑑定書所指之期間，亦逾被告於偵訊時自述其認為之 1 個月合理期間，顯有延誤之疏失。被告醫師的不作為違背醫療準則所揭示之義務，其有應注意、能注意而未注意之過失，故被告醫師違反常規診療義務。

(3) 轉診義務：醫療法第 73 條第 1 項前段規定：「醫院、診所因限於人員、設備及專長能力，無法確定病人之病因或提供完整治療時，應建議病人轉診。」轉診本質上屬於醫療院所之法定責任。惟，接觸病患的主體是醫師，故實務上將醫療院所的責任直接由行為人（醫師）承接。故，一般醫師如果限於專科醫學能力的不足，即應評估將病患轉診至專科醫師處所，以讓病患獲得更專業的照顧，此乃正確醫療 為的一個環節，若違背正確的轉診評估，即顯然有違有過失之虞。本案例中，依醫審會的鑑定意見，為避免延誤病情，2 至 3 週後未癒合之傷口，建議病人及早轉診至專科醫師門診就診，乃是

應為之處置。被告醫師對於病患反覆潰瘍，試圖移除外來刺激仍未獲成效，其應有警覺可能發生惡性的病變，而被告醫師雖曾於105年11月2日建議病患去找口腔外科醫師，但並未積極將病患轉診，亦未告知此種潰瘍久久不癒可能是癌化前兆等情事，該不作為明顯違反醫療常規，故被告醫師違反轉診義務。

(4) 告知同意義務：醫師法第 12 條之 1 規定：「醫師診治病人時，應向病人或其家屬告知其病情、治療方針、處置、用藥、預後情形及可能之不良反應。」醫療乃是高度專業且具危險之行為，病患或其家屬通常須仰賴醫師之說明方能瞭解醫療行為的風險、效果及必要性，故醫師為醫療行為時，自應詳細對病患本人或家屬說明病情、可能診斷及治療方式之選擇及其風險，賦予病患選擇拒絕或接受的空間，以保障病患身體自主權。一般情形下，如曾說明，病人即有拒絕醫療之可能時，即有說明之義務；於此，醫師若未盡上開說明之義務，除有正當理由外，難謂已盡注意之義務。本案例中，不論是製作活動假牙或是為傷口擦優碘，皆未違反上揭示義務，故被告醫師未違反告知同意義務。

2. **因果關係（客觀之相當因果關係說）**：實務上為防止條件理論不當擴大刑事責任而採相當因果關係理論，因為可以將偶然的事實或偶然發生的結果從刑法評價上予以排除，即原則上得將不尋常或異常因果連結視為偶然發生的條件，而以不具相當性來加以摒除。而相當因果關係之客觀說係立於法官裁判時之立場（事後判斷），於行為人行為當時客觀所存在之事實狀況及行為後所產生之事情，於經驗法則上（客觀上）為一般人所能預見或經驗上認為可能之狀況作為判斷資料而判斷之基礎，判斷的基準可說是法官之認識力。本案件中，倘若立於裁判時的立場，做客觀之事後審查，依經驗法則或是醫療常規，一般口腔內之傷口，若移除外在刺激，超過 2 週仍未見改善，則有可能為具惡性潛力之病變，為避免延誤病情，應建議轉診至專科醫師處所就診，始符合醫療常規，而被告醫師自 105 年 11 月 2 日至 106 年 1 月 12 日將病患轉診之兩個多月間，頻繁為其看診 8 次，應得發現舌癌病兆甚至惡化之情形，至第八次

即 106 年 1 月 12 日始予以轉診，早已逾鑑定書所指之 2 週，被告醫師
未能在第一時間轉診給專科醫師，顯然不符合醫療常規。渠當能預見，
一般情形，有此環境，有此行為之條件下，均會發生同一之結果，此非
偶然的事實或偶然發生的結果，故被告醫師的上述不作為與病患因延誤
病情而致罹患舌部鱗狀上皮細胞癌第四期之重傷害有相當因果關係。

3. **結論**：被告醫師違反常規診療義務、轉診義務等二項注意義務，且被告
醫師的前述不作為與病患因延誤病情而致罹患舌部鱗狀上皮細胞癌第四
期重傷害有相當因果關係，故被告醫師成立醫療上的過失。

二、醫療法第82條過失責任

(一)是否違反醫療上必要之注意義務

醫療法第 82 條第 4 項規定：「……以該醫療領域當時當地之醫療常
規、醫療水準、醫療設施、工作條件及緊急迫切等客觀情況為斷。」此條
項將醫療常規設計為注意義務之一部分（或可稱之為下位概念）。故，審
查時除了所謂平均醫師注意義務的醫療常規外，尚需考量其他要件，例
如：醫療水準並非一成不變，乃係因地制宜、因時制宜，醫師在診察、檢
查、處置時可以合理期待的醫療方式，而醫療設施更能具體化判斷醫療水
準的標準……最後再綜合各個列舉的多元客觀條件評斷之：

1. **醫療常規**：口腔潰瘍雖有復發性，但亦有自限性，一般而言在 1 至
2 週左右便會自癒。故一般口腔內之傷口，倘若移除外來刺激，超過 2 週
仍未見改善，則有可能為具惡性潛力之病變，為避免延誤病情，應建議轉
診至相關專科醫師就診，始符合醫療常規，此為平均醫師注意義務之醫療
常規。本案例中，被告醫師自 105 年 11 月 2 日至 106 年 1 月 12 日將病患
轉診之兩個多月間，頻繁為其看診 8 次，應得發現舌癌病兆甚至惡化之病
況，故，被告醫師的不作為顯與醫療常規有違。被告醫師的行為應違反醫
療常規。

2. **醫療水準**：醫療行為容許相當程度的風險，故應以行為時臨床醫療
水準來判斷是否違反注意義務。原則上醫學中心之醫療水準高於區域醫
院，而區域醫院又高於地區醫院，一般診所則居於最後；專科醫師高於非

專科醫師，自不待言。而醫療水準是醫療常規的調整器，故倘若被告醫師身處基層診所，其醫療水準只須符合最基本的醫療常規即可。本案例中，被告醫師身處於基層診所，其行為只須適用最低層級的醫療水準，亦即只須符合基本的醫療常規即可，惟，如上述，被告醫師不作為之行為不符合醫療常規，亦即連最低層級的醫療水準都不符合。

　　3.**醫療設施、工作條件、緊急迫切**：衛生福利部依據醫療法第 12 條第 3 項訂定了醫療機構設置標準，規定了各醫療院所設置時應有的設施標準；工作條件係指在工作中的設施條件、工作環境、勞動強度和工作時間的總和，又可稱之為勞動條件。我國對於勞動條件的規範大多於勞動基準法中可得知概略。本案例中，被告醫師處於基層牙醫診所，而判斷舌癌初期之潰瘍與一般口腔破皮之潰瘍之外貌相類似，惟潰瘍邊緣如火山口，亦有較明顯的硬結，一般牙科醫師雖不易區別出，但除有外在刺激因素外，在舌部潰瘍未癒合之傷口，若移除外在刺激後，仍超過 2 至 3 週未癒合，專業牙醫師應可高度懷疑為舌癌之可能性，與醫療設施無涉，至於工作條件亦與本案例無關，本案例亦非是緊急急迫的案例。

　　4.綜合上述要件，以客觀情況為斷，被告醫師應有違反醫療上必要之注意義務。

(二) 是否逾越合理臨床專業裁量

　　醫療常規所代表的是普通一般醫師所依循的醫療行為模式，但醫療狀況千變萬化，遵循醫療常規不一定能醫治病患的疾病，因為每個病患的病情、體質皆不相同，故需要醫師做現場的診斷，也就是臨床專業裁量，才能符合個案病患的需求，最高法院 107 年度台上字第 4587 號刑事判決略以：「『合理臨床專業裁量』即允許醫師對於臨床醫療行為，保有一定的『治療自由』、『臨床的專業裁量權限』，以決定治療方針。尤其對於罕見疾病、遇首例或對於末期病人充滿不確定性的治療，在無具體常規可遵循時，即須仰賴醫師合理的臨床裁量。」雖然醫療法第 82 條第 4 項之規定，合理臨床專業裁量仍須「以該醫療領域當時當地之醫療常規、醫療水準、醫療設施、工作條件及緊急迫切等客觀情況為斷」。惟，違反醫療上

必要之注意義務與逾越合理臨床裁量應是不一樣的判斷方式，倘以相同的要件論斷，恐有重複評價之處，故，本段落嘗試以最高法院的判斷方式分析之：

1.本案例中，就潰瘍發生時點而言，若回溯自 105 年 7 月 5 日起計算，時間已超過半年；若由 105 年 11 月 2 日起計算則超過 2.5 個月，而不論潰瘍或舌癌，並非罕見疾病，亦非首例之病例，該病患雖然是癌症末期之病人，但仍非充滿不確定的治療，而該情狀有具體常規可遵循，此時似乎不需仰賴醫師的臨床裁量來治療病患，故被告醫師並未保有治療的自由及臨床的專業裁量權限，被告醫師的合理臨床專業裁量即是遵循醫療常規。依第一審判決理由，被告醫師遲至 106 年 1 月 12 日始將病患轉診，醫師顯已延誤病人接受適當醫療處置之時機，其有違反醫療常規之過失行為，且該不作為之過失逾越合理臨床專業裁量，自屬明確，故被告醫師違反醫療常規即是逾越合理臨床專業裁量。

2.本案例之被告醫師逾越合理臨床專業裁量。

本案例中，被告醫師違反醫療上必要之注意義務且逾越合理臨床專業裁量，故被告醫師成立醫療法第 82 條的過失。

案例六　診療椅壓傷病患家長案

壹、案例基本資料

一、案例事實

媽媽帶小朋友（4 歲）到兒童牙醫診所塗氟，塗氟過程中，因為小朋友感到不安，媽媽遂上前安撫小朋友，而同時牙醫師操作診療椅，不慎壓傷媽媽的右膝。

二、判決結果

(一) 第一審（台灣台中地方法院 95 年易字第 3803 號刑事判決）

1.為兒童病患診療、負責操作前開診療椅之被告醫師，自應負有事前告知家長陪同兒童病患坐在診療椅右斜前方椅子上時，就診療椅部分家長

自己所應注意之事項，且其操作診療椅時，亦應負有告知陪同兒童病患坐在診療椅右斜前方椅子上之家長，並隨時注意操作診療椅時家長所坐之位置與診療椅間之距離等注意義務。

2. 被告醫師將診療椅下降，家長因閃避不及致右膝遭前開診療椅壓碰並受有右膝挫傷之傷害，被告醫師之行為顯具有過失，足堪認定。

3. 告訴人（小朋友媽媽）所受之右膝挫傷之傷害，既係因醫師過失操作前開診療椅下降時壓碰所致，足認二者間自具相當因果關係。適逢法律條文修正，被告醫師自應適用其行為時之法律，即修正前關於科處罰金刑之法律較有利於被告，處拘役 20 日。

(二) 第二審（台灣高等法院台中分院96年上易字第1042號刑事判決）

本院認第一審判決所認事實、認罪部分均無不當。惟，被告之罪刑合於罪犯減刑條例之減刑條件，原審判決既有上開未及適用法律之瑕疵，即屬無可維持，應由本院予以撤銷改判，且被告醫師已與告訴人和解，故減為拘役 10 日，緩刑 2 年。

三、鑑定意見

第二審法院囑託財團法人台灣玩具暨兒童用品研發中心、財團法人工業技術研究院鑑定系爭診療椅之動作是否有造成告訴人右膝內側受傷之可能，惟，據覆稱非屬其技術專長領域，或限於設備等因素，無從提供鑑定服務。

貳、評　析

一、刑法上過失責任

(一) 刑法學說上過失

過失是行為人未有意而為行為，但該行為卻發生法益的侵害，且該侵害並非行為意思所希望的。本案例中，被告醫師操作治療椅升降（作為）不慎壓傷病童媽媽，雖然被告醫師為了治療病童而故意將治療椅降下，但並未有意造成病童媽媽的受傷，且該後果被告醫師雖得預見其發生，但該發生的後果並非不違背被告醫師的本意，該傷害並非被告醫師的操作治療

椅行為意思所希望的。故，被告醫師並非故意犯乃係成立刑法上的過失作
為犯。

1. 過失作為犯的構成要件

(1) 行為與結果之（條件）因果關係：非 P 則非 Q，倘若 P 現象不存在，
　　Q 結果就不會發生。本案例中，倘若被告醫師不要不慎操作治療椅
　　的升降，則病童媽媽的右膝就不會被壓傷，故被告醫師的過失操作
　　治療椅的行為是發生病童媽媽右膝受傷害結果所不可想像其不存在
　　的條件，故二者成立條件因果關係。

(2) 行為與結果之客觀歸責

　　A. 製造法所不容許的風險：行為人的行為違背客觀的注意義務而具
　　　有行為不法，該行為即是以客觀上違反法義務規範的行為方式，
　　　製造法所不容許的風險。本案例中，被告醫師在操作治療椅的時
　　　候應該注意是否會造成旁邊人員的受傷，這是一般牙醫師應有的
　　　客觀注意義務，抑或可稱之為醫療常規，亦即法義務規範，被告
　　　醫師未盡其注意操作治療椅的行為違背客觀上違反法義務規範
　　　（醫療常規）而造成病患的右膝受傷害之法所不容許之風險。

　　B. 實現法所不容許的風險：行為人的行為係結果發生的原因，行為
　　　所導致結果的發生。本案例中，被告醫師未盡其注意操作治療椅
　　　的行為是病患右膝傷害的原因，故被告醫師的行為實現了病患的
　　　右膝受傷害之法所不容許的風險。

　　　(A) 注意規範的保護目的：行為與結果間縱然具有因果關係，然
　　　　而行為人所違反的注意義務，其規範保護目的並非在於避免
　　　　此一結果發生者，則所發生的結果對行為人而言，不具有客
　　　　觀歸責。本案例中，行為人所違反的注意義務，亦即上述之
　　　　醫療常規，其規範保護目的乃係在於避免病患受傷害的結果
　　　　發生，故病患右膝受傷害的結果對被告醫師而言具有客觀歸
　　　　責。

　　　(B) 結果具有可避免性：如果行為人即使採取了合乎注意義務之
　　　　行為，但結果仍無法避免發生，則可認為違反義務之行為與

結果間不具有可避免性，該行為即不具有結果可歸責。本案例中，如果被告醫師依據醫療常規，盡其注意操作治療椅則病患的右膝不會因而被治療椅壓傷，故被告醫師的行為與結果間具有可避免性。

C. 構成要件效力範圍：如果僅在結果與行為人所製造的法所不容許風險之間有因果關係，尚不足以滿足客觀構成要件，尚須此一結果落在避免危險的構成要件效力範圍內，才能滿足客觀歸責本案例中。本案例中，病患傷害結果的發生落在過失傷害罪的構成要件效力範圍內。

(3) 過失之主觀構成要件：本案例中，雖然被告醫師是故意操作治療椅，但並未有意壓傷病童媽媽，且該後果被告醫師雖得預見其發生，但該發生的後果並非不違背被告醫師的本意，故被告醫師並不成立故意犯而是成立過失犯罪。

2. **違法性**：被告醫師無任何阻卻違法事由。

3. **罪責**：被告醫師無任何阻卻罪責事由。

4. **結論**：被告醫師成立刑法上的過失。

(二) 醫療業務上過失

1. **違反注意義務**：一般的過失犯罪與故意犯罪不同，過失犯罪行為人主觀上欠缺犯意，故過失犯的行為非價在於違反規範的要求，而過失犯的行為非價的判斷標準在於違反注意義務，因此須從客觀上判斷其行為是否違反應盡的注意義務，也就是說，過失犯的行為人未遵守社會一般人所要求的注意（亦即客觀的注意義務之違反），再反推其對於該結果是否應負過失責任；相同地，醫療上的過失犯罪亦須從客觀上判斷醫師是否違反應盡的注意義務，亦即違反普通一般醫師所應遵循的醫療行為模式，再反推其對於該結果是否應負過失責任。注意義務的內容包含範圍廣大，本段落僅就與牙科醫療行為較有關聯的親自診療義務、常規診療義務、轉診義務、告知同意義務予以分析之：

(1) 親自診療義務：醫師法第 11 條第 1 項前段規定：「醫師非親自診察，

不得施行治療、開給方劑或交付診斷書。」因為疾病的症狀具有多變性及複雜性,而每個病患皆是獨立的個體,且每次的病徵都是獨立的事件,故醫師唯有親自診察才能做出正確的判斷,以避免因為誤診而延誤病情或治療錯誤致生醫療紛爭。本案例中,被告醫師執行塗氟行為與操作診療椅,皆為親自執行而未假手他人,故被告醫師並未違反親自診療義務。

(2) 常規診療義務:過失犯的行為非價之判斷標準在於是否違反注意義務,而注意義務的判斷基準為何?渠以為,應以刑法為保護法益免於受侵害而課予行為人在具體情狀下,以一位善良理智之人處於當時相同狀態所應恪遵該事務之注意義務為標準。此在醫療上則稱之為「醫療常規」,以其作為判定符合注意義務與否之依據,即在臨床上長時間發展而沿襲下來經常實行的規矩,並以「醫療成員之平均、通常具備之技術」為判斷標準,惟,醫療常規並非一成不變,在醫學中心、區域醫院、地區醫院、一般診所,因設備等之差異;在每一時期,因醫學之進步程度,醫療常規乃具浮動性,由此可明白「醫療水準」是作為「醫療常規」之調整器,使得醫療人員能因時制宜而提供符合當時需求的客製化醫療行為。本案例中,被告醫師操作診療椅時,應負有告知陪同病童坐在診療椅右斜前方椅子上之家長,並隨時注意操作診療椅時家長所坐之位置與診療椅間之距離等注意義務,此應為醫療常規。而被告醫師身處基層診所,只須符合最低層級的醫療水準,亦即最基本的醫療常規,即無違反常規診療義務。惟,被告醫師操作診療椅時,違背醫療準則所揭示之義務,其有應注意、能注意而未注意之過失,故被告醫師違反常規診療義務。

(3) 轉診義務:醫療法第 73 條第 1 項前段規定:「醫院、診所因限於人員、設備及專長能力,無法確定病人之病因或提供完整治療時,應建議病人轉診。」轉診本質上屬於醫療院所之法定責任,惟,接觸病患的主體是醫師,故實務上將醫療院所的責任直接由行為人(醫師)承接。故,一般醫師如果限於專科醫學能力的不足,即應評估

　　將病患轉診至專科醫師處所，以讓病患獲得更專業的照顧，此乃正確醫療行為的一個環節，若違背正確的轉診評估，即顯然有違有過失之虞。本案例中，被告醫師違反醫療常規之處為操作診療椅時，應負有告知陪同病童坐在診療椅右斜前方椅子上之家長，並隨時注意操作診療椅時家長所坐之位置與診療椅間之距離等注意義務，此與轉診義務無涉，故被告醫師並未違反轉診義務。

(4) 告知同意義務：醫師法第 12 條之 1 規定：「醫師診治病人時，應向病人或其家屬告知其病情、治療方針、處置、用藥、預後情形及可能之不良反應。」醫療乃是高度專業且具危險之行為，病患或其家屬通常須仰賴醫師之說明方能瞭解醫療行為的風險、效果及必要性，故醫師為醫療行為時，自應詳細對病患本人或家屬說明病情、可能診斷及治療方式之選擇及其風險，賦予病患選擇拒絕或接受的空間，以保障病患身體自主權。一般情形下，如曾說明，病人即有拒絕醫療之可能時，即有說明之義務；於此，醫師若未盡上開說明之義務，除有正當理由外，難謂已盡注意之義務。本案例中，被告醫師應有得病童家長之同意，而為病童塗氟，並因而操作治療椅，故被告醫師並未違反告知同意義務。

2. **因果關係（客觀之相當因果關係說）**：實務上為防止條件理論不當擴大刑事責任而採相當因果關係理論，因為可以將偶然的事實或偶然發生的結果從刑法評價上予以排除，即原則上得將不尋常或異常因果連結視為偶然發生的條件，而以不具相當性來加以摒除。而相當因果關係之客觀說係立於法官裁判時之立場（事後判斷），於行為人行為當時客觀所存在之事實狀況及行為後所產生之事情，於經驗法則上（客觀上）為一般人所能預見或經驗上認為可能之狀況作為判斷資料而判斷之基礎，判斷的基準可說是法官之認識力。本案件中，倘若立於裁判時的立場，做客觀之事後審查，依經驗法則或是醫療常規，被告醫師操作診療椅時，應負有告知陪同病童坐在診療椅右斜前方椅子上之家長，並隨時注意操作診療椅時家長所坐之位置與診療椅間之距離等注意義務，被告醫師卻疏於注意，渠當能預見，一般情形，有此環境，有此行為之條件下，均會

發生同一傷害的結果，此非偶然的事實或偶然發生的結果，故被告醫師的行為與病童家長右膝遭診療椅壓碰並受有右膝挫傷之傷害有相當因果關係。

3. **結論**：被告醫師違反常規診療義務一項注意義務，且被告醫師的行為與病童家長右膝遭診療椅壓碰並受有右膝挫傷之傷害有相當因果關係，故被告醫師成立醫療上的過失。

二、醫療法第82條過失責任

(一) 是否違反醫療上必要之注意義務

醫療法第 82 條第 4 項規定，「……以該醫療領域當時當地之醫療常規、醫療水準、醫療設施、工作條件及緊急迫切等客觀情況為斷。」此條項將醫療常規設計為注意義務之一部分（或可稱之為下位概念）。故，審查時除了所謂平均醫師注意義務的醫療常規外，尚需考量其他要件，例如：醫療水準並非一成不變，乃係因地制宜、因時制宜，醫師在診察、檢查、處置時可以合理期待的醫療方式，而醫療設施更能具體化判斷醫療水準的標準……最後再綜合各個列舉的多元客觀條件評斷之：

1. **醫療常規**：被告醫師操作診療椅時，應負有告知陪同病童坐在診療椅右斜前方椅子上之家長，並隨時注意操作診療椅時家長所坐之位置與診療椅間之距離等注意義務，此為平均醫師注意義務之醫療常規。本案例中，被告醫師的行為未遵循醫療常規。故，被告醫師顯然違反醫療常規。

2. **醫療水準**：醫療行為容許相當程度的風險，故應以行為時臨床醫療水準來判斷是否違反注意義務。原則上醫學中心之醫療水準高於區域醫院，而區域醫院又高於地區醫院，一般診所則居於最後；專科醫師高於非專科醫師，自不待言。而醫療水準是醫療常規的調整器，故倘若被告醫師身處基層診所，其醫療水準只須符合最基本的醫療常規即可。本案例中，被告醫師身處於基層診所，其行為只須適用最低層級的醫療水準，亦即只須符合基本的醫療常規即可，惟，如上述，被告醫師的行為不符合醫療常規，亦即連最低層級的醫療水準都不符合。

3. **醫療設施、工作條件、緊急迫切**：衛生福利部依據醫療法第 12 條

第3項訂定了醫療機構設置標準，規定了各醫療院所設置時應有的設施標準；工作條件係指在工作中的設施條件、工作環境、勞動強度和工作時間的總和，又可稱之為勞動條件。我國對於勞動條件的規範大多於勞動基準法中可得知概略。本案例中，被告牙醫師處於基層牙醫診所，而該作為於任何醫療院所都能勝任，至於工作條件應與本案例無關，本案例亦非是緊急急迫的案例。

4.綜合上述要件，以客觀情況為斷，被告醫師應有違反醫療上必要之注意義務。

(二) 是否逾越合理臨床專業裁量

醫療常規所代表的是普通一般醫師所依循的醫療行為模式，但醫療狀況千變萬化，遵循醫療常規不一定能醫治病患的疾病，因為每個病患的病情、體質皆不相同，故需要醫師做現場的診斷，也就是臨床專業裁量，才能符合個案病患的需求。最高法院107年度台上字第4587號刑事判決略以：「『合理臨床專業裁量』即允許醫師對於臨床醫療行為，保有一定的『治療自由』、『臨床的專業裁量權限』，以決定治療方針。尤其對於罕見疾病、遇首例或對於末期病人充滿不確定性的治療，在無具體常規可遵循時，即須仰賴醫師合理的臨床裁量。」雖然醫療法第82條第4項之規定，合理臨床專業裁量仍須「以該醫療領域當時當地之醫療常規、醫療水準、醫療設施、工作條件及緊急迫切等客觀情況為斷」。惟，違反醫療上必要之注意義務與逾越合理臨床裁量應是不一樣的判斷方式，倘以相同的要件論斷，恐有重複評價之處，故，本段落嘗試以最高法院的判斷方式分析之：

1.本案例中，被告醫師為該孩童塗氟，此並非罕見疾病，亦非首例之病例，該孩童更非末期之病人而有充滿不確定的治療，而該情狀有具體常規可遵循，此時似乎不需仰賴醫師的臨床裁量來治療病患，故被告醫師並未保有治療的自由及臨床的專業裁量權限，被告醫師的合理臨床專業裁量即是遵循醫療常規，故，該被告醫師違反醫療常規即是逾越合理臨床專業裁量。

2. 本案例之被告牙醫師逾越合理臨床專業裁量。

　　本案例中，被告牙醫師違反醫療上必要之注意義務且逾越合理臨床專業裁量，故被告牙醫師成立醫療法第 82 條的過失。

案例七　未控制牙周病導致植牙失敗案

壹、案例基本資料

一、案例事實

　　98 年間，病患於訴外診所接受訴外醫師下顎植牙 13 顆，因為有糾紛，故轉而至 H 醫師診所繼續治療。

　　99 年 6 月 5 日，被告醫師為病患照環口全景 X 光（下稱 Pano），影像顯示有嚴重齒槽骨流失，也就是病患有嚴重的牙周病；100 年 3 月 16 日，被告醫師為病患右上齒槽補骨並放置人工骨膜；100 年 4 月 6 日進行左上第二小臼齒（25）植牙，並進行 Pano 照射；100 年 8 月 24 日，被告醫師為病患右上齒槽補骨；100 年 11 月 23 日，進行左上正中門牙（21）植牙並補骨、放置人工骨膜，並進行 Pano 照射；101 年 3 月 19 日進行右上第一小臼齒（14）牙齦移植；101 年 4 月 30 日進行 pano 拍攝，下顎骨所有植牙區域齒槽骨流失情形更嚴重；101 年 5 月 1 日右上第一小臼齒、第一大臼齒、第二大臼齒（14.16.17）植牙、補骨。

　　101 年 7 月取出右上第一小臼齒（14）植體；101 年 9 月 17 日右上第一小臼齒（14）再度植牙，並進行 pano 照射，下顎骨所有植牙區域齒槽骨流失情形無改善。

　　101 年 11 月 30 日、12 月 6 日進行右上第一大臼齒、右上第二大臼齒（16.17）植牙第二階段；103 年 3 月 24 日所有植牙均裝置假牙完畢，共裝置 20 顆假牙（上 6 顆下 14 顆），並進行 pano 拍攝，下顎骨所有植牙區域齒槽骨流失情形無改善且右上顎骨植牙區域有齒槽骨流失現象出現。

　　103 年 9 月 10 日回診，病患並未反映不適；104 年 10 月回診，牙周病狀況惡化；104 年 11 月 6 日回診，病患反映植牙有問題；105 年 4

月 22 日上顎牙齒有五顆有深度蛀牙、上顎掉落 1 顆植體（原本有 6 顆植體），下顎剩下 9 顆植體（原本有 13 顆植體，訴外診所植的）、上下顎齒槽骨皆有流失嚴重現象發生。

二、判決結果

(一) 第一審（台灣台南地方法院 108 年易字第 215 號刑事判決）

1. 被告醫師未繼續加強牙周病治療，即貿然進行植牙手術，顯與醫療常規有違，而醫師一旦違背醫療常規，應該對於非容許範圍之額外風險，具有預見可能性，此等對於額外風險的預見可能性，乃論證醫療過失成立之最重要關鍵。

2. 被告醫師在病患牙周病嚴重狀況下，未警覺加強牙周病治療，或暫延後續植牙施作，仍貿然進行植牙手術，違背前揭醫療常規所揭示之注意義務。被告醫師對於病患之醫療行為確有疏失，且其疏失行為與病患因植牙後下顎骨所有植牙區域齒槽骨流失嚴重，以及上顎骨植牙區域有齒槽骨流失現象出現，原上顎骨有 6 顆植牙，掉落一顆植牙，下顎骨原有 13 個植牙，承受 14 顆假牙，僅剩 9 顆植體承受 6 顆假牙等等之傷害間具有相當因果關係甚明。被告醫師犯後否認犯行，及雙方和解金額差距太大（病患請求 163.8 萬元），無法進行調解。又，適逢刑法修正條文，比較新舊法，修正前之規定較有利於被告，自應適用刑法修正前之規定論處，故處拘役 55 日。

三、鑑定意見

(一) 醫審會（檢察官送請鑑定，107 年 7 月 2 日）

1. 依 99 年 6 月 5 日環口全景 X 光攝影檢查結果以判斷，病人牙周病嚴重，在未經適當牙周病治療下，並不適合接受植牙手術，否則植牙後失敗可能性很高。

2. 依 100 年 4 月 6 日、11 月 23 日環口全景 X 光攝影檢查結果，下顎骨所有植牙區域齒槽骨流失，被告醫師應提醒病人警告病人要加強牙周病治療，或後續下顎骨假牙不要再繼續製作，因為植牙地基會不穩定，將來可能無法承受咬合力，然依病歷紀錄，並未記載被告醫師曾為相關提醒或

警告。

　　3. 依 101 年 4 月 30 日病人之環口全景 X 光攝影檢查結果，顯示下顎骨所有植牙區域的齒槽骨流失更嚴重，被告醫師卻繼續為病人施行植牙手術，依病歷紀錄，並無記載下顎齒槽骨流失之相關提醒或警語。而由 9 月 17 日之環口全景 X 光攝影檢查結果，病人下顎骨所有植牙區域齒槽骨流失情況無改善。再觀諸 102 年 3 月 24 日病人之環口全景 X 光攝影檢查，結果顯示下顎骨所有植牙區域齒槽骨流失情況仍無改善，且右上顎骨植牙區域有齒槽骨流失現象出現，但所有植牙區域已裝置假牙，共安裝 20 顆假牙。

　　4. 病人口腔清潔不理想，不宜施作植牙等治療；因此病人上排左上第一大臼齒（26）及左上正中門牙（21）之牙根與假牙掉落，不排除與醫師相關醫療行為與處置有因果關係，而被告醫師曾於病人口腔條件不佳時，對其上顎牙齒（15.16.17.21.25）進行補牙及植牙，其對植牙適應症之判斷亦不無疑義。

　　5. 在齒槽骨質流失無改善情況下，並不適合繼續接受假牙製作，而觀諸卷內病歷紀錄，並無醫師曾進行口腔衛教或轉介病患向牙周病醫師就診接受牙周病治療等之記載，故醫師於長期治療病人過程中，未及時發現其下顎骨齒槽骨病情變化已不適宜繼續裝置假牙，造成病患下排有 7 顆假牙連同牙根掉落之病情加重有部分關聯。

(二)C 醫院（第一審法院函詢，108 年 6 月 17 日）

　　對於患有牙周病之病患，在醫療常規上會先建議患者治療牙周病到穩定程度，且患者本身須可以維持良好的口腔清潔，再加上身體沒有其他會影響手術情況的疾病或控制良好的情況下，才建議進行後續的植牙手術。

貳、評　析

一、刑法上過失責任

(一)刑法學說上過失

　　過失是行為人未有意而為行為，但該行為卻發生法益的侵害，且該侵害並非行為意思所希望的。本案例中，被告醫師在病患牙周病嚴重狀況

下，未警覺加強牙周病治療，或暫延後續植牙施作，仍貿然進行植牙手術
（作為）。雖然被告醫師是故意進行植牙手術，但並未有意造成植牙失
敗，且該後果被告醫師雖得預見其發生，但該發生的後果並非不違背被告
牙醫師的本意。最終，貿然進行植牙的行為造成了病患上顎掉落一顆植體
（原本有 6 顆植體），下顎剩下 9 顆植體（原本有 13 顆植體，訴外診所
植的），上下顎齒槽骨皆有流失嚴重現象發生的傷害，該傷害並非被告醫
師的進行植牙的行為意思所希望的，故，被告醫師並非故意犯乃係成立刑
法上的過失作為犯。

1. 過失作為犯的構成要件

　(1)行為與結果之（條件）因果關係：非 P 則非 Q，倘若 P 現象不存在，
　　　Q 結果就不會發生。本案例中，倘若被告醫師不要貿然進行植牙，
　　　病患就不會發生上顎掉落一顆植體（原本有 6 顆植體），下顎剩下
　　　9 顆植體（原本有 13 顆植體，訴外診所植的），上下顎齒槽骨皆有
　　　流失嚴重現象發生的損害。故被告醫師的貿然進行植牙的行為是發
　　　生病患受損害結果所不可想像其不存在的條件，故二者成立條件因
　　　果關係。

　(2)行為與結果之客觀歸責

　　A.製造法所不容許的風險：行為人的行為違背客觀的注意義務而具
　　　　有行為不法，該行為即是以客觀上違反法義務規範的行為方式，
　　　　製造法所不容許的風險。本案例中，病人牙周病嚴重，在未經適
　　　　當牙周病治療下，並不適合接受植牙手術，否則植牙後失敗可能
　　　　性很高，這是一般牙醫師應有的客觀注意義務，抑或可稱之為醫
　　　　療常規，亦即法義務規範。被告醫師貿然進行植牙的行為違背客
　　　　觀上違反法義務規範（醫療常規）而造成病患上顎掉落一顆植體
　　　　（原本有 6 顆植體），下顎剩下 9 顆植體（原本有 13 顆植體，訴
　　　　外診所植的），上下顎齒槽骨皆有流失嚴重現象發生的傷害之法
　　　　所不容許之風險。

　　B.實現法所不容許的風險：行為人的行為係結果發生的原因，行為
　　　　所導致結果的發生。本案例中，被告牙醫師未警覺加強牙周病治

療，或暫延後續植牙施作，仍貿然進行植牙手術的行為是病患受傷害的原因，故被告醫師的行為實現了病患受傷害之法所不容許的風險。

(A) 注意規範的保護目的：行為與結果間縱然具有因果關係，然而行為人所違反的注意義務，其規範保護目的並非在於避免此一結果發生者，則所發生的結果對行為人而言，不具有客觀歸責。本案例中，行為人所違反的注意義務，亦即上述之醫療常規，其規範保護目的乃係在於避免病患受傷害的結果發生，故病患受傷害的結果對被告醫師而言具有客觀歸責。

(B) 結果具有可避免性：如果行為人即使採取了合乎注意義務之行為，但結果仍無法避免發生，則可認為違反義務之行為與結果間不具有可避免性，該行為即不具有結果可歸責。本案例中，如果被告醫師依據醫療常規，等牙周病的狀況受控制再行植牙，則不會造成病患上顎掉落一顆植體（原本有 6 顆植體），下顎剩下 9 顆植體（原本有 13 顆植體，訴外診所植的），上下顎齒槽骨皆有流失嚴重現象發生之傷害，故被告醫師的行為與結果間具有可避免性。

C. 構成要件效力範圍：如果僅在結果與行為人所製造的法所不容許風險之間有因果關係，尚不足以滿足客觀構成要件，尚須此一結果落在避免危險的構成要件效力範圍內，才能滿足客觀歸責本案例中。本案例中，病患傷害結果的發生落在過失傷害罪的構成要件效力範圍內。

(3) 過失之主觀構成要件：本案例中，雖然被告醫師是故意進行植牙，但並未有意造成植牙失敗，且該後果被告醫師雖得預見其發生，但該發生的後果並非不違背被告醫師的本意，故被告醫師並不成立故意犯而是成立過失犯罪。

2. **違法性**：被告醫師無任何阻卻違法事由。

3. **罪責**：被告醫師無任何阻卻罪責事由。

4. **結論**：被告醫師成立刑法上的過失。

(二) 醫療實務上過失

1. **違反注意義務**：一般的過失犯罪與故意犯罪不同，過失犯罪行為人主觀上欠缺犯意，故過失犯的行為非價在於違反規範的要求，而過失犯的行為非價的判斷標準在於違反注意義務。此須從客觀上判斷其行為是否違反應盡的注意義務，也就是說，過失犯的行為人未遵守社會一般人所要求的注意（亦即客觀的注意義務之違反），再反推其對於該結果是否應負過失責任；相同地，醫療上的過失犯罪亦須從客觀上判斷醫師是否違反應盡的注意義務，亦即違反普通一般醫師所應遵循的醫療行為模式，再反推其對於該結果是否應負過失責任。注意義務的內容包含範圍廣大，本段落僅就與牙科醫療行為較有關聯的親自診療義務、常規診療義務、轉診義務、告知同意義務予以分析之：

(1) 親自診療義務：醫師法第 11 條第 1 項前段規定：「醫師非親自診察，不得施行治療、開給方劑或交付診斷書。」因為疾病的症狀具有多變性及複雜性，而每個病患皆是獨立的個體，且每次的病徵都是獨立的事件，故醫師唯有親自診察才能做出正確的判斷，以避免因為誤診而延誤病情或治療錯誤致生醫療紛爭。本案例中，被告醫師不論是植牙或放骨粉或是做假牙，皆親自執行而未假手他人，故被告醫師並未違反親自診療義務。

(2) 常規診療義務：過失犯的行為非價之判斷標準在於是否違反注意義務，注意義務的判斷基準為何？渠以為，應以刑法為保護法益免於受侵害而課予行為人在具體情狀下，以一位善良理智之人處於當時相同狀態所應恪遵該事務之注意義務為標準。此在醫療上則稱之為「醫療常規」，以其作為判定符合注意義務與否之依據，即在臨床上長時間發展而沿襲下來經常實行的規矩，並以「醫療成員之平均、通常具備之技術」為判斷標準，惟，醫療常規並非一成不變，在醫學中心、區域醫院、地區醫院、一般診所，因設備等之差異；在每一時期，因醫學之進步程度，醫療常規乃具浮動性，由此可明白「醫療水準」是作為「醫療常規」之調整器，使得醫療人員能因時制宜而提供符合當時需求的客製化醫療行為。本案例中，在病患

牙周病嚴重狀況下，被告醫師應警覺加強牙周病治療，或暫延後續植牙施作，此為醫療常規，而被告醫師身處基層診所，只須符合最低層級的醫療水準，亦即最基本的醫療常規，即無違反常規診療義務。惟，被告醫師未繼續加強牙周病治療，即貿然進行植牙手術，違背醫療準則所揭示之義務，其有應注意、能注意而未注意之過失，故被告醫師違反常規診療義務。

(3) 轉診義務：醫療法第 73 條第 1 項前段規定：「醫院、診所因限於人員、設備及專長能力，無法確定病人之病因或提供完整治療時，應建議病人轉診。」轉診本質上屬於醫療院所之法定責任，惟，接觸病患的主體是醫師，故實務上將醫療院所的責任直接由行為人（醫師）承接，故，一般醫師如果限於專科醫學能力的不足，即應評估將病患轉診至專科醫師處所，以讓病患獲得更專業的照顧，此乃正確醫療行為的一個環節，若違背正確的轉診評估，即顯然有違有過失之虞。本案例中，被告醫師違反醫療常規之處為未繼續加強牙周病治療，即貿然進行植牙手術，此與轉診義務無涉，故被告醫師並未違反轉診義務。

(4) 告知同意義務：醫師法第 12 條之 1 規定：「醫師診治病人時，應向病人或其家屬告知其病情、治療方針、處置、用藥、預後情形及可能之不良反應。」醫療乃是高度專業且具危險之行為，病患或其家屬通常須仰賴醫師之說明方能瞭解醫療行為的風險、效果及必要性，故醫師為醫療行為時，自應詳細對病患本人或家屬說明病情、可能診斷及治療方式之選擇及其風險，賦予病患選擇拒絕或接受的空間，以保障病患身體自主權。一般情形下，如曾說明，病人即有拒絕醫療之可能時，即有說明之義務；於此，醫師若未盡上開說明之義務，除有正當理由外，難謂已盡注意之義務。本案例中，被告醫師於第一次植牙失敗後，竟勸說病患於該日再一次接受左上第一大臼齒（26）的人工植牙第一階段手術，而病患亦接受，被告醫師似乎有盡告知同意義務。惟，身為牙醫師，應注意植牙失敗處重新再植牙需評估口腔軟硬組織癒合時間及客觀條件，始得勸說病患接

受重新植入植體，而非一徵得病患同意，即免除其身為牙醫師之注意義務。故，本案件中，從判決書內文無從判斷牙醫師是否詳細對病患說明可能診斷及治療方式之選擇及其風險，是否使病患處於無從選擇之立場，故，基於罪疑唯輕原則，渠以為被告醫師應未違反告知同意義務。

2. **因果關係（客觀之相當因果關係說）**：實務上為防止條件理論不當擴大刑事責任而採相當因果關係理論，因此可以將偶然的事實或偶然發生的結果從刑法評價上予以排除，即原則上得將不尋常或異常因果連結視為偶然發生的條件，而以不具相當性來加以摒除。而相當因果關係之客觀說係立於法官裁判時之立場（事後判斷），於行為人行為當時客觀所存在之事實狀況及行為後所產生之事情，於經驗法則上（客觀上）為一般人所能預見或經驗上認為可能之狀況作為判斷資料而判斷之基礎，判斷的基準可說是法官之認識力。本案件中，倘若立於裁判時的立場，做客觀之事後審查，依經驗法則或是醫療常規，病人牙周病嚴重，在未經適當牙周病治療下，並不適合接受植牙手術，否則植牙後失敗可能性很高，而被告醫師在病患牙周病嚴重狀況下，未警覺加強牙周病治療，或暫延後續植牙施作，仍貿然進行植牙手術，渠當能預見，一般情形，有此環境，有此行為之條件下，均會發生同一植牙失敗的結果，此非偶然的事實或偶然發生的結果，故被告醫師的行為與病患上顎掉落一顆植體（原本有 6 顆植體），下顎剩下 9 顆植體（原本有 13 顆植體，訴外診所植的），上下顎齒槽骨皆有流失嚴重現象之傷害有相當因果關係。

3. **結論**：被告醫師違反常規診療義務一項注意義務，且被告醫師的行為與病患上顎掉落一顆植體（原本有 6 顆植體），下顎剩下 9 顆植體（原本有 13 顆植體，訴外診所植的），上下顎齒槽骨皆有流失嚴重現象之傷害有相當因果關係，故被告醫師成立醫療上的過失。

二、醫療法第82條過失責任

(一) 是否違反醫療上必要之注意義務

醫療法第 82 條第 4 項規定：「……以該醫療領域當時當地之醫療常

規、醫療水準、醫療設施、工作條件及緊急迫切等客觀情況為斷。」此條項將醫療常規設計為注意義務之一部分（或可稱之為下位概念）。故，審查時除了所謂平均醫師注意義務的醫療常規外，尚需考量其他要件，例如：醫療水準並非一成不變，乃係因地制宜、因時制宜，醫師在診察、檢查、處置時可以合理期待的醫療方式，而醫療設施更能具體化判斷醫療水準的標準……最後再綜合各個列舉的多元客觀條件評斷之：

1. **醫療常規**：依醫審會鑑定意見，倘若病人牙周病嚴重，在未經適當牙周病治療下，並不適合接受植牙手術，否則植牙後失敗可能性很高，此為平均醫師注意義務之醫療常規。本案例中，被告醫師在病患牙周病嚴重狀況下，未警覺加強牙周病治療，或暫延後續植牙施作，仍貿然進行植牙手術，違背前揭醫療常規所揭示之注意義務，故，牙醫師顯然違反醫療常規。

2. **醫療水準**：醫療行為容許相當程度的風險，故應以行為時臨床醫療水準來判斷是否違反注意義務。原則上醫學中心之醫療水準高於區域醫院，而區域醫院又高於地區醫院，一般診所則居於最後；專科醫師高於非專科醫師，自不待言。而醫療水準是醫療常規的調整器，故倘若牙醫師身處基層診所，其醫療水準只須符合最基本的醫療常規即可。本案例中，被告醫師身處於基層診所，其行為只須適用最低層級的醫療水準，亦即只須符合基本的醫療常規即可，惟，如上述，被告醫師在病患牙周病嚴重狀況下，未警覺加強牙周病治療，或暫延後續植牙施作，仍貿然進行植牙手術，被告醫師的行為不符合醫療常規，亦即連最低層級的醫療水準都不符合。

3. **醫療設施、工作條件、緊急迫切**：衛生福利部依據醫療法第 12 條第 3 項訂定了醫療機構設置標準，規定了各醫療院所設置時應有的設施標準；工作條件係指在工作中的設施條件、工作環境、勞動強度和工作時間的總和，又可稱之為勞動條件，我國對於勞動條件的規範大多於勞動基準法中可得知概略。本案例中，被告醫師處於基層牙醫診所，而該植牙手術於任何醫療院所都能勝任，至於工作條件應與本案例無關，本案例亦非是緊急急迫的案例。

　　4.綜合上述要件，以客觀情況為斷，被告醫師應有違反醫療上必要之注意義務。

(二)是否逾越合理臨床專業裁量

　　醫療常規所代表的是普通一般醫師所依循的醫療行為模式，但醫療狀況千變萬化，遵循醫療常規不一定能醫治病患的疾病，因為每個病患的病情、體質皆不相同，故需要醫師做現場的診斷，也就是臨床專業裁量，才能符合個案病患的需求。最高法院107年度台上字第4587號刑事判決略以：「『合理臨床專業裁量』即允許醫師對於臨床醫療行為，保有一定的『治療自由』、『臨床的專業裁量權限』，以決定治療方針。尤其對於罕見疾病、遇首例或對於末期病人充滿不確定性的治療，在無具體常規可遵循時，即須仰賴醫師合理的臨床裁量。」雖然醫療法第82條第4項之規定，合理臨床專業裁量仍須「以該醫療領域當時當地之醫療常規、醫療水準、醫療設施、工作條件及緊急迫切等客觀情況為斷」。惟，違反醫療上必要之注意義務與逾越合理臨床裁量應是不一樣的判斷方式，倘以相同的要件論斷，恐有重複評價之處。故，本段落嘗試以最高法院的判斷方式分析之：

　　1.本案例中，該病患因為缺牙而需植牙，此並非罕見疾病，亦非首例之病例，該病患更非末期之病人而有充滿不確定的治療，而該情狀有具體常規可遵循，此時似乎不需仰賴醫師的臨床裁量來治療病患，故被告醫師並未保有治療的自由及臨床的專業裁量權限，被告醫師的合理臨床專業裁量即是遵循醫療常規，亦及醫審會的鑑定意見：病患下顎骨所有植牙區域齒槽骨流失，負責手術治療醫師應提醒病人、警告病人要加強牙周病治療，或後續下顎骨假牙不要再繼續製作，因為植牙地基不穩定，則將來可能無法承受咬合力，植牙失敗之可能性很高，故，被告醫師違反醫療常規即是逾越合理臨床專業裁量。

　　2.本案例之被告醫師逾越合理臨床專業裁量。

　　本案例中，被告醫師違反醫療上必要之注意義務且逾越合理臨床專業裁量，故被告牙醫師成立醫療法第82條的過失。

第二節　有違反注意義務但無因果關係

案例八　植牙後神經麻木案

壹、案例基本資料

一、案例事實

　　病患左下後側缺牙，求診於 P 醫院之被告醫師，而在該院牙周病科主任的指導下，由被告醫師執刀，為該病患進行左下第二大臼齒人工植牙一顆。惟，該植牙區之骨頭高度似有不足（似只有 11 至 12mm），而被告醫師似又植入 11.5mm 長的植體，導致植體壓迫下齒槽神經，導致病患術後左下臉部及嘴唇有麻木現象。

　　植牙後 8 日，麻木症狀仍未解除，病患要求被告醫師移除該植體，然後到 P 醫院神經復健科看診多次，症狀才慢慢緩解。一年後，病患於他家醫院繼續完成該顆人工植牙之製作。

二、判決結果

(一) 第一審（台灣士林地方法院 104 年醫易字第 2 號刑事判決）

　　1. 依醫審會及 T 醫院與 K 醫院的鑑定結果，植體與下齒槽神經管間距離 1 至 2mm 是常規上之安全距離，而被告醫師或告訴人所提出之環口攝影（2D）或電腦斷層掃描（3D），經鑑定結果研判，植體明顯過於接近下齒槽神經管，惟無法判斷二者是否有接觸之事實，且無法確定二者之間的距離是否在 1 至 2mm 之安全距離內。

　　2. 告訴人主張其於植牙後有麻痺之感覺，未必係植體直接壓迫或傷害下齒槽神經所致之，尚有可能因感染、術後發炎或移除植體手術時用尖銳探針去探測下顎管周圍顎骨，造成植牙手術後麻木現象，該等現象尚難遽認係被告醫師將植體直接或間接壓迫或傷害下齒槽神經所致。檢察官未提出其他證據證明下齒槽神經確實受有損害，自難信實。至於病患因植牙所造成可容許之身體傷害係被告醫師正當醫療業務行為過程中必然發生之結果，該等醫療業務行為業為病患簽立同意書（內容皆有提及手術併發症及

可能處理方式）表示同意，而且被告醫師手術過程中又未違反醫療常規，尚難認有何業務過失傷害（現已將「業務」刪除）而言。

3. 被告醫師配合病患骨頭高度，選用之植體長度適當，並符合醫學專業領域界內認可之安全距離，並未違反醫療常規，且無證據證明植牙醫療行為造成告訴人下齒槽神經之傷害，檢察官所提出之證據不能使法院得無合理懷疑之心證，自屬不能證明被告犯罪，故為無罪之諭知。

(二) 第二審（台灣高等法院 104 年醫上易字第 8 號刑事判決）

1. 鑑定結果均認為，人工植體與下齒槽神經管間之 1 至 2mm 距離是常規上之安全範圍，則保持該安全範圍應認為係醫療常規；是被告醫師如採行此方式進行植牙之醫療行為，自應認為符合醫療常規，苟若因此造成病患之傷害，應屬刑法第 22 條業務上之正當行為，並符合醫療上應注意之要件，尚難認構成業務上過失。

2. 醫審會測量之方式僅以普通尺規測量，非用影像系統之電腦程式測量，難認精確，自難據以其所提供之鑑定意見採為判斷基礎。

3. 歷次醫審會鑑定意見均認影像模糊無法判讀病患齒槽骨高度，而通常於此情況下，應於術中以探針插入讀取深度，並進行放射診斷影像評估所須深度與下顎管之相對位置，以利確認適合植體長度，則被告醫師未為於此，逕以模糊影像估算病患齒槽骨高度，故難謂已盡相當之注意義務。惟被告醫師縱使有此未盡相當注意義務之疏忽，然此疏忽是否有肇致被告醫師違反「植牙之植體與下齒槽神經管間，距離 1 至 2mm 是常規上之安全距離」之醫療常規，因而使病患受有下齒槽神經受損發炎之傷害？則未據公訴人提出相關之事證以憑調查，自難逕為被告醫師涉有過失犯行之不利認定。

4. 病患是否受有「下齒槽神經受損、發炎之傷害」？該傷害是否係因被告違反醫療常規而致，檢察官並未提出確實證據證明二者之間的因果關係，而僅係「有此可能性」，故駁回其上訴。

(三) 第三審（最高法院 105 年台上字第 28 號刑事判決）

刑法第 284 條第 2 項前段業務過失傷害罪（現已將「業務」刪除）核

屬不得上訴第三審法院之罪,而檢察官猶提起上訴,顯為法所不許,故駁回其上訴。

三、鑑定意見

(一)行政院衛生署醫事審議委員會第一次鑑定意見(檢察官委請鑑定,101年12月29日)

(現改為行政院衛生福利部醫事審議委員會,下均稱醫審會)

1. 就下顎植牙而言,常規上植體與神經管間會保留1至2mm之安全距離(甚至更多更安全),以避免神經管受損。故常規上,牙醫師於術前均會實施環口攝影(2D)或電腦斷層掃描(3D),確認安全距離後再選擇適當長度之植體。

2. 依電腦斷層檢查影像,顯示植體過於接近下顎管(影像品質不佳,無法確認植體是否已直接接觸神經管),如以保留1至2mm之安全距離考量反推,則植體選擇範圍應介於9至10mm為宜。故認本案醫師選擇11.5mm之植體長度,難謂符合醫療常規。

3. 依病人植牙術後之醫學影像判斷,其麻木現象,可能係植體種植位置過於接近下顎管,導致病人術後產生發炎反應而壓迫神經所致。

(二)醫審會第二次鑑定意見(士林地方法院民事庭委請鑑定,102年6月27日)

1. 本案病人之電腦斷層掃描檢查之影像模糊,不易判斷下齒槽神經位置。

2. 若影像中比例尺長度為10mm,換算病人下齒槽神經至骨脊之高度為11至12mm,故建議選擇9至10mm之植體,方能維持1至2mm之安全距離(反面言之,被告選擇用11.5mm之植體,無法維持1至2mm之安全距離)。

3. 下顎植牙,除植體直接壓迫神經管外,術中之麻藥施打或鑽骨過程、術後發炎感染,甚至移除植體時用探針去探測下顎管等等,皆可能造成植牙術後暫時性或永久性麻木現象。

(三)醫審會第三次鑑定意見（台灣高等法院民事庭委請鑑定，103年11月6日）

1. TZ 醫院及 J 牙醫診所之環口 X 光影像為 2D 影像，因此無法明確判斷。而 TZ 醫院的 CT 屬 3D 影像，明顯可辨植體過於接近下顎管（明顯小於安全距離 1 至 2mm），而依醫療常規，植體末端與下顎神經管應保持 1 至 2mm 之安全距離。

2. 下顎植牙造成病人有麻木症狀的原因，除植體直接壓迫神經管外，其他因素亦無法完全排除，例如麻藥施打、鑽骨過程或術後感染發炎，使用尖銳探針探測下顎管周圍顎骨等，皆可能造成暫時性或永久性麻木現象。

(四)T 醫院鑑定意見（101年2月23日）

1. 三叉神經痛或左顳顎關節炎與植牙手術無必然之相關。植體若未造成神經壓迫，下顎麻痺最常見的原因乃是因為手術時齒槽骨內之血管滲血造成神經管之壓迫，或是術後組織腫脹造成神經管壓迫，而上述病狀會隨著血塊吸收、組織消腫而逐漸消失。

2. 若為神經管壓迫或是鑽針鑽傷，神經受傷為不可逆性，神經麻痺的症狀不能在短時間（1年內）恢復，若病人於短時間內神經症狀已恢復，就是並未打到神經最好的證明。

(五)K 醫院鑑定意見（104年1月13日）

1. 依術前 TZ 醫院環口攝影，推算齒槽高度約 13 至 14mm，故植入 11.5mm 長之植體，應屬合理。

2. 植體與神經管建議距離 1 至 2mm 最安全，接觸神經管但不壓迫管壁，不一定會造成麻痺。

3. 術後斷層攝影解析度不清楚，無法精準判斷。

4. 下顎麻痺有可能是局部麻醉傷害、翻瓣拉扯、術後發炎或組織腫脹，或壓迫頦孔神經造成。

(六)鑑定人（T 醫院口腔外科主任於第一審具結鑑定）

1. 醫審會測量之方式應僅以普通尺規測量，而非用影像系統之電腦程

式測量，故始有 1mm 誤差之現象，難認精確。

　　2.我認為因為齒槽骨出血發炎，血腫或水腫壓迫到下顎神經之情形發生的可能性比較高，因為在法院發公文來的時候，我有看到病人三叉神經症狀已經逐漸改善，所以應該是血腫或水腫壓迫造成，因為植牙有傷到下顎神經的話是無法復原的，而血腫或水腫會隨著時間消退，症狀會減輕。

貳、評　析

一、刑法上過失責任

(一)刑法學說上過失

　　過失是行為人未有意而為行為，但該行為卻發生法益的侵害，且該侵害並非行為意思所希望的。本案例中，被告醫師因為執行左下第二大臼齒人工植牙，疑似植入過長的植體，病患術後左下臉部及嘴唇有麻木現象（作為）。雖然被告醫師是故意植入植體，但並未有意造成病患術後左下臉部及嘴唇有麻木現象，且該後果被告醫師雖得預見其發生，但該發生的後果並非不違背被告醫師的本意。最終，病患發生術後左下臉部及嘴唇有麻木現象，該情狀並非被告醫師的再次植入植體的行為意思所希望的，故，被告醫師並非故意犯。惟，是否成立刑法上的過失作為犯？

1.過失作為犯的構成要件

(1)行為與結果之（條件）因果關係：非 P 則非 Q，倘若 P 現象不存在，Q 結果就不會發生。本案例中，倘若被告醫師不要植入過長的植體，是否病患就不會發生術後左下臉部及嘴唇有麻木現象的傷害？不無疑義。手術時齒槽骨內之血管滲血造成神經管之壓迫，或是術後組織腫脹造成神經管壓迫皆有可能造成麻木現象，故被告醫師的植入過長植體的行為不一定是發生病患術後左下臉部及嘴唇有麻木現象受損害結果所不可想像其不存在的條件，故二者不成立條件因果關係。

(2)行為與結果之客觀歸責

A.製造法所不容許的風險：行為人的行為違背客觀的注意義務而具有行為不法，該行為即是以客觀上違反法義務規範的行為方式，

製造法所不容許的風險。本案例中，依據醫審會的鑑定意見：就下顎植牙而言，植體與神經管間會保留 1 至 2mm 之安全距離（甚至更多更安全），以避免神經管受損，這是一般牙醫師應有的客觀注意義務，抑或可稱之為醫療常規，亦即法義務規範，被告醫師再植入過長植體的行為違背客觀上違反法義務規範（醫療常規），而可能造成病患術後左下臉部及嘴唇有麻木現象之法所不容許之風險。

B. 實現法所不容許的風險：行為人的行為係結果發生的原因，行為導致結果的發生。本案例中，被告醫師植入過長植體的行為，是否是病患術後左下臉部及嘴唇有麻木現象的原因？不無疑義。故被告醫師的行為是否實現了病患術後左下臉部及嘴唇有麻木現象之法所不容許的風險？仍有疑義。

(A) 注意規範的保護目的：行為與結果間縱然具有因果關係，然而行為人所違反的注意義務，其規範保護目的並非在於避免此一結果發生者，則所發生的結果對行為人而言，不具有客觀歸責。本案例中，行為人所違反的注意義務，亦即上述之醫療常規，其規範保護目的乃係在於避免病患受傷害的結果發生，故病患術後左下臉部及嘴唇有麻木現象受傷害的結果對牙醫師而言似乎具有客觀歸責。

(B) 結果具有可避免性：如果行為人即使採取了合乎注意義務之行為，但結果仍無法避免發生，則可認為違反義務之行為與結果間不具有可避免性，該行為即不具有結果可歸責。本案例中，如果牙醫師依據醫療常規，植體與神經管間會保留 1 至 2mm 之安全距離（甚至更多更安全），以避免神經管受損，則病患是否就不會有術後左下臉部及嘴唇有麻木現象之傷害？不無異議，故牙醫師的行為與結果間是否具有可避免性，仍有疑義。

C. 構成要件效力範圍：如果僅在結果與行為人所製造的法所不容許風險之間有因果關係，尚不足以滿足客觀構成要件，尚須此一結

果落在避免危險的構成要件效力範圍內，才能滿足客觀歸責。本案例中，病患傷害結果的發生落在過失傷害罪的構成要件效力範圍內。

(3) 過失之主觀構成要件：本案例中，雖然被告醫師是故意植入植體，但並未有意造成病患術後左下臉部及嘴唇有麻木現象，且該後果被告醫師雖得預見其發生，但該發生的後果並非不違背被告醫師的本意，故被告醫師並不成立故意犯。惟，牙醫師主觀上是否成立過失犯罪，依上述論理，仍有疑義。

2. **違法性**：被告醫師無任何阻卻違法事由。

3. **罪責**：被告醫師無任何阻卻罪責事由。

4. **結論**：牙醫師不成立刑法上的過失。

(二) 醫療實務上過失

1. **違反注意義務**：一般的過失犯罪與故意犯罪不同，過失犯罪行為人主觀上欠缺犯意，故過失犯的行為非價在於違反規範的要求，而過失犯的行為非價的判斷標準在於違反注意義務。因此須從客觀上判斷其行為是否違反應盡的注意義務，也就是說，過失犯的行為人未遵守社會一般人所要求的注意（亦即客觀的注意義務之違反），再反推其對於該結果是否應負過失責任；相同地，醫療上的過失犯罪亦須從客觀上判斷醫師是否違反應盡的注意義務，亦即違反普通一般醫師所應遵循的醫療行為模式，再反推其對於該結果是否應負過失責任。注意義務的內容包含範圍廣大，本段落僅就與牙科醫療行為較有關聯的親自診療義務、常規診療義務、轉診義務、告知同意義務予以分析之：

(1) 親自診療義務：醫師法第 11 條第 1 項前段規定：「醫師非親自診察，不得施行治療、開給方劑或交付診斷書。」因為疾病的症狀具有多變性及複雜性，而每個病患皆是獨立的個體，且每次的病徵都是獨立的事件，故醫師唯有親自診察才能做出正確的判斷，以避免因誤診而延誤病情或治療錯誤致生醫療紛爭。本案例中，牙醫師不論進行診斷或施行植牙，皆親自執行而未假手他人，故牙醫師並未違反

親自診療義務。

(2) 常規診療義務：過失犯的行為非價之判斷標準在於是否違反注意義務。而注意義務的判斷基準為何？渠以為，應以刑法為保護法益免於受侵害而課予行為人在具體情狀下，以一位善良理智之人處於當時相同狀態所應恪遵該事務之注意義務為標準。此在醫療上則稱之為「醫療常規」，以其作為判定符合注意義務與否之依據，即在臨床上長時間發展而沿襲下來經常實行的規矩，並以「醫療成員之平均、通常具備之技術」為判斷標準，惟，醫療常規並非一成不變，在醫學中心、區域醫院、地區醫院、一般診所，因設備等之差異；在每一時期，因醫學之進步程度，醫療常規乃具浮動性，由此可明白「醫療水準」是作為「醫療常規」之調整器，使得醫療人員能因時制宜而提供符合當時需求的客製化醫療行為。本案例中，依醫審會鑑定意見，就下顎植牙而言，常規上植體與神經管間會保留 1 至 2mm 之安全距離（甚至更多更安全），以避免神經管受損。依電腦斷層影像，顯示植體過於接近下顎管（影像品質不佳，無法確認植體是否已直接接觸神經管），如以保留 1 至 2mm 之安全距離考量反推，則植體選擇範圍應介於 9 至 10mm 為宜，故認本案醫師選擇 11.5mm 之植體長度，難謂符合醫療常規。而牙醫師身處醫學中心，不應只符合最低層級的醫療水準，亦即最基本的醫療常規，即無違反常規診療義務。惟，牙醫師就植入植體過於接近神經管之行為，違背醫療準則所揭示之義務，連基本的醫療常規皆未符合，故其有應注意、能注意而未注意之過失，故牙醫師違反常規診療義務。

(3) 轉診義務：醫療法第 73 條第 1 項前段規定：「醫院、診所因限於人員、設備及專長能力，無法確定病人之病因或提供完整治療時，應建議病人轉診。」轉診本質上屬於醫療院所之法定責任，惟，接觸病患的主體是醫師，故實務上將醫療院所的責任直接由行為人（醫師）承接，故，一般醫師如果限於專科醫學能力的不足，即應評估將病患轉診至專科醫師處所，以讓病患獲得更專業的照顧，此乃正確醫療行為的一個環節，若違背正確的轉診評估，即顯然有違有過

失之虞。本案例中，被告醫師身處醫學中心，且違反醫療常規之處為植牙時植體過於接近神經管，此為每一位牙醫師皆能做到的行為，此與轉診義務無涉，故被告醫師並未違反轉診義務。

(4) 告知同意義務：醫師法第 12 條之 1 規定：「醫師診治病人時，應向病人或其家屬告知其病情、治療方針、處置、用藥、預後情形及可能之不良反應。」醫療乃是高度專業且具危險之行為，病患或其家屬通常須仰賴醫師之說明方能瞭解醫療行為的風險、效果及必要性，故醫師為醫療行為時，自應詳細對病患本人或家屬說明病情、可能診斷及治療方式之選擇及其風險，賦予病患選擇拒絕或接受的空間，以保障病患身體自主權。一般情形下，如曾說明，病人即有拒絕醫療之可能時，即有說明之義務；於此，醫師若未盡上開說明之義務，除有正當理由外，難謂已盡注意之義務。本案例中，依判決理由，病患於術前有簽立同意書（內容皆有提及手術併發症及可能處理方式），且被告醫師於術前亦詳盡告知義務，可認病患已實質同意被告醫師的施術，故，被告醫師並未違反告知同意義務。

2. **因果關係（客觀之相當因果關係說）**：實務上為防止條件理論不當擴大刑事責任而採相當因果關係理論，因為可以將偶然的事實或偶然發生的結果從刑法評價上予以排除，即原則上得將不尋常或異常因果連結視為偶然發生的條件，而以不具相當性來加以擯除。而相當因果關係之客觀說係立於法官裁判時之立場（事後判斷），於行為人行為當時客觀所存在之事實狀況及行為後所產生之事情，於經驗法則上（客觀上）為一般人所能預見或經驗上認為可能之狀況作為判斷資料而判斷之基礎，判斷的基準可說是法官之認識力。本案件中，倘若立於裁判時的立場，做客觀之事後審查，依經驗法則或是醫療常規，被告醫師植牙時，將植體置入之處過於接近神經管，可能因此導致病人術後產生左下臉部及嘴唇有麻木現象。惟，依醫審會鑑定意見，下顎植牙，除植體直接壓迫神經管外，術中之麻藥施打或鑽骨過程、術後發炎感染，甚至移除植體時用探針去探測下顎管等等，皆可能造成植牙術後暫時性或永久性麻木現象，且病患於數月後，神經麻木現象已經漸漸緩解。可見，此可能僅是偶然

的事實或偶然發生的結果，故被告醫師的行為與病患左下臉部及嘴唇有麻木現象的傷害恐無相當因果關係。

3. **結論**：被告醫師違反常規診療義務一項注意義務，惟，被告醫師的行為與病患左下臉部及嘴唇有麻木現象的傷害無相當因果關係，故被告醫師不成立醫療上的過失。

二、醫療法第82條過失責任

(一) 是否違反醫療上必要之注意義務

醫療法第 82 條第 4 項規定：「……以該醫療領域當時當地之醫療常規、醫療水準、醫療設施、工作條件及緊急迫切等客觀情況為斷。」此條項將醫療常規設計為注意義務之一部分（或可稱之為下位概念）。故，審查時除了所謂平均醫師注意義務的醫療常規外，尚需考量其他要件，例如：醫療水準並非一成不變，乃係因地制宜、因時制宜，醫師在診察、檢查、處置時可以合理期待的醫療方式，而醫療設施更能具體化判斷醫療水準的標準……最後再綜合各個列舉的多元客觀條件評斷之：

1. **醫療常規**：就下顎植牙而言，常規上植體與神經管間會保留 1 至 2mm 之安全距離（甚至更多更安全），以避免神經管受損，此為平均醫師注意義務之醫療常規。本案例中，病患的植牙區之骨頭高度不足（似只有 11 至 12mm），而牙醫師又植入 11.5mm 長的植體，導致植體壓迫下齒槽神經，導致病患術後左下臉部及嘴唇有麻木現象，牙醫師顯然違反醫療常規。

2. **醫療水準**：醫療行為容許相當程度的風險，故應以行為時臨床醫療水準來判斷是否違反注意義務。原則上醫學中心之醫療水準高於區域醫院，而區域醫院又高於地區醫院，一般診所則居於最後；專科醫師高於非專科醫師，自不待言。而醫療水準是醫療常規的調整器，故倘若牙醫師身處基層診所，其醫療水準只須符合最基本的醫療常規即可。本案例中，牙醫師身處醫學中心，其行為應適用最高的醫療水準，亦即不止須符合醫療常規，惟，牙醫師的行為不符合該有的醫療水準，亦即連最低層級的醫療常規都不符合。

　　3.**醫療設施、工作條件、緊急迫切**：衛生福利部依據醫療法第 12 條第 3 項訂定了醫療機構設置標準，規定了各醫療院所設置時應有的設施標準；工作條件係指在工作中的設施條件、工作環境、勞動強度和工作時間的總和，又可稱之為勞動條件，我國對於勞動條件的規範大多於勞動基準法中可得知概略。本案例中，牙醫師身處於醫學中心，醫療設施應比一般醫療院所還先進，而該植牙手術於任何醫療院所都能勝任，至於工作條件應與本案例無關，本案例亦非是緊急急迫的案例。

　　4.綜合上述要件，以客觀情況為斷，被告醫師身處醫學中心，有最先進的醫療設施，卻違反醫療常規，未有應有的治療術式，故被告醫師應有違反醫療上必要之注意義務。

(二) 是否逾越合理臨床專業裁量

　　醫療常規所代表的是普通一般醫師所依循的醫療行為模式，但醫療狀況千變萬化，遵循醫療常規不一定能醫治病患的疾病，因為每個病患的病情、體質皆不相同，故需要醫師做現場的診斷，也就是臨床專業裁量，才能符合個案病患的需求。最高法院 107 年度台上字第 4587 號刑事判決略以：「『合理臨床專業裁量』即允許醫師對於臨床醫療行為，保有一定的『治療自由』、『臨床的專業裁量權限』，以決定治療方針。尤其對於罕見疾病、遇首例或對於末期病人充滿不確定性的治療，在無具體常規可遵循時，即須仰賴醫師合理的臨床裁量。」雖然醫療法第 82 條第 4 項之規定，合理臨床專業裁量仍須「以該醫療領域當時當地之醫療常規、醫療水準、醫療設施、工作條件及緊急迫切等客觀情況為斷」，惟，違反醫療上必要之注意義務與逾越合理臨床裁量應是不一樣的判斷方式，倘以相同的要件論斷，恐有重複評價之處。故，本段落嘗試以最高法院的判斷方式分析之：

　　1.本案例中，該病患因為缺牙而需植牙，並非罕見疾病，亦非首例之病例，該病患更非末期之病人而有充滿不確定的治療，而該情狀有具體常規可遵循，此時似乎不須仰賴醫師的臨床裁量來治療病患，故被告醫師並未保有治療的自由及臨床的專業裁量權限，被告醫師的合理臨床專業裁量即是遵循醫療常規，而被告醫師身處醫學中心，應擁有最高層級的醫療水

準，亦即適用最高層級的醫療常規，惟，依醫審會的鑑定意見：就下顎植牙而言，常規上植體與神經管間會保留 1 至 2mm 之安全距離（甚至更多更安全），以避免神經管受損，被告醫師違反醫療常規即是逾越合理臨床專業裁量。

2. 本案例之被告醫師逾越合理臨床專業裁量。

本案例中，被告醫師違反醫療上必要之注意義務且逾越合理臨床專業裁量，故被告醫師成立醫療法第 82 條的過失。

因果關係：惟，依據醫審會第三次鑑定意見，病人麻木現象之原因，除植體直接壓迫神經管外，其他原因亦無法完全排除，如術中麻藥施打、鑽骨過程或術後發炎與感染等，甚至移除植體手術時使用尖銳探針探測下顎管周圍顎骨等，皆可能造成植牙手術後暫時性或永久性麻木現象，故倘若考慮因果關係，則病患之傷害與被告醫師的行為是否有因果關係，不無疑義。

案例九　拔牙致死案

壹、案例基本資料

一、案例事實

病患於 97 年 3 月 21 日前往 M 醫院，主訴牙齦流血一週，訴外牙醫洗牙，並無異狀。病患於 97 年 3 月 22 日因為牙齦流血前往牙醫診所診治，B 醫師發現其右下第一大臼齒殘根刺傷舌頭，並有牙肉增生、流血，B 醫師將牙齒尖銳處磨平，於舌頭傷口擦藥，並要求病患咬紗布 3 分鐘止血；隔日 97 年 3 月 23 日，病患又因流血回診，A 醫師診斷為「慢性牙根尖膿腫」，病患告知血壓及身體正常，經麻醉後，將殘根磨平，再用電燒切除右下第一大臼齒處息肉，並咬紗布三分鐘止血；第三日即 97 年 3 月 24 日上午，病患又因流血回診，A 醫師予被告咬紗布 3 分鐘即止血，並認為係息肉未切除完全所致，並安排病患拔牙；97 年 3 月 24 日下午 17：40 許，病患因切除息肉處出血回診，B 醫師拔除右下第一大臼齒並縫合

一針，確認止血後，病患始離開診所。

　　97 年 3 月 24 日 19：20 許、21：40 許，病患皆因出血問題回診，而後由 B 醫師陪同 22：53 轉診至 M 醫院；97 年 3 月 25 日 0：20，M 醫院經抽血懷疑是急性白血病，建議轉診至 W 醫院，但因傷口已止血，故病患自行離院，離院後又因流血，早上 8：25 被救護車帶至 W 醫院；97 年 3 月 26 日進行骨髓穿刺檢查，確認是急性成熟骨髓芽球性白血病，97 年 4 月 3 日因急性白血病、肺炎、心肺衰竭過世。

二、判決結果

(一) 第一審（台灣苗栗地方法院 99 年訴字第 797 號刑事判決）

　　1. 病患接連 3 日有出血情形，而被告醫師之處置（包含電燒止血）俱未發揮作用，應暫緩拔牙處置之安排，為病患做進一步之評估（如抽血檢查），或是告知病患可轉診至大間醫療院所，做進一步之評估檢查，謀為後續之處置，詎被告醫師疏未注意及此，A 醫師竟於 24 日上午為病患安排拔牙，B 醫師於 24 日下午為病患拔牙，有違醫療之一般注意義務，而具有過失。

　　2. 病患於 W 醫院時出血已止住，並無肺炎症狀，非無「病患身患之急性白血病，使其免疫力低下，導致肺部感染症狀，進而造成肺炎及呼吸衰竭而死亡」之合理可能，故，尚難遽認病患之死亡，與被告醫師前揭行為具有相當因果關係。

　　3. 公訴人所提出之證據，僅足證明被告醫師未詳加評估病患口內異常流血之情形，即安排拔牙，均具有過失。惟病患本身為急性白血病之末期患者，經醫院住院多日治療後，雖生死亡之結果，惟尚難證明其死亡結果與被告先前之過失行為具有因果關係，尚有合理性之懷疑，故為無罪之諭知。

(二) 第二審（台灣高等法院台中分院 101 年醫上訴字第 1720 號刑事判決）

　　1. 被告 A 醫師當時既無預見病患罹患急性骨髓白血病之可能性，自無從認被告 A 醫師此部分為病患施打麻藥並電燒切除息肉之醫療處置有何過失可言，公訴意旨此部分之主張尚乏其據。

2. 雖依一般醫療常規，拔牙前並無抽血檢查之必要，病患亦表示血壓及身體均正常，然病患自 97 年 3 月 22 日起至該診所治療牙齒出血，經電燒止血後，連續 2 日有反覆出血之異常情形，在病患無病史卻發生異常症狀時，醫療常規上必須警覺安排覆核確認，始行拔牙手術，被告二人均為專業醫師，未注意病患異常流血之情形並不適合立即拔牙，未再進一步評估之前，即進行拔牙之安排及手術，渠等就此部分拔牙行為之評估應有疏失。

3. 病患於拔牙前恐已因急性白血病之病因而有牙齦出血一週之現象，則病患拔牙後所生之反覆流血情況，是否全然係肇因於被告醫師等之拔牙行為，亦非無疑。

4. 依卷內證據資料，並無證據足以證明病患之牙齦出血現象有造成其發生吸入性肺炎，病患之肺炎既係因免疫力低下、感染所致，且其感染與拔牙手術之傷口是否相關亦乏證據證明，揆諸前揭說明，自難認病患之死亡與醫師之拔牙行為間有相當因果關係。

5. 公訴人所提出證據，僅能證明病患經被告醫師二人安排實施拔牙後，因急性白血病、肺炎、呼吸衰竭而致死亡，然客觀上尚未達到使通常一般之人均不至於有所懷疑，而得確信被告醫師二人卻有過失行為致病患死亡之程度，而有合理懷疑之存在，故仍為無罪之諭知。

(三) 第三審（最高法院 105 年台上字第 805 號刑事判決）

依速審法第 9 條第 1 項規定，對第二審法院所為維持第一審無罪之判決提起上訴者，有嚴格之限制。檢察官形式上雖以原判決違背判例為由，提起第三審上訴，但依其所述內容，無非對於屬原審採證認事職權之適法行使或原判決已說明事項，持憑己見而為不同之評價，重為事實之爭執，顯與上述法律規定之情形不合，故為無罪定讞。

三、鑑定意見

（醫審會第一次鑑定是檢察官申請，第二、三次鑑定為第一審法院申請，第四、五次鑑定為第二審法院申請）

(一)過失行為之認定

依醫審會第一次鑑定（99 年 6 月 30 日）、第二次鑑定（100 年 5 月 26 日）、第三次鑑定（101 年 5 月 9 日）結果：

1.現行拔牙前評估，依醫療常規，應根據病人填寫之病歷首頁來問診，病人是否有拔牙禁忌之系統性疾病，例如糖尿病、高血壓、心臟手術、洗腎，是否接受過放射性治療及藥物過敏等醫療病史，此外，病人有異常之流血病史，也需注意。這些術前評估，都是為確保病人在接受拔牙後避免血流不止，傷口難以癒合之後遺症，若病人就診時簽署同意書後，無血液、心臟或糖尿病史，經問診無誤後，在血壓正常狀況下，可進行拔牙，此即符合醫療常規。

2.一般正常人連續流血 2 至 3 日不止，於止血後仍出血，即屬異常，臨床上必須有所警覺，安排進一步之評估，被告 B 醫師先經由電燒加壓止血後，拔除被害人之病牙，其對被害人之異常流血，是否可即行拔牙未加熟慮，故其拔牙前之評估是有疏失之虞。

3.病患因出血問題至苗栗醫院就診，由陪同病患之牙科醫師解釋病情，病患經 M 醫院評估適於出院，由牙科醫師陪同離院，此部分處置，尚屬得當。

(二)因果關係之認定

1.醫審會第一次鑑定（99 年 6 月 30 日）：病人疾病為急性骨髓白血病，為拔牙前就已存在之疾病，該病之死亡率極高，被告醫師於拔牙前之評估未確實，於病人之存活時間上確有影響，難謂無關。

2.醫審會第二次鑑定（100 年 5 月 26 日）：被害人直接死因為流血不止，導致吸入性肺炎（X），進而造成呼吸衰竭而死亡，但無證據排除恰巧為急性白血病發身亡之合理可能。

3.醫審會第三次鑑定（101 年 5 月 9 日）：更正第二次鑑定意見，病患是肺炎，而非吸入性肺炎。又，病人為急性白血病末期病人，97 年 3 月 25 日出血已止住，當時並無肺炎症狀，合理推論病人係因免疫力低下，導致於 3 月 28 日發生肺部感染進而造成肺炎及呼吸衰竭而死亡，無法排除恰巧急性白血病發身亡之合理可能。

(三) 醫審會第四次鑑定（103 年 8 月 7 日）

本案病人所罹患之疾病，係屬嚴重疾病，故難以認定若經拔牙後即送往適合醫院治療，就能免於因急性白血病、肺炎、呼吸衰竭死亡之結果。

(四) 醫審會第五次鑑定（104 年 6 月 3 日）

把「流血不止」改成「反覆出血」；另，被害人經電燒止血後，仍有反覆出血之情形，即屬異常之出血。

貳、評 析

一、刑法上過失責任

(一) 刑法學說上過失

過失是行為人未有意而為行為，但該行為卻發生法益的侵害，且該侵害並非行為意思所希望的。本案例中，被告醫師認為病患右下第一大臼齒殘根刺傷舌頭，並有牙肉增生、流血，經麻醉後，將殘根磨平，再用電燒切除右下第一大臼齒處息肉，但該處仍不停流血，爾後拔除該牙齒（作為）。雖然被告醫師是故意拔除牙齒，但並未有意造成病患流血不止、急性白血病、肺炎而致心肺衰竭，且該後果被告醫師雖可能預見其發生，但該發生的後果並非不違背被告醫師的本意。最終，病患因為心肺衰竭而過世，該結果並非被告醫師拔牙時的行為意思所希望的。故，被告醫師並非故意犯，而是否成立刑法上的過失作為犯呢？

1. 過失作為犯的構成要件

(1) 行為與結果之（條件）因果關係：非 P 則非 Q，倘若 P 現象不存在，Q 結果就不會發生。本案例中，倘若被告醫師不要拔除牙齒，病患是否就不會因急性白血病、肺炎、心肺衰竭而死亡？依第二、三、四次鑑定結果，病人所罹患之疾病，係屬嚴重疾病，故難以認定若經拔牙後即送往適合醫院治療，就能免於因急性白血病、肺炎、呼吸衰竭死亡之結果，故無法排除恰巧急性白血病發身亡之合理可能。故被告醫師的拔牙行為無法證明是發生病患死亡結果所不可想像其不存在的條件，故二者並不成立條件因果關係。

(2) 行為與結果之客觀歸責

A. 製造法所不容許的風險：行為人的行為違背客觀的注意義務而具有行為不法，該行為即是以客觀上違反法義務規範的行為方式，製造法所不容許的風險。本案例中，依據醫審會的鑑定意見：現行拔牙前評估，依醫療常規，應根據病人填寫之病歷首頁來問診，病人是否有拔牙禁忌之系統性疾病，這些術前評估，都是為確保病人在接受拔牙後避免血流不止，傷口難以癒合之後遺症。若病人就診時簽署同意書後，無血液、心臟或糖尿病史，經問診無誤後，在血壓正常狀況下，可進行拔牙，此即符合醫療常規，這是一般牙醫師應有的客觀注意義務，抑或可稱之為醫療常規，亦即法義務規範。惟，病患於拔牙前已流血數天，病患數度求診的主訴皆是流血不止，被告醫師於拔牙前之評估未確實的行為，縱未違背客觀上違反法義務規範（醫療常規），但，其過於輕忽的作為，仍可能造成病患死亡之法所不容許之風險。

B. 實現法所不容許的風險：行為人的行為係結果發生的原因，行為所導致結果的發生。本案例中，被告醫師過於輕忽的拔牙行為是否是病患死亡的原因？被告醫師的拔牙行為是否實現了病患的死亡結果之法所不容許的風險？不無疑異。

(A) 注意規範的保護目的：行為與結果間縱然具有因果關係，然而行為人所違反的注意義務，其規範保護目的並非在於避免此一結果發生者，則所發生的結果對行為人而言，不具有客觀歸責。本案例中，行為人雖未違反醫療常規，然其所違反的注意義務，其規範保護目的乃係在於避免病患受傷害乃至死亡的結果發生，故病患死亡的結果對被告醫師而言似乎具有客觀歸責。

(B) 結果具有可避免性：如果行為人即使採取了合乎注意義務之行為，但結果仍無法避免發生，則可認為違反義務之行為與結果間不具有可避免性，該行為即不具有結果可歸責。本案例中，如果被告醫師在拔牙前更加詳細評估，病患是否就不

會因而死亡？依醫審會第二、三、四次鑑定意見，不無疑義。故被告醫師的拔牙行為與結果間可能不具有可避免性。

　　C.構成要件效力範圍：如果僅在結果與行為人所製造的法所不容許風險之間有因果關係，尚不足以滿足客觀構成要件，尚須此一結果落在避免危險的構成要件效力範圍內，才能滿足客觀歸責。本案例中，病患死亡結果與醫師的行為之間似乎不具有因果關係，故，本要件應無討論之必要。

(3) 過失之主觀構成要件：本案例中，雖然被告醫師是故意拔除牙齒，但並未有意造成病患死亡之結果，且該後果被告醫師雖得預見其發生，但該發生的後果並非不違背被告醫師的本意，故被告醫師並不成立故意犯。惟，是否成立過失犯罪？依前述，行為與結果之間並不成立因果關係，故，亦不成立過失犯罪。

2. **違法性**：被告醫師無任何阻卻違法事由。

3. **罪責**：被告醫師無任何阻卻罪責事由。

4. **結論**：被告醫師不成立刑法上的過失。

(二) 醫療實務上過失

1. **違反注意義務**：一般的過失犯罪與故意犯罪不同，過失犯罪行為人主觀上欠缺犯意，故過失犯的行為非價在於違反規範的要求，而過失犯的行為非價的判斷標準在於違反注意義務，因此須從客觀上判斷其行為是否違反應盡的注意義務，也就是說，過失犯的行為人未遵守社會一般人所要求的注意（亦即客觀的注意義務之違反），再反推其對於該結果是否應負過失責任；相同地，醫療上的過失犯罪亦須從客觀上判斷醫師是否違反應盡的注意義務，亦即違反普通一般醫師所應遵循的醫療行為模式，再反推其對於該結果是否應負過失責任。注意義務的內容包含範圍廣大，本段落僅就與牙科醫療行為較有關聯的親自診療義務、常規診療義務、轉診義務、告知同意義務予以分析之：

(1) 親自診療義務：醫師法第 11 條第 1 項前段規定：「醫師非親自診察，不得施行治療、開給方劑或交付診斷書。」因為疾病的症狀具有多

變性及複雜性，而每個病患皆是獨立的個體，且每次的病徵都是獨立的事件，故醫師唯有親自診察才能做出正確的判斷，以避免因為誤診而延誤病情或治療錯誤致生醫療紛爭。本案例中，牙醫師不論進行診斷或拔牙，皆親自執行而未假手他人，故牙醫師並未違反親自診療義務。

(2) 常規診療義務：過失犯的行為非價之判斷標準在於是否違反注意義務，而注意義務的判斷基準為何？渠以為，應以刑法為保護法益免於受侵害而課予行為人在具體情狀下，以一位善良理智之人處於當時相同狀態所應恪遵該事務之注意義務為標準。此在醫療上則稱之為「醫療常規」，以其作為判定符合注意義務與否之依據，即在臨床上長時間發展而沿襲下來經常實行的規矩，並以「醫療成員之平均、通常具備之技術」為判斷標準，惟，醫療常規並非一成不變，在醫學中心、區域醫院、地區醫院、一般診所，因設備等之差異；在每一時期，因醫學之進步程度，醫療常規乃具浮動性，由此可明白「醫療水準」是作為「醫療常規」之調整器，使得醫療人員能因時制宜而提供符合當時需求的客製化醫療行為。本案例中，依醫審會鑑定意見，若病人就診時簽署同意書後，無血液、心臟或糖尿病史，經問診無誤後，在血壓正常狀況下，可進行拔牙，此即符合醫療常規。而被告醫師身處基層診所，只須符合最低層級的醫療水準，亦即最基本的醫療常規，即無違反常規診療義務，縱然病患已流血數天，惟，嚴重牙周病患者亦會有反覆出血的現象，故，不能僅僅依病患事後死亡的結果來苛責被告醫師於事前的診療行為，畢竟醫療充滿許多不確定性，疾病的病程不一定都能被截斷。故，被告醫師並未違背醫療準則所揭示之義務，其未有應注意、能注意而未注意之過失，故被告醫師應未違反常規診療義務。

(3) 轉診義務：醫療法第 73 條第 1 項前段規定：「醫院、診所因限於人員、設備及專長能力，無法確定病人之病因或提供完整治療時，應建議病人轉診。」轉診本質上屬於醫療院所之法定責任，惟，接觸病患的主體是醫師，故實務上將醫療院所的責任直接由行為人（醫

師）承接。故，一般醫師如果限於專科醫學能力的不足，即應評估將病患轉診至專科醫師處所，以讓病患獲得更專業的照顧，此乃正確醫療行為的一個環節，若違背正確的轉診評估，即顯然有過失之虞。本案例中，被告醫師拔牙後，病患仍持續性出血，被告醫師遂於 97 年 3 月 24 日晚間陪同病患坐救護車至 N 醫院，當晚 22：53 再由救護車轉診至 M 醫院。被告醫師於第一時間即將病患轉診至醫院尋求救助，再者，退萬步言，依醫審會第四次鑑定意見，本案病人所罹患之疾病，係屬嚴重疾病，故難以認定若經拔牙後即送往適合醫院治療，就能免於因急性白血病、肺炎、呼吸衰竭死亡之結果，故被告醫師並未違反轉診義務。

(4)告知同意義務：醫師法第 12 條之 1 規定：「醫師診治病人時，應向病人或其家屬告知其病情、治療方針、處置、用藥、預後情形及可能之不良反應。」醫療乃是高度專業且具危險之行為，病患或其家屬通常須仰賴醫師之說明方能瞭解醫療行為的風險、效果及必要性，故醫師為醫療行為時，自應詳細對病患本人或家屬說明病情、可能診斷及治療方式之選擇及其風險，賦予病患選擇拒絕或接受的空間，以保障病患身體自主權。一般情形下，如曾說明，病人即有拒絕醫療之可能時，即有說明之義務；於此，醫師若未盡上開說明之義務，除有正當理由外，難謂已盡注意之義務。本案例中，病患因流血數日而求診於被告醫師，其主訴為流血不止，爾後，被告醫師做了許多臨床的治療卻仍無法完全停止反覆流血，最後決定拔除牙齒。依判決書內容來看，被告醫師似乎有盡告知同意義務，惟，身為牙醫師，應注意病患的主訴與治療的流程，非一徵得病患同意，即免除其身為牙醫師之注意義務。故，本案件中，被告醫師因未詳細對病患說明可能診斷及治療方式之選擇及其風險，致使病患處於無從選擇之立場，則被告醫師之說明如同未盡說明一般，故，渠以為被告醫師違反告知同意義務。

2. **因果關係（客觀之相當因果關係說）**：實務上為防止條件理論不當擴大刑事責任而採相當因果關係理論，因為可以將偶然的事實或偶然發生的

結果從刑法評價上予以排除，即原則上得將不尋常或異常因果連結視為偶然發生的條件，而以不具相當性來加以擯除。而相當因果關係之客觀說係立於法官裁判時之立場（事後判斷），於行為人行為當時客觀所存在之事實狀況及行為後所產生之事情，於經驗法則上（客觀上）為一般人所能預見或經驗上認為可能之狀況作為判斷資料而判斷之基礎，判斷的基準可說是法官之認識力。本案件中，倘若立於裁判時的立場，做客觀之事後審查，依經驗法則或是醫療常規，現行拔牙前評估，應根據病人填寫之病歷首頁來問診，病人是否有拔牙禁忌之系統性疾病，例如糖尿病、高血壓、心臟手術、洗腎，是否接受過放射性治療及藥物過敏等醫療病史，此外，病人有異常之流血病史，也需注意。這些術前評估，都是為確保病人在接受拔牙後避免血流不止，傷口難以癒合之後遺症，若病人就診時簽署同意書後，無血液、心臟或糖尿病史，經問診無誤後，在血壓正常狀況下，可進行拔牙，此即符合醫療常規。故被告醫師的拔牙行為當無違反醫療常規，且依醫審會第三次鑑定意見，病人為急性白血病末期病人，97 年 3 月 25 日出血已止住，當時並無肺炎症狀，合理推論病人係因免疫力低下，導致於 3 月 28 日發生肺部感染進而造成肺炎及呼吸衰竭而死亡，無法排除恰巧急性白血病發身亡之合理可能。故，於一般情形，有此環境，有此行為之條件下，不見得會發生同一的結果，此可能只是偶然的事實或偶然發生的結果，故被告醫師的行為與病患的死亡結果之間不具有相當因果關係。

3. **結論**：被告醫師違反告知同意義務一項注意義務，且被告醫師過於輕忽病患流血多日，卻仍執意拔牙這項可能造成大量出血的術式，更是有違反注意義務之處。被告醫師雖然有疏失，甚至可能具有過失。惟，病患死亡的結果跟被告醫師的過失並無相當因果關係，可能只是病程進行之下無法停止的結果。故被告牙醫師不成立醫療上的過失。

二、醫療法第82條過失責任

(一) 是否違反醫療上必要之注意義務

醫療法第 82 條第 4 項規定：「……以該醫療領域當時當地之醫療常

規、醫療水準、醫療設施、工作條件及緊急迫切等客觀情況為斷。」此條項將醫療常規設計為注意義務之一部分（或可稱之為下位概念）。故，審查時除了所謂平均醫師注意義務的醫療常規外，尚需考量其他要件，例如：醫療水準並非一成不變，乃係因地制宜、因時制宜，醫師在診察、檢查、處置時可以合理期待的醫療方式，而醫療設施更能具體化判斷醫療水準的標準……最後再綜合各個列舉的多元客觀條件評斷之：

1. **醫療常規**：依醫審會鑑定意見，現行拔牙前評估應根據病人填寫之病歷首頁來問診，病人是否有拔牙禁忌之系統性疾病，這些術前評估，都是為確保病人在接受拔牙後避免血流不止，傷口難以癒合之後遺症。若病人就診時簽署同意書後，無血液、心臟或糖尿病史，經問診無誤後，在血壓正常狀況下，可進行拔牙，此即符合醫療常規。本案例中，由病歷得知，被告醫師於術前已盡評估之責，縱然事後治療結果有不好的結果，似不該因而反推認為被告醫師有任何違反醫療常規之處，故被告醫師應未違反醫療常規。

2. **醫療水準**：醫療行為容許相當程度的風險，故應以行為時臨床醫療水準來判斷是否違反注意義務。原則上醫學中心之醫療水準高於區域醫院，而區域醫院又高於地區醫院，一般診所則居於最後；專科醫師高於非專科醫師，自不待言。而醫療水準是醫療常規的調整器，故倘若被告醫師身處基層診所，其醫療水準只須符合最基本的醫療常規即可。本案例中，被告醫師身處於基層診所，其行為只須適用最低層級的醫療水準，亦即只須符合醫療常規即可，惟，如上述，被告醫師的行為應符合醫療常規，亦即符合最低層級的醫療水準。

3. **醫療設施、工作條件、緊急迫切**：衛生福利部依據醫療法第 12 條第 3 項訂定了醫療機構設置標準，規定了各醫療院所設置時應有的設施標準；工作條件係指在工作中的設施條件、工作環境、勞動強度和工作時間的總和，又可稱之為勞動條件，我國對於勞動條件的規範大多於勞動基準法中可得知概略。本案例中，被告醫師處於基層牙醫診所，對於流血不止的狀況是否皆能勝任？並非無疑。而被告醫師無法處理流血不止的情況，逕自拔除牙齒而不採取轉診至較高層級醫療院所，已讓病患獲得更有效的

治療方式，其思慮亦有所不周之處，且本案例病患已流血數日，急需緊急迫切的止血，被告醫師若無法令其症狀獲得緩解，應轉診為要，至於工作條件應與本案例無涉。

4.綜合上述要件，以客觀情況為斷，被告醫師雖未違反醫療常規，但病患流血數日皆未獲得控制，被告醫師首要之務應是止血，而非再創造出血點，倘被告醫師囿於醫療設施而力有未逮，應轉診至更高層級醫療院所為要，故，渠以為被告醫師應有違反醫療上必要之注意義務。

(二) 是否逾越合理臨床專業裁量

醫療常規所代表的是普通一般醫師所依循的醫療行為模式，但醫療狀況千變萬化，遵循醫療常規不一定能醫治病患的疾病，因為每個病患的病情、體質皆不相同，故需要醫師做現場的診斷，也就是臨床專業裁量，才能符合個案病患的需求。最高法院 107 年度台上字第 4587 號刑事判決略以：「『合理臨床專業裁量』即允許醫師對於臨床醫療行為，保有一定的『治療自由』、『臨床的專業裁量權限』，以決定治療方針。尤其對於罕見疾病、遇首例或對於末期病人充滿不確定性的治療，在無具體常規可遵循時，即須仰賴醫師合理的臨床裁量。」雖然醫療法第 82 條第 4 項之規定，合理臨床專業裁量仍須「以該醫療領域當時當地之醫療常規、醫療水準、醫療設施、工作條件及緊急迫切等客觀情況為斷」。惟，違反醫療上必要之注意義務與逾越合理臨床裁量應是不一樣的判斷方式，倘以相同的要件論斷，恐有重複評價之處。故，本段落嘗試以最高法院的判斷方式分析之：

1.本案例中，該病患因為流血不止而求醫，而該流血不止乃是因為病患罹患白血病而致，此應為罕見之疾病，但並非首例之病例，該病患是白血病末期之病人而有充滿不確定的治療結果，而該情狀並無具體常規可遵循，此時須仰賴醫師的臨床裁量來治療病患，故被告醫師應有治療的自由及臨床的專業裁量權限。依據醫審會的鑑定意見：被告醫師的術前評估似未違反醫療常規，惟，病患流血數日不止，肇因有很多種可能，倘被告醫師嘗試各種術式仍無法止血，應採取更保守的治療方式或轉診，而非採取更

極端的拔牙，因為拔牙只會造成更大的傷口，並造成更多的流血量，故，被告醫師的行為恐有逾越合理臨床專業裁量。

2. 本案例之被告醫師逾越合理臨床專業裁量。

本案例中，被告醫師違反醫療上必要之注意義務且逾越合理臨床專業裁量，故牙醫師成立醫療法第 82 條的過失。

因果關係：惟，依據醫審會第三、四次鑑定意見，病人所罹患之疾病，係屬嚴重疾病，故難以認定若經拔牙後即送往適合醫院治療，就能免於因急性白血病、肺炎、呼吸衰竭死亡之結果，故倘若考慮因果關係，則病患之死亡與被告醫師的行為是否有因果關係，不無疑義。

案例十　根管治療斷針案

壹、案例基本資料

一、案例事實

病患於 94 年 4 月 19 日、21 日於牙醫診所進行右上第一大臼齒根管治療，被告醫師於治療過程中不慎於近心頰側根管和遠心頰側根管分別斷裂根管銼針（近心頰側根管有封填），病患因而受有臉頰腫脹，乃至蜂窩性組織炎之傷。病患遂於 94 年 4 月 22 日前往訴外牙醫診所求診，而後轉診至 W 醫院住院。

二、判決結果

(一) 第一審（台灣新北地方法院 96 年易字第 2235 號刑事判決）

1. 病患所受蜂窩性組織炎之傷害，究竟是否係因醫師就其右上第一大臼齒所施作之根管治療所造成，並非無疑。

2. 醫師於清創過程中，有使用橡皮障隔離，且斷針乃消毒過之金屬製品，故難認被告醫師於施作過程中有因過失而使得「其他細菌」侵入感染病患系爭臼齒之根管，並因此導致蜂窩性組織炎。

3. 本件既無證據證明該斷針並未消毒完全，則被告醫師將斷針作為充填材料之處理，亦難因此即認其具有過失。

4.縱使被告醫師對於病患之牙根管未完全清潔乾淨其內之感染物質，亦可能係病患本身牙根管之鈣化或複雜所致，未必係因斷針影響所造成，顯亦難以此即認被告具有過失。

5.被告醫師就封填近心頰側根管之行為，並未升高該根管感染蜂窩性組織炎之風險，與病患之後的蜂窩性組織炎，尚難認有因果關係，並非屬不合理之醫療行為。

6.病患於94年4月21日接受被告治療後之次日即至訴外牙醫診所就診，尚無因此延誤病患就醫之情形，當純屬被告本身醫病關係之處理上具有瑕疵，與病患所受傷害間應尚無因果關係。

7.病患所受蜂窩性組織炎之傷害，尚無足夠證據證明係由右上第一大臼齒所引起，而被告醫師施做根管治療過程中，尚難認有引起其他細菌感染該大臼齒之過失，之後縱使被告醫師未完全清潔該大臼齒根管內之感染物質，可能係因根管本身鈣化程度及構造複雜所致，並無法直接認定係被告醫師之過失。而本件斷針之發生，復為根管治療中所無法完全避免之情形，被告醫師封填近心頰側根管，亦難認因此導致病患感染蜂窩性組織炎之風險提高，從而本院對於病患之蜂窩性組織炎與被告醫師所施作之根管治療間是否具有因果關係，被告醫師之施作過程是否具有過失等情，實猶有合理之懷疑，尚未得有罪之確信，故諭知無罪之判決。

(二)第二審（台灣高等法院97年上易字第2469號刑事判決）

1.病患所受蜂窩性組織炎之傷害，究竟是否係因被告醫師就其右上第一大臼齒所施作之根管治療所造成，即非無疑。

2.斷針僅係阻礙清潔根管，不是造成病灶之主因，是上開情形均不足認定被告醫師有何醫療過失。

3.被告醫師未能於病歷上明確記載有斷針發生或誠實告知病患並為其作適當轉診安排，確有疏失，惟被告醫師上述疏失，僅係可能構成民事契約不履行之問題，尚與被告醫師在契約履行行為（即醫療行為）即刑事上過失責任之認定無涉。

4.檢察官所舉證據，均不足以證明被告醫師對病患診治右上第一大臼齒過程確有過失，及被告醫師過失與病患右頰部蜂窩性組織炎間有相當因

果關係，是本件尚屬不能證明醫師犯罪，故駁回檢察官之上訴。

三、鑑定意見

(一) 醫審會（檢察官送請）

1. 本案斷針發生對後續蜂窩性組織炎之發生，在醫療上未必有直接之相關，病患之蜂窩性組織炎導因於根管治療過程之可能性雖無法完全排除，但機會甚微。

2. 斷針之發生沒有辦法完全避免。

3. 被告醫師未能於病歷上明確記載有斷針發生或誠實告知告訴人並為其作適當轉診安排，確有疏失。

(二) W 醫院函詢（第一審函詢）

僅能確定右頰部罹患蜂窩性組織炎，無法進一步確定為系爭右上第一大臼齒所引起。

(三) W 醫院函詢（第二審函詢）

病人因根管治療（即俗稱抽神經）的過程中會造成根管內細菌種類之改變，故病人抵抗力不佳（例如：生活作息不正常、感冒等）常會惡化為蜂窩性組織炎。

貳、評　析

一、刑法上過失責任

(一) 刑法學說上過失

過失是行為人未有意而為行為，但該行為卻發生法益的侵害，且該侵害並非行為意思所希望的。本案例中，被告醫師進行根管治療時，不慎於近心頰側根管和遠心頰側根管分別斷裂根管銼針，爾後病患受有臉頰腫脹，乃至蜂窩性組織炎之傷（作為）。雖然被告醫師是故意做根管治療，但並未有意斷裂根管銼針，爾後，病患受有臉頰腫脹乃至蜂窩性組織炎之傷，該後果被告醫師雖得預見其發生，但該發生的後果並非不違背被告醫師的本意。病患的傷害並非被告醫師的行為意思所希望的，故，被告醫師並非故意犯。惟，是否成立刑法上的過失作為犯？

1. 過失作為犯的構成要件

(1) 行為與結果之（條件）因果關係：非 P 則非 Q，倘若 P 現象不存在，Q 結果就不會發生。本案例中，倘若被告醫師不要於近心頰側根管和遠心頰側根管分別斷裂根管銼針，病患是否就不會受有臉頰腫脹，乃至蜂窩性組織炎之傷害？不無疑義。故被告醫師不慎於近心頰側根管和遠心頰側根管分別斷裂根管銼針的行為是否是發生病患臉頰腫脹，乃至蜂窩性組織炎之傷害結果所不可想像其不存在的條件，不無疑義，故二者應不成立條件因果關係。

(2) 行為與結果之客觀歸責

A. 製造法所不容許的風險：行為人的行為違背客觀的注意義務而具有行為不法，該行為即是以客觀上違反法義務規範的行為方式，製造法所不容許的風險。本案例中，依據醫審會的鑑定意見：斷針之發生沒有辦法完全避免，故被告醫師於根管治療時發生根管銼針斷裂，並非違背醫療常規，亦即是一般牙醫師應有的客觀注意義務，抑或可稱為法義務規範。故，被告醫師於近心頰側根管和遠心頰側根管分別斷裂根管銼針的行為並非違背客觀上違反法義務規範（醫療常規），因而並無造成病患臉頰腫脹，乃至蜂窩性組織炎傷害之法所不容許之風險。

B. 實現法所不容許的風險：行為人的行為係結果發生的原因，行為所導致結果的發生。本案例中，被告醫師於近心頰側根管和遠心頰側根管分別斷裂根管銼針的行為是否是病患臉頰腫脹，乃至蜂窩性組織炎之傷害的原因，不無疑義。故被告醫師的行為是否實現了病患傷害之法所不容許的風險，仍有疑義。

(A) 注意規範的保護目的：行為與結果間縱然具有因果關係，然而行為人所違反的注意義務，其規範保護目的並非在於避免此一結果發生者，則所發生的結果對行為人而言，不具有客觀歸責。本案例中，行為人於近心頰側根管和遠心頰側根管分別斷裂根管銼針，似有違反注意義務，惟，依醫審會鑑定意見，該現象沒有辦法完全避免，故應無違反醫療常規。其

規範保護目的乃係在於避免病患受傷害的結果發生，故病患臉頰腫脹，乃至蜂窩性組織炎之傷害的結果對牙醫師而言應不具有客觀歸責。

(B) 結果具有可避免性：如果行為人即使採取了合乎注意義務之行為，但結果仍無法避免發生，則可認為違反義務之行為與結果間不具有可避免性，該行為即不具有結果可歸責。本案例中，如果被告醫師不於近心頰側根管和遠心頰側根管分別斷裂根管銼針，病患是否就不會受有臉頰腫脹，乃至蜂窩性組織炎之傷害，不無疑義，故被告醫師的行為與結果間似不具有可避免性。

C.構成要件效力範圍：如果僅在結果與行為人所製造的法所不容許風險之間有因果關係，尚不足以滿足客觀構成要件，尚須此一結果落在避免危險的構成要件效力範圍內，才能滿足客觀歸責。本案例中，由於被告醫師並未製造法所不容許的風險，故病患傷害結果的發生應未落在過失傷害罪的構成要件效力範圍內。

(3) 過失之主觀構成要件：本案例中，雖然被告醫師是故意進行右上第一大臼齒根管治療，但並未有意造成近心頰側根管和遠心頰側根管分別斷裂根管銼針，該後果被告牙醫師雖得預見其發生，但該發生的後果並非不違背被告醫師的本意，故被告醫師並不成立故意犯。惟，依醫審會鑑定意見，斷針之發生沒有辦法完全避免，且本件既無證據證明該斷針並未消毒完全，則被告醫師將斷針作為充填材料之處理，亦難因此即認其具有過失，故醫師不成立過失犯罪。

2. **違法性**：被告醫師無任何阻卻違法事由。
3. **罪責**：被告醫師無任何阻卻罪責事由。
4. **結論**：被告醫師不成立刑法上的過失。

(二) 醫療實務上過失

1. **違反注意義務**：一般的過失犯罪與故意犯罪不同，過失犯罪行為人主觀上欠缺犯意，故過失犯的行為非價在於違反規範的要求，而過失犯的行為非價的判斷標準在於違反注意義務。因此須從客觀上判斷其行為是

否違反應盡的注意義務，也就是說，過失犯的行為人未遵守社會一般人所要求的注意（亦即客觀的注意義務之違反），再反推其對於該結果是否應負過失責任；相同地，醫療上的過失犯罪亦須從客觀上判斷醫師是否違反應盡的注意義務，亦即違反普通一般醫師所應遵循的醫療行為模式，再反推其對於該結果是否應負過失責任。注意義務的內容包含範圍廣大，本段落僅就與牙科醫療行為較有關聯的親自診療義務、常規診療義務、轉診義務、告知同意義務予以分析之：

(1) 親自診療義務：醫師法第11條第1項前段規定：「醫師非親自診察，不得施行治療、開給方劑或交付診斷書。」因為疾病的症狀具有多變性及複雜性，而每個病患皆是獨立的個體，且每次的病徵都是獨立的事件，故醫師唯有親自診察才能做出正確的判斷，以避免因為誤診而延誤病情或治療錯誤致生醫療紛爭。本案例中，被告醫師進行數次根管治療，皆親自執行而未假手他人，故被告醫師並未違反親自診療義務。

(2) 常規診療義務：過失犯的行為非價之判斷標準在於是否違反注意義務。而注意義務的判斷基準為何？渠以為，應以刑法為保護法益免於受侵害而課予行為人在具體情狀下，以一位善良理智之人處於當時相同狀態所應恪遵該事務之注意義務為標準，此在醫療上則稱之為「醫療常規」，以其作為判定符合注意義務與否之依據，即在臨床上長時間發展而沿襲下來經常實行的規矩，並以「醫療成員之平均、通常具備之技術」為判斷標準。惟，醫療常規並非一成不變，在醫學中心、區域醫院、地區醫院、一般診所，因設備等之差異；在每一時期，因醫學之進步程度，醫療常規乃具浮動性，由此可明白「醫療水準」是作為「醫療常規」之調整器，使得醫療人員能因時制宜而提供符合當時需求的客製化醫療行為。本案例中，依醫審會鑑定意見，根管治療的過程中，斷針之發生沒有辦法完全避免，而被告醫師於清創過程中，有使用橡皮障隔離，且斷針乃消毒過之金屬製品，故難認於施作過程中有因過失而使得「其他細菌」侵入感染病患系爭臼齒之根管，並因此導致蜂窩性組織炎，本件既無證

據證明該斷針並未消毒完全,則被告醫師將斷針作為充填材料之處理,亦難因此即認其具有過失,此應為醫療常規。而被告醫師身處基層診所,只須符合最低層級的醫療水準,亦即最基本的醫療常規,即無違背醫療準則所揭示之義務,其未有應注意、能注意而未注意之過失,故被告醫師未違反常規診療義務。

(3) 轉診義務:醫療法第 73 條第 1 項前段規定:「醫院、診所因限於人員、設備及專長能力,無法確定病人之病因或提供完整治療時,應建議病人轉診。」轉診本質上屬於醫療院所之法定責任,惟,接觸病患的主體是醫師,故實務上將醫療院所的責任直接由行為人(醫師)承接。故,一般醫師如果限於專科醫學能力的不足,即應評估將病患轉診至專科醫師處所,以讓病患獲得更專業的照顧,此乃正確醫療行為的一個環節,若違背正確的轉診評估,即顯然有違有過失之虞。本案例中,依據醫審會的鑑定意見,被告醫師未能於病歷上明確記載有斷針發生或誠實告知病患並為其作適當轉診安排,確有疏失,故被告醫師違反轉診義務。

(4) 告知同意義務:醫師法第 12 條之 1 規定:「醫師診治病人時,應向病人或其家屬告知其病情、治療方針、處置、用藥、預後情形及可能之不良反應。」醫療乃是高度專業且具危險之行為,病患或其家屬通常須仰賴醫師之說明方能瞭解醫療行為的風險、效果及必要性,故醫師為醫療行為時,自應詳細對病患本人或家屬說明病情、可能診斷及治療方式之選擇及其風險,賦予病患選擇拒絕或接受的空間,以保障病患身體自主權。一般情形下,如曾說明,病人即有拒絕醫療之可能時,即有說明之義務;於此,醫師若未盡上開說明之義務,除有正當理由外,難謂已盡注意之義務。本案例,從判決理由內文,並未指摘被告醫師有不盡告知義務之處,而病患亦同意被告醫師施作根管治療,故,被告醫師並未違反告知同意義務。

2. **因果關係(客觀之相當因果關係說)**:實務上為防止條件理論不當擴大刑事責任而採相當因果關係理論,因為可以將偶然的事實或偶然發生的結果從刑法評價上予以排除,即原則上得將不尋常或異常因果連結視為

偶然發生的條件，而以不具相當性來加以摒除。而相當因果關係之客觀說係立於法官裁判時之立場（事後判斷），於行為人行為當時客觀所存在之事實狀況及行為後所產生之事情，於經驗法則上（客觀上）為一般人所能預見或經驗上認為可能之狀況作為判斷資料而判斷之基礎，判斷的基準可說是法官之認識力。本案件中，倘若立於裁判時的立場，做客觀之事後審查，依經驗法則或是醫療常規，被告醫師於清創過程中，有使用橡皮障隔離，且斷針乃消毒過之金屬製品，故難認於施作過程中有因過失而使得「其他細菌」侵入感染病患系爭臼齒之根管，並因此導致蜂窩性組織炎。本件既無證據證明該斷針並未消毒完全，且依醫審會鑑定意見，根管治療的過程中，斷針之發生沒有辦法完全避免，則被告醫師將斷針作為充填材料之處理，亦難因此即認其具有過失。再依 W 醫院函詢（第二審函詢）：病人因根管治療（即俗稱抽神經）的過程中會造成根管內細菌種類之改變，故病人抵抗力不佳（例如：生活作息不正常、感冒等）常會惡化為蜂窩組織炎。故當無法預見，一般情形，有此環境，有此行為之條件下，均會發生同一失敗的結果，此可能僅僅是偶然的事實或偶然發生的結果，故被告醫師斷針的行為與病患受有臉頰腫脹，乃至蜂窩性組織炎之傷害不具有相當因果關係。

3. **結論**：被告醫師違反轉診義務一項注意義務，惟被告醫師斷針的行為與病患受有臉頰腫脹，乃至蜂窩性組織炎之傷害不具有相當因果關係，故被告醫師不成立醫療上的過失

二、醫療法第82條過失責任

(一)是否違反醫療上必要之注意義務

　　醫療法第 82 條第 4 項規定：「……以該醫療領域當時當地之醫療常規、醫療水準、醫療設施、工作條件及緊急迫切等客觀情況為斷。」此條項將醫療常規設計為注意義務之一部分（或可稱之為下位概念）。故，審查時除了所謂平均醫師注意義務的醫療常規外，尚需考量其他要件，例如：醫療水準並非一成不變，乃係因地制宜、因時制宜，醫師在診察、檢查、處置時可以合理期待的醫療方式，而醫療設施更能具體化判斷醫療水

準的標準，最後再綜合各個列舉的多元客觀條件評斷之：

1.**醫療常規**：依醫審會的鑑定意見，斷針之發生沒有辦法完全避免，此為平均醫師注意義務之醫療常規。本案例中，被告醫師於清創過程中，有使用橡皮障隔離，且斷針乃消毒過之金屬製品，故難認被告醫師於施作過程中有因過失而使得「其他細菌」侵入感染病患系爭臼齒之根管，並因此導致蜂窩性組織炎，被告醫師應無違反醫療常規。

2.**醫療水準**：醫療行為容許相當程度的風險，故應以行為時臨床醫療水準來判斷是否違反注意義務。原則上醫學中心之醫療水準高於區域醫院，而區域醫院又高於地區醫院，一般診所則居於最後；專科醫師高於非專科醫師，自不待言。而醫療水準是醫療常規的調整器，故倘若被告醫師身處基層診所，其醫療水準只須符合最基本的醫療常規即可。本案例中，被告醫師身處於基層診所，其行為只須適用最低層級的醫療水準，亦即只須符合基本醫療常規即可，如上述，被告醫師的行為應符合醫療常規即符合醫療水準。

3.**醫療設施、工作條件、緊急迫切**：衛生福利部依據醫療法第 12 條第 3 項訂定了醫療機構設置標準，規定了各醫療院所設置時應有的設施標準；工作條件係指在工作中的設施條件、工作環境、勞動強度和工作時間的總和，又可稱之為勞動條件，我國對於勞動條件的規範大多於勞動基準法中可得知概略。本案例中，被告醫師處於基層牙醫診所，而該根管治療於任何醫療院所都能勝任，至於工作條件應與本案例無關，本案例亦非是緊急急迫的案例。

4.綜合上述要件，以客觀情況為斷，被告醫師應未有違反醫療上必要之注意義務。

(二) 是否逾越合理臨床專業裁量

醫療常規所代表的是普通一般醫師所依循的醫療行為模式，但醫療狀況千變萬化，遵循醫療常規不一定能醫治病患的疾病，因為每個病患的病情、體質皆不相同，故需要醫師做現場的診斷，也就是臨床專業裁量，才能符合個案病患的需求。最高法院 107 年度台上字第 4587 號刑事判決略

以：「『合理臨床專業裁量』即允許醫師對於臨床醫療行為，保有一定的『治療自由』、『臨床的專業裁量權限』，以決定治療方針。尤其對於罕見疾病、遇首例或對於末期病人充滿不確定性的治療，在無具體常規可遵循時，即須仰賴醫師合理的臨床裁量。」雖然醫療法第 82 條第 4 項之規定，合理臨床專業裁量仍須「以該醫療領域當時當地之醫療常規、醫療水準、醫療設施、工作條件及緊急迫切等客觀情況為斷」。惟，違反醫療上必要之注意義務與逾越合理臨床裁量應是不一樣的判斷方式，倘以相同的要件論斷，恐有重複評價之處。故，本段落嘗試以最高法院的判斷方式分析之：

1. 本案例中，該病患因為牙疾而需要根管治療，此並非罕見疾病，亦非首例之病例，該病患更非末期之病人而有充滿不確定的治療，而該情狀有具體常規可遵循，此時似乎不須仰賴醫師的臨床裁量來治療病患，故被告醫師並未保有治療的自由及臨床的專業裁量權限，被告醫師的合理臨床專業裁量即是遵循醫療常規，且依醫審會的鑑定意見，根管治療的過程中，斷針之發生沒有辦法完全避免，而被告醫師於清創過程中，有使用橡皮障隔離，且斷針乃消毒過之金屬製品，故難認於施作過程中有因過失而使得「其他細菌」侵入感染病患系爭臼齒之根管，並因此導致蜂窩性組織炎。本件既無證據證明該斷針並未消毒完全，則被告醫師將斷針作為充填材料之處理，亦難因此即認其具有過失。故，被告醫師未違反醫療常規，亦即未逾越合理臨床專業裁量。

2. 本案例之被告醫師未逾越合理臨床專業裁量。

本案例中，被告醫師未違反醫療上必要之注意義務且未逾越合理臨床專業裁量，故被告醫師不成立醫療法第 82 條的過失。

第三節　無違反注意義務且無因果關係

案例十一　未告知而後得癌症案

壹、案例基本資料

一、案例事實

　　病患於 95 年 10 月 16 日因為智齒痛至醫院求診，W 醫師進行肉牙瘤切片檢查並拔除智齒，復於第二次門診（23 日）時告訴病人病理報告為「疣狀上皮增生及傷口發炎組織」，但未告知病患其嚴重性，僅全口洗牙而未約病患回診追蹤。

　　嗣後，病患口腔開始發臭且會從鼻腔中吸出膿汁，於同年 11 月 20 日求診於另一位 S 醫師，S 醫師未再次切片檢查，即做切除手術（應為清潔傷口），轉診口腔外科。三日後，病患回診，由口腔外科 Y 醫師接手處理，Y 醫師予以清潔傷口、給藥，而於 28 日再進行切片檢查，結果為口腔疣狀癌，故轉診至 TR 醫院，而 TR 總醫院檢驗結果為口腔鱗狀細胞癌第四期。

二、判決結果

(一) 第一審：皆無罪（台灣桃園地方法院98年醫易字第1號刑事判決）

　　1. 檢察官未先予查明究竟告訴人指訴是否屬實，亦未調查所述情節之真實性，確認「案情概要」之事實為何，率而依片面指控即送請醫審會鑑定，渠等指訴內容明顯與事實不符，其鑑定之「案情概要」基礎事實已然不同，是其事實認定及立論基礎均有不同，實難單由醫審會 97 年 3 月 6 日之第一次鑑定書，在「案情概要」之事實認定及立論基礎均有不同情形下，驟為不利被告醫師之認定依據。

　　2. 本案因檢察官就「案情概要」未能確定，以致鑑定意見失準，但醫審會 98 年 3 月 19 日第二次鑑定書，乃就中性、一般、假設性問題而為鑑定意見陳述，仍有相當參考價值。

　　3. 被告 W 醫師、S 醫師雖未能於各該看診當次即察得病患有罹患口

腔癌或癌前病變情事，然此乃因專科醫師所長領域不同所致，惟被告醫師們嗣後分別約診治療或做切片檢查，以追蹤病患之病情，再轉由同醫院口腔外科之 Y 醫師看診，期間雖達 1 個月左右，然此與鑑定證人所陳，此類口腔癌病患通常醫療程序相去不遠，是難謂有何積極證據存在可認被告醫師有醫療過失之情。

　　4. 被告 W 醫師、S 醫師分已告知病患口腔不潔應定期追蹤檢查，復轉由該院口腔外科之 Y 醫師看診，業善盡醫師之注意義務，且因渠等所為醫療行為並無致病患有病情加遽之危險，此節業據鑑定證人敘述綦詳，自難謂被告醫師所為醫療行為有違反醫療常規之處。

　　5. 被告醫師固未能於第一時間驗出病患已罹患口腔鱗狀上皮細胞癌第四期，但因此有賴多次切片檢查、位置及範圍，渠等業已盡其醫療能力，且醫囑其嚴重性及定期追蹤檢查，以及被告無任何積極行為加劇病患癌細胞擴散之情存在，殊難僅憑告訴人片面指認及欠缺實在案情概要之鑑定意見，率認被告醫療行為有違醫療常規，故為無罪之諭知。

(二) 第二審：皆無罪（台灣高等法院99年醫上易字第2號刑事判決）

1. W 醫師部分

(1) W 醫師 95 年 10 月 23 日看診後並未主動為病患約診檢查，僅告知半年後要回診洗牙，但對於此項「疣狀上皮增生」之癌前病灶，應持續追蹤檢查之時間，傷口如有癒合不佳或潰爛即應回診檢查、此項「疣狀上皮增生」之病灶可能發生罹患癌症之嚴重後果之風險等情，並未明確告知，顯有未盡說明之義務。然 W 醫師有無盡此告知義務，與其於執行醫療行為中有無過失，仍屬二事，並無必然關聯。

(2) 難認此一消極不作為，即係導致病患罹患口腔癌結果之原因，應認被告 W 醫師縱有違反前述醫療上告知義務，惟此項告知義務之違反，仍難認與病患罹患口腔癌之結果之間，有相當因果關係存在。

2. S 醫師部分

(1) 被告醫師僅為病患清洗傷口、止血，並轉診於口腔外科醫師，業已善盡醫師之注意義務。

(2) 沖洗發炎傷口血塊因癌細胞擴散之機制非常複雜，且為多重因素所造成，沖洗與清創治療不同，沖洗時，如無誤嚥或吸入，目前學理上研究並無證據顯示，沖洗發炎傷口血塊會導致癌細胞擴散。

3. 自不能以病患日後接受訴外之醫師診斷確為口腔癌，且經手術後該疾病已痊癒，即以成敗論是非，遽認被告醫師之醫術低劣，醫療過程即有疏失。否則，變成不當限制醫師關於醫療術式之選擇，此時，醫師為免動輒得咎，於選擇診療方式時，以不致使自己擔負刑責而非病患利益為首要考量，必不利於整體醫療水準之提升，終非病患之福。故駁回檢察官上訴。

三、鑑定意見

(一) 醫審會第一次鑑定意見（檢察官送請鑑定，97 年 3 月 6 日）

1. **醫療常規**：疣狀上皮增生與疣狀癌病變有時候會同時併存，無論是在臨床表現或是病理判讀上都是難以區別的。故，疣狀上皮增生為口腔癌前病變，切片時僅取部分組織，並未將病變全切除，則後續應密切追蹤或將整個病變切除，以防繼續增大或惡性轉變。

2. **W 醫師部分**：其已知疣狀上皮之癌前病變診斷情況下（臨床上有可能其中有同時共存之疣狀癌，甚至鱗狀細胞癌），並未告知其嚴重性並建議病人後續手術切除或密切追蹤，並無違反醫療常規。

3. **S 醫師部分**：在已知先前切片結果為疣狀上皮增生之癌前病變下，貿然在拔牙傷口上加以清創（X），不無違反醫療常規之處。

4. **Y 醫師（口腔外科）部分**：其在懷疑有癌前病變之可能性下，再度予以切片，並在確診為癌症情況下，轉診至 TR 醫院，所為符合醫療常規。

(二) 醫審會第二次鑑定意見（第一審送請鑑定，98 年 3 月 19 日）

因為第一次鑑定，僅以告訴人於偵查中所提之言詞及書面陳述，及向被告醫師之服務醫院、TR 醫院調取之病歷資料為據，檢察官未先予查明究竟渠等告訴人指訴是否屬實，亦未調查所述情節之真實性，確認案情概要之事實為何，率而依片面指控送請鑑定，上開鑑定意見失準。

　　1. W 醫師幫病患拔牙，發現 4mm 肉芽腫，切片送檢查，無違反醫療常規。

　　2. 若 W 醫師曾向病患解釋病況為癌前病變，需定期追蹤，如未告知其嚴重性則不無違反醫療常規之處。

　　3. 學理上並無證據顯示，沖洗發炎傷口，血塊會導致癌細胞擴散（S 醫師）。

　　4. 大範圍之病變切除手術，在未施打麻藥下，由於病人痛感較大，不可能直接施行（S 醫師）。

(三)TR 醫院口腔外科主任（鑑定證人）於第一審證稱

　　1. 疣狀上皮增生，但上皮並無異變，亦未往其他深層部位侵犯，不一定為惡性，醫學上均會建議追蹤檢查。

　　2. 切片檢查會導致癌症嚴重屬錯誤之說法，單純沖洗傷口更不會對癌細胞造成不良影響，癌細胞之擴散為癌細胞本身之能力，因切片或清創行為造成癌細胞擴散屬錯誤之觀念。

　　3. 該病患之病灶大小，至少要 3 個月才能成形。

貳、評　析

一、刑法上過失責任

(一)刑法學說上過失

　　過失是行為人未有意而為行為，但該行為卻發生法益的侵害，且該侵害並非行為意思所希望的。本案例中，依醫審會的鑑定：本案之醫療常規為，疣狀上皮增生為口腔癌前病變，切片時僅取部分組織，並未將病變全切除，則後續應密切追蹤或將整個病變切除，以防繼續增大或惡性轉變。

　　W 醫師：拔牙後，將組織切片送驗，雖已知疣狀上皮之癌前病變診斷情況下（臨床上有可能其中有同時共存之疣狀癌，甚至鱗狀細胞癌），並未告知其嚴重性並建議病人後續手術切除或密切追蹤，被告醫師雖得預見其發生，但該發生的後果並非不違背被告醫師的本意，亦即其並非有意造成病患口腔鱗狀細胞癌第四期的傷害，病患之傷害並非被告醫師的行為

意思所希望的。故，被告醫師並非故意犯。惟，是否成立刑法上的過失犯，又，不作為犯係行為人以消極的不作為方式實現構成要件的犯罪，本案被告醫師對於病患未有積極的治療行為或密切追蹤行為，是否成立過失不作為犯？W 醫師雖未能於各該看診當次即察得病患有罹患口腔癌或癌前病變情事，然此乃因專科醫師所長領域不同所致，故並未違反醫療常規，是否成立過失不作為犯亦有疑義。

　　S 醫師：為病患清洗傷口、止血，並轉診於口腔外科醫師，業已善盡醫師之注意義務，亦無違反醫療常規，故其非故意犯，亦非過失犯。

　　Y 醫師（口腔外科醫師）：其在懷疑有癌前病變之可能性下，再度予以切片，並在確診為癌症情況下，轉診至 TR 醫院，所為符合醫療常規並已善盡醫師之注意義務。故，其非故意犯，亦非過失犯：

1. 過失不作為犯的構成要件

(1) 構成要件該當結果的發生：審查實際上所發生的事實是否與作為判準的法條構成要件要素相符合。本案中：

W 醫師：明知病患為疣狀上皮之癌前病變診斷情況下（臨床上有可能其中有同時共存之疣狀癌，甚至鱗狀細胞癌），疏於告知其嚴重性並建議病人後續手術切除或密切追蹤，可能因而使病患延誤治療的黃金時機，而受有口腔鱗狀細胞癌第四期的傷害，該事實與刑法條文過失傷害罪的構成要件要素似相符合。

S 醫師與 Y 醫師：所為符合醫療常規並已善盡醫師之注意義務，故病患受有口腔鱗狀細胞癌第四期的傷害，該事實與刑法條文過失傷害罪的構成要件要素應不符合。

(2) 因果關係與客觀歸責

A. 行為與結果之（條件）因果關係：非 P 則非 Q，倘若 P 現象不存在，Q 結果就不會發生。本案例中：

W 醫師：拔牙後，將組織切片送驗，雖已知疣狀上皮之癌前病變診斷情況下（臨床上有可能其中有同時共存之疣狀癌，甚至鱗狀細胞癌），若非被告醫師未告知病患其嚴重性並建議病人後續手術切除或密切追蹤，病患是否就不會延誤治療的黃金時機而致口

腔鱗狀細胞癌第四期？不無疑義。故被告醫師的消極行為是否是發生病患口腔鱗狀細胞癌第四期的傷害結果所不可想像其不存在的條件？仍有疑義，故二者不成立條件因果關係。

S 醫師與 Y 醫師：所為符合醫療常規並已善盡醫師之注意義務，故被告醫師的行為不是病患的傷害結果所不可想像其不存在的條件，故二者不成立條件因果關係。

B. 行為與結果之客觀歸責

(A) 製造法所不容許的風險：行為人的行為違背客觀的注意義務而具有行為不法，該行為即是以客觀上違反法義務規範的行為方式，製造法所不容許的風險。本案例中：

W 醫師：拔牙後，將組織切片送驗，雖已知疣狀上皮之癌前病變診斷情況下（臨床上有可能其中有同時共存之疣狀癌，甚至鱗狀細胞癌），被告醫師未告知病患其嚴重性並建議病人後續手術切除或密切追蹤，醫療常規上，後續應密切追蹤或將整個病變切除，以防繼續增大或惡性轉變。被告醫師的不作為似未全然符合醫療常規，因而可能違背客觀的注意義務而具有行為不法，該不法作為即是以客觀上違反法義務規範（醫療常規）的行為方式，製造病患受傷害之法所不容許的風險。

S 醫師與 Y 醫師：所為符合醫療常規並已善盡醫師之注意義務，故並未製造病患蜂窩性組織炎之法所不容許的風險。

(B) 實現法所不容許的風險：行為人的行為係結果發生的原因，行為所導致結果的發生。本案例中：

W 醫師：拔牙後，將組織切片送驗，雖已知疣狀上皮之癌前病變診斷情況（臨床上有可能其中有同時共存之疣狀癌，甚至鱗狀細胞癌），被告醫師未告知病患其嚴重性並建議病人後續手術切除或密切追蹤，醫療常規上，後續應密切追蹤或將整個病變切除，以防繼續增大或惡性轉變。被告醫師的不作為似未全然符合醫療常規，惟，被告醫師的行為是否是病

患發生口腔鱗狀細胞癌第四期結果的原因，仍有異議。故被告醫師的行為不必然是導致病患傷害結果的發生，是否實現了病患受傷害之法所不容許的風險，仍有疑義。

S 醫師與 Y 醫師：所為符合醫療常規並已善盡醫師之注意義務，故並未實現病患蜂窩性組織炎之法所不容許的風險。

(3) 過失行為的行為不法與結果不法：不法係指經刑法規範所否定的具有負面價值判斷的行為，包括行為不法與結果不法。行為不法指法益破壞行為或義務違反行為的行為方式，結果不法係指行為所造成的法益破壞或義務違反的結果；行為必須兼具行為不法與結果不法，始足以構成刑事上的不法。本案中：

W 醫師：拔牙後，將組織切片送驗，雖已知疣狀上皮之癌前病變診斷情況下（臨床上有可能其中有同時共存之疣狀癌，甚至鱗狀細胞癌），但未告知其嚴重性並建議病人後續手術切除或密切追蹤，被告醫師的行為似違反醫療常規，具義務違反行為而有行為不法；惟，被告醫師的行為是否造成病患的傷害而具有結果不法，仍有疑義。故，被告醫師的行為具有行為不法，但可能不具有結果不法，故不構成刑事上的不法。

S 醫師與 Y 醫師：所為符合醫療常規並已善盡醫師之注意義務，不具行為不法亦未具結果不法，故不構成刑事上的不法。

(4) 不為期待應為行為：所謂不作為，係指不著手實行刑法規範所要求與期待的特定行為，換言之，行為人不為刑法規範期待應為的特定行為，或不著手實行被期待的特定行為。本案中：

W 醫師：拔牙後，將組織切片送驗，雖已知疣狀上皮之癌前病變診斷情況下（臨床上有可能其中有同時共存之疣狀癌，甚至鱗狀細胞癌），但未告知其嚴重性並建議病人後續手術切除或密切追蹤，被告醫師於無法排除癌前病變之可能性時卻不著手為法規範期待應為的行為。

S 醫師與 Y 醫師：所為符合醫療常規並已善盡醫師之注意義務，亦即已實行法規範所期待應為之行為。

(5) 防止結果發生的事實可能：行為人具有作為能力，對於防止構成要件該當結果的發生，具有事實可能性，即任何人均無義務為不可能之事的法諺。本案中：

W 醫師：雖身為一個專業的牙醫師，未能於各該看診當次即察得病患有罹患口腔癌或癌前病變情事，然此乃因專科醫師所長領域不同所致，被告醫師非是口腔外科或口腔病理科專科醫師，渠可能不具有判斷之作為能力及事實可能性。

S 醫師與 Y 醫師：所為符合醫療常規並已善盡醫師之注意義務，並已盡力防止結果發生的可能性。

(6) 保證人地位：對於結果的發生負有防止其發生的法義務之人（即刑法第 15 條第 1 項前段：對於犯罪結果之發生，法律上有防止之義務），不履行這種防止結果發生的法義務，致發生構成要件該當的結果者。本案中，醫療法第 82 條第 1 項：「醫療業務之施行，應善盡醫療上必要之注意。」故，被告醫師於執行醫療業務時，「善盡醫療上必要之注意」即為其法義務。

W 醫師：幫病患拔牙及做切片檢查後，已知其具疣狀上皮之癌前病變診斷情況（臨床上有可能其中有同時共存之疣狀癌，甚至鱗狀細胞癌），卻未告知病患嚴重性並建議後續手術切除或密切追蹤，被告醫師似未善盡其法義務，為對於傷害結果的發生負有防止其發生的法義務之人，不履行這種防止結果發生的法義務，致發生傷害構成要件該當的結果，故被告醫師似該負未善盡其為保證人地位的責任。

S 醫師與 Y 醫師：所為符合醫療常規並已善盡醫師之注意義務，對於結果的發生亦已盡防止其發生的法義務，亦即已盡保證人地位的義務。

(7) 不作為與作為等價：以不作為而實現不法構成要件，與以作為而實現不法構成要件，在刑法上的非價判斷上，兩者彼此相當。本案中，W 醫師未告知病患嚴重性並建議後續手術切除或密切追蹤，此不作為與以作為方式實現病患傷害結果的不法構成要件，兩者似有

相當之處。

S 醫師與 Y 醫師：所為符合醫療常規並已善盡醫師之注意義務，故並無以不作為方式實現不法構成要件。

2. **違法性**：被告醫師無任何阻卻違法事由。

3. **罪責**：被告醫師無任何阻卻罪責事由。

4. **結論**：W 醫師之不作為雖然可能構成要件該當結果的發生，但應其並未違反醫療常規，其行為雖有製造法所不容許的風險，但該風險是否因而實現，仍有疑義。又，雖具有行為不法卻不具有結果不法，不構成刑事上的不法。被告醫師不為法所期待應為之行為且未善盡保證人之地位，惟依其能力，尚不具有防止結果發生的事實可能性。故，渠以為不成立刑法上的過失；S 醫師與 Y 醫師亦不成立刑法上的過失。

(二) 醫療業務上過失

1. **違反注意義務**：一般的過失犯罪與故意犯罪不同，過失犯罪行為人主觀上欠缺犯意，故過失犯的行為非價在於違反規範的要求，而過失犯的行為非價的判斷標準在於違反注意義務。因此須從客觀上判斷其行為是否違反應盡的注意義務，也就是說，過失犯的行為人未遵守社會一般人所要求的注意（亦即客觀的注意義務之違反），再反推其對於該結果是否應負過失責任；相同地，醫療上的過失犯罪亦須從客觀上判斷醫師是否違反應盡的注意義務，亦即違反普通一般醫師所應遵循的醫療行為模式，再反推其對於該結果是否應負過失責任。注意義務的內容包含範圍廣大，本段僅就與牙科醫療行為較有關聯的親自診療義務、常規診療義務、轉診義務、告知同意義務予以分析之：

(1) 親自診療義務：醫師法第 11 條第 1 項前段規定：「醫師非親自診察，不得施行治療、開給方劑或交付診斷書。」因為疾病的症狀具有多變性及複雜性，而每個病患皆是獨立的個體，且每次的病徵都是獨立的事件，故醫師唯有親自診察才能做出正確的判斷，以避免因為誤診而延誤病情或治療錯誤致生醫療紛爭。本案例中，W 醫師、S 醫師、Y 醫師三位醫師不論是診斷、治療或是轉診，皆親自執行而

未假手他人，故三位醫師並未違反親自診療義務。

(2)常規診療義務：過失犯的行為非價之判斷標準在於是否違反注意義務，而注意義務的判斷基準為何？渠以為，應以刑法為保護法益免於受侵害而課予行為人在具體情狀下，以一位善良理智之人處於當時相同狀態所應恪遵該事務之注意義務為標準，此在醫療上則稱之為「醫療常規」，以其作為判定符合注意義務與否之依據，即在臨床上長時間發展而沿襲下來經常實行的規矩，並以「醫療成員之平均、通常具備之技術」為判斷標準，惟，醫療常規並非一成不變，在醫學中心、區域醫院、地區醫院、一般診所，因設備等之差異；在每一時期，因醫學之進步程度，醫療常規乃具浮動性，由此可明白「醫療水準」是作為「醫療常規」之調整器，使得醫療人員能因時制宜而提供符合當時需求的客製化醫療行為。本案例中，依據醫審會鑑定意見：

W 醫師：其已知疣狀上皮之癌前病變診斷情況下（臨床上有可能其中有同時共存之疣狀癌，甚至鱗狀細胞癌），並未告知其嚴重性並建議病人後續手術切除或密切追蹤，並無違反醫療常規。

S 醫師部分：未再次切片檢查，即做切除手術（應為清潔傷口），轉診口腔外科，所為符合醫療常規。

Y 醫師（口腔外科）部分：其在懷疑有癌前病變之可能性下，再度予以切片，並在確診為癌症情況下，轉診至 TR 醫院，所為符合醫療常規。

故，三位醫師皆未違背醫療準則所揭示之義務，其未有應注意、能注意而未注意之過失，故被告醫師並未違反常規診療義務。

(3)轉診義務：醫療法第 73 條第 1 項前段規定：「醫院、診所因限於人員、設備及專長能力，無法確定病人之病因或提供完整治療時，應建議病人轉診。」轉診本質上屬於醫療院所之法定責任，惟，接觸病患的主體是醫師，故實務上將醫療院所的責任直接由行為人（醫師）承接。故，一般醫師如果限於專科醫學能力的不足，即應評估將病患轉診至專科醫師處所，以讓病患獲得更專業的照顧，此乃正

確醫療行為的一個環節，若違背正確的轉診評估，即顯然有違有過失之虞。本案例中：

W 醫師：其為病患進行拔牙、肉芽瘤切片手術並未違反告知同意之注意義務，且切片結果為疣狀上皮增生，並無發育異常或基質侵入情事，故定期追蹤合於醫療常規，應未違反轉診義務。

S 醫師：將病患轉診口腔外科，符合轉診義務。

Y 醫師（口腔外科）：進行切片檢查後，檢驗結果為口腔疣狀癌，故轉診至 TR 醫院，符合轉診義務。

故，三位牙醫師皆未違反轉診義務。

(4) 告知同意義務：醫師法第 12 條之 1 規定：「醫師診治病人時，應向病人或其家屬告知其病情、治療方針、處置、用藥、預後情形及可能之不良反應。」醫療乃是高度專業且具危險之行為，病患或其家屬通常須仰賴醫師之說明方能瞭解醫療行為的風險、效果及必要性，故醫師為醫療行為時，自應詳細對病患本人或家屬說明病情、可能診斷及治療方式之選擇及其風險，賦予病患選擇拒絕或接受的空間，以保障病患身體自主權。一般情形下，如曾說明，病人即有拒絕醫療之可能時，即有說明之義務；於此，醫師若未盡上開說明之義務，除有正當理由外，難謂已盡注意之義務。

本案例中，W 醫師：95 年 10 月 23 日看診後並未主動為病患約診檢查，僅告知半年後要回診洗牙，此一消極不作為恐有違告知義務；S 醫師與 Y 醫師：依判決理由，並未有違反告知義務之情事，病患亦知曉牙醫師施術的作為，故二位醫師並未違反告知同意義務。

2. **因果關係（客觀之相當因果關係說）**：實務上為防止條件理論不當擴大刑事責任而採相當因果關係理論，因為可以將偶然的事實或偶然發生的結果從刑法評價上予以排除，即原則上得將不尋常或異常因果連結視為偶然發生的條件，而以不具相當性來加以摒除。而相當因果關係之客觀說係立於法官裁判時之立場（事後判斷），於行為人行為當時客觀所存在之事實狀況及行為後所產生之事情，於經驗法則上（客觀上）為一般人所能預見或經驗上認為可能之狀況作為判斷資料而判斷之基礎，判斷

的基準可說是法官之認識力。本案件中：

W 醫師：95 年 10 月 23 日看診後並未主動為病患約診檢查，僅告知半年後要回診洗牙，倘若立於裁判時的立場，做客觀之事後審查，依經驗法則或是醫療常規，難認此一消極不作為，即係導致病患罹患口腔癌結果之原因，渠無法預見，一般情形，有此環境，有此行為之條件下，均會發生同一之結果，此應只是偶然的事實或偶然發生的結果，被告 W 醫師縱有違反前述醫療上告知義務，此項告知義務之違反，仍難認與病患罹患口腔癌之結果之間，有相當因果關係存在。

S 醫師：醫師僅為病患清洗傷口、止血，並轉診於口腔外科醫師，業已善盡醫師之注意義務。癌細胞擴散之機制非常複雜，且為多重因素所造成，若立於裁判時的立場，做客觀之事後審查，依經驗法則或是醫療常規，沖洗與清創治療不同，沖洗時，如無誤嚥或吸入，目前學理上研究並無證據顯示，沖洗發炎傷口血塊會導致癌細胞擴散。故渠無法預見，一般情形，有此環境，有此行為之條件下，均會發生同一之結果，此應只是偶然的事實或偶然發生的結果，故被告醫師的行為與病患罹患口腔癌之結果之間無相當因果關係存在。

Y 醫師：進行切片檢查後，檢驗結果為口腔疣狀癌，即轉診至 TR 醫院，被告醫師的行為未有延誤，與病患罹患口腔癌之結果之間無相當因果關係存在。

3. 結論

W 醫師：違反告知同意義務一項注意義務，惟，被告醫師的行為與病患罹患口腔癌之結果之間無相當因果關係存在，故被告醫師不成立醫療上的過失；S 醫師與 Y 醫師：未違反注意義務，且行為與病患罹患口腔癌之結果之間無相當因果關係存在，故被告醫師不成立醫療上的過失。

二、醫療法第82條過失責任

(一)是否違反醫療上必要之注意義務

醫療法第 82 條第 4 項規定：「……以該醫療領域當時當地之醫療常規、醫療水準、醫療設施、工作條件及緊急迫切等客觀情況為斷。」此條

項將醫療常規設計為注意義務之一部分（或可稱之為下位概念）。故，審
查時除了所謂平均醫師注意義務的醫療常規外，尚需考量其他要件，例
如：醫療水準並非一成不變，乃係因地制宜、因時制宜，醫師在診察、檢
查、處置時可以合理期待的醫療方式，而醫療設施更能具體化判斷醫療水
準的標準……最後再綜合各個列舉的多元客觀條件評斷之：

1. **醫療常規**

   W 醫師：其已知疣狀上皮之癌前病變診斷情況下（臨床上有可能其中
   有同時共存之疣狀癌，甚至鱗狀細胞癌），並未告知其嚴重性並建議病
   人後續手術切除或密切追蹤，並無違反醫療常規。

   S 醫師部分：未再次切片檢查，即做切除手術（應為清潔傷口），轉診
   口腔外科，所為符合醫療常規。

   Y 醫師（口腔外科）部分：其在懷疑有癌前病變之可能性下，再度予以
   切片，並在確診為癌症情況下，轉診至 TR 醫院，所為符合醫療常規。
   依醫審會的鑑定意見，三位牙醫師皆未違反醫療常規。

2. **醫療水準**：醫療行為容許相當程度的風險，故應以行為時臨床醫療水準
   來判斷是否違反注意義務。原則上醫學中心之醫療水準高於區域醫院，
   而區域醫院又高於地區醫院，一般診所則居於最後；專科醫師高於非專
   科醫師，自不待言。而醫療水準是醫療常規的調整器，故倘若牙醫師身
   處基層診所，其醫療水準只須符合最基本的醫療常規即可。本案例中，
   三位牙醫師身處地區醫院，其行為應適用中等級的醫療水準，亦即應符
   合中等級的醫療常規，渠以為三位被告醫師的行為皆符合應有等級的醫
   療常規。

3. **醫療設施、工作條件、緊急迫切**：衛生福利部依據醫療法第 12 條第 3
   項訂定了醫療機構設置標準，規定了各醫療院所設置時應有的設施標
   準；工作條件係指在工作中的設施條件、工作環境、勞動強度和工作時
   間的總和，又可稱之為勞動條件，我國對於勞動條件的規範大多於勞動
   基準法中可得知概略。本案例中，被告醫師身處於地區醫院，等級只比
   診所高一級，而就牙科醫療設備而言，地區醫院的醫療設備不見得會高
   於診所，至於工作條件應與本案例無關，本案例亦非是緊急急迫的案

例。

4. 綜合上述要件，以客觀情況為斷，牙醫師身處地區醫院，醫療設施應與一般診所無異，未違反醫療常規，故三位被告醫師未有違反醫療上必要之注意義務。

(二) 是否逾越合理臨床專業裁量

　　醫療常規所代表的是普通一般醫師所依循的醫療行為模式，但醫療狀況千變萬化，遵循醫療常規不一定能醫治病患的疾病，因為每個病患的病情、體質皆不相同，故需要醫師做現場的診斷，也就是臨床專業裁量，才能符合個案病患的需求。最高法院 107 年度台上字第 4587 號刑事判決略以：「『合理臨床專業裁量』即允許醫師對於臨床醫療行為，保有一定的『治療自由』、『臨床的專業裁量權限』，以決定治療方針。尤其對於罕見疾病、遇首例或對於末期病人充滿不確定性的治療，在無具體常規可遵循時，即須仰賴醫師合理的臨床裁量。」雖然醫療法第 82 條第 4 項之規定，合理臨床專業裁量仍須「以該醫療領域當時當地之醫療常規、醫療水準、醫療設施、工作條件及緊急迫切等客觀情況為斷」。惟，違反醫療上必要之注意義務與逾越合理臨床裁量應是不一樣的判斷方式，倘以相同的要件論斷，恐有重複評價之處，故，本段落嘗試以最高法院的判斷方式分析之：

1. 本案例中

　　W 醫師：病患因為智齒痛至醫院求診，醫師進行肉牙瘤切片檢查並拔除智齒，復於第二次門診時告訴病人病理報告為「疣狀上皮增生及傷口發炎組織」，但未告知病患其嚴重性，僅全口洗牙而未要病患回診追蹤。雖未能於各該看診當次即察得病患有罹患口腔癌情事，然此乃因專科醫師所長領域不同所致。而口腔鱗狀細胞癌雖非罕見疾病，亦非首例之病例，但在臨床上與疣狀上皮增生之間徵狀甚難分辨，牙醫師非口腔病理專科醫師，亦非口腔外科專科醫師，可能不具有分辨之能力，該病患為末期之病人而有充滿不確定的治療，而該情狀有具體常規可遵循，此時似乎須仰賴醫師的臨床裁量來治療病患，故牙醫師應保有治療的自

由及臨床的專業裁量權限，牙醫師的合理臨床專業裁量即是遵循醫療常規，而牙醫師身處地區醫院，應擁有中等的醫療水準，亦即適用中等的醫療常規，而，依醫審會的鑑定意見，被告醫師不違反醫療常規。綜上，被告醫師應未逾越合理臨床專業裁量。

S 醫師：被告醫師僅為病患清洗傷口、止血，並轉診於口腔外科醫師，業已善盡醫師之注意義務該，病患之罹患口腔鱗狀細胞癌，並非罕見疾病，亦非首例之病例，但該病患是癌症末期之病人而有充滿不確定的治療，而該情狀可能不須遵循具體常規，此時須仰賴醫師的臨床裁量來治療病患，故牙醫師保有治療的自由及臨床的專業裁量權限，而被告醫師身處地區醫院，應擁有中等的醫療水準，亦即適用中等的醫療常規，惟，依醫審會的鑑定意見：被告醫師未違反醫療常規，亦即未逾越合理臨床專業裁量。

Y 醫師（口腔外科）部分：其在懷疑有癌前病變之可能性下，再度予以切片，並在確診為癌症情況下，轉診至醫學中心。該病患罹患口腔鱗狀細胞癌，並非罕見疾病，亦非首例之病例，但該病患是癌症末期之病人而有充滿不確定的治療，而該情狀可能不須遵循常規，此時須仰賴醫師的臨床裁量來治療病患，故牙醫師並保有治療的自由及臨床的專業裁量權限，而被告醫師身處地區醫院，應擁有中等的醫療水準，亦即適用中等的醫療常規，惟，依醫審會的鑑定意見：被告醫師未違反醫療常規，亦即未逾越合理臨床專業裁量。

2. 本案例之三位被告醫師未逾越合理臨床專業裁量。

本案例中，三位被告醫師皆未違反醫療上必要之注意義務且未逾越合理臨床專業裁量，故被告醫師皆不成立醫療法第 82 條的過失。

案例十二　植牙過程中昏迷案

壹、案例基本資料

一、案例事實

　　病患於 91 年間曾因為甲狀腺機能亢進而治療，治療穩定後即未再有復發，亦未再吃藥，95 年 8 月 11 日及 28 日，病患曾於訴外診所拔牙各兩顆，術後並無異狀。95 年 10 月 31 日，病患先去 K 醫院諮詢植牙事項，但病患嫌 K 醫院的植牙過程太麻煩。同日，又去被告牙醫診所詢問植牙事項，遂預定於隔日植牙 10 顆，但鑽到第六個洞，病人就昏迷了，救護車到診所時，病人已無呼吸心跳，送往 U 醫院診治。爾後，於病患家屬要求下轉診到 K 醫院，而病患仍因缺氧性腦病變而呈重度昏迷之狀態。

二、判決結果

(一) 第一審（台灣高雄地方法院 99 年醫易字第 2 號刑事判決）

　　1. 依證人之證述，被告醫師於 95 年 10 月 31 日下午病患前往就診時，確有詢問其之病史，家屬並已告知其甲狀腺機能亢進已經控制好，且植牙手術前評估與拔牙前評估類似，亦未對患者做特別年齡限制，縱患者曾罹患甲狀腺機能亢進病症，如已獲得控制，仍可施行植牙手術之治療。是以被告醫師於病患之甲狀腺機能亢進已獲控制之前提下，評估可為病患進行植牙手術，尚難認有何疏失之處。

　　2. 被告醫師經病患簽署植牙同意書後，使用麻醉劑（Lidocaine）為病患進行局部麻醉後進行手術，其麻醉劑之使用方法與時機及手術過程生命徵象之監測，尚難認為有違背醫療常規或疏失之處。

　　3. 依前所述，被告醫師於術前評估程序，尚難認有何疏失之處，於手術進行過程亦有護理師監測病患生命徵象，並由護理師負責吸口水、擦拭流出來的血，與證人證述之植牙手術過程相符，亦難認被告醫師未依醫療常規詢問病史或疏未察覺。

　　4. 是以依案發當時牙醫診所之設備，被告醫師於病患發生異常情形時，已為病患進行緊急救護，即施做 CPR 及戴上氧氣罩，並通報救護車

送醫，尚難認為有違背醫療常規或應注意事項之處。

　　5.法院認為，依被告醫師當時之注意能力及該診所醫療設備，被告醫師對病患所進行之術前評估、手術過程及隨後之急救措施，均為醫療上正當行為，均依醫療常規進行，尚難認被告醫師有何過失行為，故為被告無罪之諭知。

(二) 第二審 (台灣高等法院高雄分院100年醫上易字第1號刑事判決)

　　同第一審之判斷，無法證明被告醫師在手術中及急救中有任何明顯之違反醫療常規或其他違反業務上之注意義務之情事。第一審因而以不能證明被告醫師犯業務過失致重傷害罪（現已將「業務」刪除），而為其無罪之諭知，核無違誤。復查無其他確切證據足以證明被告醫師有何公訴人所指之犯行，本件尚乏積極證據足以證明被告醫師犯罪，故仍為無罪之諭知。

三、鑑定意見

(一) 醫審會鑑定意見 (第一審送請鑑定，99年4月8日)

　　1.異常出血之情形，一般醫師事先可能可以預見、預期，醫師於植牙手術施行前，依醫療常規，當應詢問拔牙病史，例如有無對藥品過敏或出血異常史等。依診所病歷首頁記載，上述相關紀錄皆已有記載。

　　2.牙醫診所病歷首頁記載，註明病人對食品過敏及患有甲狀腺機能亢進病史，並表示已控制病情。已控制之甲狀腺機能亢進，非植牙手術之禁忌症，故被告醫師評估之過程尚未發現有疏失之處。

　　3.手術出血為一般牙醫師所能注意及應注意之事項，該植牙手術紀錄中，並無相關出血、止血處置之紀錄。此外，救護車與急診紀錄中，只描述病人口腔出血，並無提及出血量，故無從判斷出血量是否異常。

　　4.依病歷記載，被告在病人發生休克，有以氧氣筒給予氧氣，並做心肺復甦術，亦緊急呼叫救護車轉送醫院，故其所採取之救護措施，尚未發現有疏忽之處。

(二) TD 醫學會函

　　甲狀腺機能亢進病症，如果已獲得控制就如同糖尿病症，如已獲得血

糖良好控制，可不需把植牙手術列為禁忌症。

(三)C 醫學會函

有關患者曾罹患甲狀腺機能亢進病症，如確已獲得控制則應可施行植牙手術之治療。

(四)P 醫院函

按醫學文獻報告所載，植牙後發生呼吸道阻塞多因出血使口底產生血腫，且幾乎發生於下顎骨區域。

貳、評　析

一、刑法上過失責任

(一)刑法學說上過失

過失是行為人未有意而為行為，但該行為卻發生法益的侵害，且該侵害並非行為意思所希望的。本案例中，被告醫師為病患植牙，而於過程中，病患昏迷（作為）。雖然被告醫師是故意為病患植牙，但並未有意於過程中造成病患昏迷，且該後果被告醫師雖可能得預見其發生，但該發生的後果並非不違背被告醫師的本意。最終，植牙的過程中發生了病患昏迷的重傷害，該重傷害並非被告醫師的植牙的行為意思所希望的。故，被告醫師並非故意犯，至於是否成立刑法上的過失作為犯？

1. 過失作為犯的構成要件

(1)行為與結果之（條件）因果關係：非 P 則非 Q，倘若 P 現象不存在，Q 結果就不會發生。本案例中，倘若被告醫師不要幫病患植牙，病患是否就不會昏迷？不無疑義，故被告醫師為病患植牙的行為是否是發生病患昏迷結果所不可想像其不存在的條件？仍有疑義，故二者不成立條件因果關係。

(2)行為與結果之客觀歸責

A.製造法所不容許的風險：行為人的行為違背客觀的注意義務而具有行為不法，該行為即是以客觀上違反法義務規範的行為方式，製造法所不容許的風險。本案例中，依據醫審會的鑑定意見：異常出血之情形，一般醫師事先可能可以預見、預期。被告醫師於

植牙手術施行前，依醫療常規，當應詢問拔牙病史，例如有無對
藥品過敏或出血異常史等。這是一般牙醫師應有的客觀注意義
務，抑或可稱之為醫療常規，亦即法義務規範。本案牙醫診所病
歷首頁記載，註明病人對食品過敏及患有甲狀腺機能亢進病史，
並表示已控制病情。已控制之甲狀腺機能亢進，非植牙手術之禁
忌症，故被告醫師評估之過程尚未發現有疏失之處。故被告醫師
植牙的行為未違背客觀上違反法義務規範（醫療常規）之法所不
容許的風險。

B. 實現法所不容許的風險：行為人的行為係結果發生的原因，行為
所導致結果的發生。本案例中，被告醫師植牙的行為是否是病患
昏迷的原因，仍有疑義，故被告醫師的行為是否是實現了病患昏
迷之法所不容許的風險？仍有疑義。

(A) 注意規範的保護目的：行為與結果間縱然具有因果關係，然
而行為人所違反的注意義務，其規範保護目的並非在於避免
此一結果發生者，則所發生的結果對行為人而言，不具有客
觀歸責。本案例中，依鑑定意見，行為人並未違反注意義
務，亦即上述之醫療常規，其規範保護目的乃係在於避免病
患受傷害的結果發生，故病患受昏迷傷害的結果對被告醫師
而言應不具有客觀歸責。

(B) 結果具有可避免性：如果行為人即使採取了合乎注意義務之
行為，但結果仍無法避免發生，則可認為違反義務之行為與
結果間不具有可避免性，該行為即不具有結果可歸責。本案
例中，被告醫師依據醫療常規施術，故病患受昏迷傷害的結
果不應歸責於被告醫師的行為，故被告醫師的行為與結果間
似應不具有可避免性。

C. 構成要件效力範圍：如果僅在結果與行為人所製造的法所不容許
風險之間有因果關係，尚不足以滿足客觀構成要件，尚須此一結
果落在避免危險的構成要件效力範圍內，才能滿足客觀歸責。本
案例中，由於被告醫師並未製造法所不容許的風險，故病患昏迷

　　傷害結果的發生應未落在過失傷害罪的構成要件效力範圍內。

(3)過失之主觀構成要件：本案例中，雖然被告醫師是故意植牙，但並未有意造成病患昏迷，且該後果被告醫師似得預見其發生，但該發生的後果並非不違背被告醫師的本意，故被告醫師並不成立故意犯。而依鑑定意見：被告醫師評估植牙之過程尚未發現有疏失之處，病患昏迷後所採取之救護措施亦未發現有疏忽之處，故被告醫師不成立過失犯罪。

2. **違法性**：被告醫師無任何阻卻違法事由。

3. **罪責**：被告醫師無任何阻卻罪責事由。

4. **結論**：被告醫師不立刑法上的過失。

(二) 醫療實務上過失

1. **違反注意義務**：一般的過失犯罪與故意犯罪不同，過失犯罪行為人主觀上欠缺犯意，故過失犯的行為非價在於違反規範的要求，而過失犯的行為非價的判斷標準在於違反注意義務。因此須從客觀上判斷其行為是否違反應盡的注意義務，也就是說，過失犯的行為人未遵守社會一般人所要求的注意（亦即客觀的注意義務之違反），再反推其對於該結果是否應負過失責任；相同地，醫療上的過失犯罪亦須從客觀上判斷醫師是否違反應盡的注意義務，亦即違反普通一般醫師所應遵循的醫療行為模式，再反推其對於該結果是否應負過失責任。注意義務的內容包含範圍廣大，本段落僅就與牙科醫療行為較有關聯的親自診療義務、常規診療義務、轉診義務、告知同意義務予以分析之：

(1)親自診療義務：醫師法第11條第1項前段規定：「醫師非親自診察，不得施行治療、開給方劑或交付診斷書。」因為疾病的症狀具有多變性及複雜性，而每個病患皆是獨立的個體，且每次的病徵都是獨立的事件，故醫師唯有親自診察才能做出正確的判斷，以避免因為誤診而延誤病情或治療錯誤致生醫療紛爭。本案例中，被告醫師進行植牙的過程皆親自執行而未假手他人，故被告醫師並未違反親自診療義務。

(2) 常規診療義務：過失犯的行為非價之判斷標準在於是否違反注意義務，而注意義務的判斷基準為何？渠以為，應以刑法為保護法益免於受侵害而課予行為人在具體情狀下，以一位善良理智之人處於當時相同狀態所應恪遵該事務之注意義務為標準，此在醫療上則稱之為「醫療常規」，以其作為判定符合注意義務與否之依據，即在臨床上長時間發展而沿襲下來經常實行的規矩，並以「醫療成員之平均、通常具備之技術」為判斷標準，惟，醫療常規並非一成不變，在醫學中心、區域醫院、地區醫院、一般診所，因設備等之差異；在每一時期，因醫學之進步程度，醫療常規乃具浮動性，由此可明白「醫療水準」是作為「醫療常規」之調整器，使得醫療人員能因時制宜而提供符合當時需求的客製化醫療行為。本案例中，依醫審會鑑定意見，牙醫師於植牙手術施行前，依醫療常規，當應詢問拔牙病史，例如有無對藥品過敏或出血異常史等。而依診所病歷首頁記載，上述相關紀錄皆已有記載，且有註明病人患有甲狀腺機能亢進病史，並表示已控制病情，而已控制之甲狀腺機能亢進，非植牙手術之禁忌症，故被告醫師評估之過程符合醫療常規。被告醫師經病患簽署植牙同意書後，使用麻醉劑為病患進行局部麻醉後進行手術，其麻醉劑之使用方法與時機及手術過程生命徵象之監測，尚難認為有違背醫療常規或疏失之處，於手術進行過程亦有偕同護理師監測病患生命徵象，並由護理師負責吸口水、擦拭流出來的血，與證人證述之植牙手術過程相符，亦難認被告醫師未依醫療常規或疏未察覺。依案發當時牙醫診所之設備，被告醫師於病患發生異常情形時，已為病患進行緊急救護，即施做 CPR 及戴上氧氣罩，並通報救護車送醫，尚難認為有違背醫療常規或應注意事項之處。被告醫師身處基層診所，只須符合最基本的醫療水準，亦即最基本的醫療常規，即無違反常規診療義務，故其未有應注意、能注意而未注意之過失，故被告醫師未違反常規診療義務。

(3) 轉診義務：醫療法第 73 條第 1 項前段規定：「醫院、診所因限於人員、設備及專長能力，無法確定病人之病因或提供完整治療時，應

建議病人轉診。」轉診本質上屬於醫療院所之法定責任，惟，接觸病患的主體是醫師，故實務上將醫療院所的責任直接由行為人（醫師）承接。故，一般醫師如果限於專科醫學能力的不足，即應評估將病患轉診至專科醫師處所，以讓病患獲得更專業的照顧，此乃正確醫療行為的一個環節，若違背正確的轉診評估，即顯然有過失之虞。本案例中，被告醫師在病人發生休克，有以氧氣筒給予氧氣，並做心肺復甦術，亦緊急呼叫救護車轉送醫院，其所採取之救護措施為宜，故被告醫師並未違反轉診義務。

(4)告知同意義務：醫師法第 12 條之 1 規定：「醫師診治病人時，應向病人或其家屬告知其病情、治療方針、處置、用藥、預後情形及可能之不良反應。」醫療乃是高度專業且具危險之行為，病患或其家屬通常須仰賴醫師之說明方能瞭解醫療行為的風險、效果及必要性，故醫師為醫療行為時，自應詳細對病患本人或家屬說明病情、可能診斷及治療方式之選擇及其風險，賦予病患選擇拒絕或接受的空間，以保障病患身體自主權。一般情形下，如曾說明，病人即有拒絕醫療之可能時，即有說明之義務；於此，醫師若未盡上開說明之義務，除有正當理由外，難謂已盡注意之義務。本案例中，被告醫師經病患同意並簽署植牙同意書後才施術。故，被告牙醫師並未違反告知同意義務。

2. **因果關係（客觀之相當因果關係說）**：實務上為防止條件理論不當擴大刑事責任而採相當因果關係理論，因為可以將偶然的事實或偶然發生的結果從刑法評價上予以排除，即原則上得將不尋常或異常因果連結視為偶然發生的條件，而以不具相當性來加以摒除。而相當因果關係之客觀說係立於法官裁判時之立場（事後判斷），於行為人行為當時客觀所存在之事實狀況及行為後所產生之事情，於經驗法則上（客觀上）為一般人所能預見或經驗上認為可能之狀況作為判斷資料而判斷之基礎，判斷的基準可說是法官之認識力。本案件中，倘若立於裁判時的立場，做客觀之事後審查，依經驗法則或是醫療常規，被告醫師不論是術前醫療評估或是術中生命徵象的監測或是術後急救照護，皆符合醫療常規，故被

告醫師當無法預見，一般情形，有此環境，有此行為之條件下，是否均會發生同一之結果，此可能僅僅是偶然的事實或偶然發生的結果。故被告醫師的行為與病患因缺氧性腦病變而呈現重度昏迷的狀態之重傷害應無相當因果關係。

3. **結論：** 被告醫師並未違反注意義務，且被告醫師的行為與病患因缺氧性腦病變而呈現重度昏迷之重傷害並無相當因果關係，故被告醫師不成立醫療上的過失。

二、醫療法第82條過失責任

(一) 是否違反醫療上必要之注意義務

醫療法第 82 條第 4 項規定：「……以該醫療領域當時當地之醫療常規、醫療水準、醫療設施、工作條件及緊急迫切等客觀情況為斷。」此條項將醫療常規設計為注意義務之一部分（或可稱之為下位概念）。故，審查時除了所謂平均醫師注意義務的醫療常規外，尚需考量其他要件，例如：醫療水準並非一成不變，乃係因地制宜、因時制宜，醫師在診察、檢查、處置時可以合理期待的醫療方式，而醫療設施更能具體化判斷醫療水準的標準……最後再綜合各個列舉的多元客觀條件評斷之：

1. **醫療常規：** 牙醫診所病歷首頁記載，註明病人對食品過敏及患有甲狀腺機能亢進病史，並表示已控制病情，已控制之甲狀腺機能亢進，非植牙手術之禁忌症。又，在病人發生休克，有以氧氣筒給予氧氣，並做心肺復甦術，亦緊急呼叫救護車轉送醫院，故其事前之評估及事後之救護措施，皆符合醫療常規。

2. **醫療水準：** 醫療行為容許相當程度的風險，故應以行為時臨床醫療水準來判斷是否違反注意義務。原則上醫學中心之醫療水準高於區域醫院，而區域醫院又高於地區醫院，一般診所則居於最後；專科醫師高於非專科醫師，自不待言。而醫療水準是醫療常規的調整器，故倘若牙醫師身處基層診所，其醫療水準只須符合最基本的醫療常規即可。本案例中，被告醫師身處基層診所，其行為應適用最低的醫療水準，亦即僅須符合醫療常規，即符合醫療水準。

3.**醫療設施、工作條件、緊急迫切**：衛生福利部依據醫療法第 12 條第 3 項訂定了醫療機構設置標準，規定了各醫療院所設置時應有的設施標準；工作條件係指在工作中的設施條件、工作環境、勞動強度和工作時間的總和，又可稱之為勞動條件，我國對於勞動條件的規範大多於勞動基準法中可得知概略。本案例中，被告醫師身處於基層診所，而該植牙手術於任何醫療院所都能勝任，而該診所亦擁有其必須備置的氧氣設備等急救設備，該設備於事發當時亦合於使用，而於緊急發生昏迷事件時亦有使用之，至於工作條件應與本案例無關。

4.綜合上述要件，以客觀情況為斷，被告醫師應有違反醫療上必要之注意義務。

(二) 是否逾越合理臨床專業裁量

醫療常規所代表的是普通一般醫師所依循的醫療行為模式，但醫療狀況千變萬化，遵循醫療常規不一定能醫治病患的疾病，因為每個病患的病情、體質皆不相同，故需要醫師做現場的診斷，也就是臨床專業裁量，才能符合個案病患的需求。最高法院 107 年度台上字第 4587 號刑事判決略以：「『合理臨床專業裁量』即允許醫師對於臨床醫療行為，保有一定的『治療自由』、『臨床的專業裁量權限』，以決定治療方針。尤其對於罕見疾病、遇首例或對於末期病人充滿不確定性的治療，在無具體常規可遵循時，即須仰賴醫師合理的臨床裁量。」雖然醫療法第 82 條第 4 項之規定，合理臨床專業裁量仍須「以該醫療領域當時當地之醫療常規、醫療水準、醫療設施、工作條件及緊急迫切等客觀情況為斷」。惟，違反醫療上必要之注意義務與逾越合理臨床裁量應是不一樣的判斷方式，倘以相同的要件論斷，恐有重複評價之處，故，本段落嘗試以最高法院的判斷方式分析之：

1.本案例中，該病患因為缺牙而需植牙，病患之甲狀腺機能亢進於數年前已獲得控制並且未復發，此非罕見疾病，亦非首例之病例，該病患更非末期之病人而有充滿不確定的治療，而該情狀有具體常規可遵循，此時似乎不須仰賴醫師的臨床裁量來治療病患，故被告醫師並未保有治療的自由及臨床的專業裁量權限，被告醫師的合理臨床專業裁量即是遵循醫療常

規，而被告醫師身處基層診所，亦即適用最基本的醫療常規，而，依醫審會的鑑定意見，被告醫師不論術前或術中或術後之作為皆未有過失，被告醫師未違反醫療常規，亦即是未逾越合理臨床專業裁量。

2.本案例之被告醫師未逾越合理臨床專業裁量。

本案例中，被告醫師未違反醫療上必要之注意義務且未逾越合理臨床專業裁量，故被告醫師不成立醫療法第 82 條的過失。

案例十三　去除咬合干擾而修磨11顆牙案

壹、案例基本資料

一、案例事實

病患曾在 94 年 4 月 19 日於 W 醫院醫治顳顎功能障礙，95 年 3 月 23 日，病患主訴左半側牙齒疼痛，東西無法嚼碎，容易緊張長期失眠，經被告醫師 X 光及臨床扣診，醫師確定主訴區的牙齒及牙周沒有相對應的病灶及病情，觸診肌肉區域，明顯壓痛致病患承受不起，因此診斷為「顳顎關節肌肉障礙症候群」。被告醫師遂於隔日修磨病患 11 顆牙齒，以去除咬合干擾。術後，病患後排牙齒失去最大嵌合位置之支撐咬點，而產生說話口吃、咬字困難、嘴巴無法閉合無法咬碎食物，伴隨顏面筋膜疼痛等傷害。之後，病患轉往 T 醫院顳顎關節特別門診就診。

二、判決結果

(一) 第一審（台灣新北地方法院 97 年易字第 1783 號刑事判決）

1.被告醫師診斷病患罹患顳顎關節肌肉障礙症候群，難認有誤診。

2.鑑定意見僅認為被告對告訴人罹患之「顳顎關節肌肉障礙症候群」，以去除咬合干擾不可逆之治療為主要治療方式，是不合時宜，惟是否有疏失，尚難斷言。

3.被告醫師是否有對病人後排兩側 11 顆牙齒做大幅修磨之行為，公訴人所舉之證據無法證明。

4.被告醫師於治療進行前是否已盡說明風險之義務與被告執行醫療行為中有無過失，二者間並無因果關係。

5.公訴人所舉證據，均不足以證明被告醫師對病患施以修磨牙齒咬合干擾治療方法有過失，及被告之過失與病患之後排牙齒失去最大嵌合位置之支撐咬點間有相當因果關係。此外，復查無其他積極確切之證據足以證明被告確有公訴人所指之業務過失傷害（現已將「業務」刪除）犯行，故為無罪之諭知。

(二)第二審（台灣高等法院98年上易字第2680號刑事判決）

1.倘無明顯輕率輕忽，或顯著不合醫療常規之情，不能因醫師採擇其一，摒除其他，即謂其有違反醫療常規之判斷錯誤情事。不能認為被告醫師所為處置，因存在不同甚或更高明做法，即謂其等有違反醫療常規情事。

2.行政院醫事審議委員會鑑定意見亦認「顳顎關節肌肉障礙症候群」病因相當多，部分病例尚無明確可靠之治療方式，則不可逆之治療方式，亦是可能選項之一，縱不合時宜，但可能有效，是尚難遽此即認被告有何過失。

3.檢察官上訴，仍執陳詞，認被告醫師有以大幅修磨牙齒方式，至病患之後排牙齒失去最大嵌合位置支撐，且未告知治療方式得其同意云云，核無理由，上訴應予駁回，被告醫師仍為無罪。

三、鑑定意見

(一)醫審會鑑定（檢察官送請）

1.目前之觀念認為咬合干擾，尚未確定為顳顎障礙的病因之一，因此採用保守可逆之治療方式，包含藥物、物理治療及咬合板等去除病人疼痛。

2.以目前之觀念，以去除咬合干擾不可逆之治療為主要治療方式，似乎是不合時宜，惟，是否即得認其有疏失，尚難斷言。

(二)醫審會鑑定（第一審法院送請）

1.顳顎關節肌肉障礙症候群之病因相當多，無明確可靠之治療方法、

咬合關係,是否會造成顳顎關節肌肉障礙症候群,目前未有確定之學理根據。

　　2.治療之主要方法故宜採保守、可逆之治療方法,包括藥物、物理治療及咬合板等,消除病人疼痛;本案被告醫師採取 11 顆牙齒修磨方式,為不合時宜之方式,業經本會前次(96 年 12 月 14 日)鑑定在案。

貳、評　析

一、刑法上過失責任

(一)刑法學說上過失

　　過失是行為人未有意而為行為,但該行為卻發生法益的侵害,且該侵害並非行為意思所希望的。本案例中,被告醫師修磨病患 11 顆牙齒以去除病患咬合干擾(作為)。雖然被告醫師是故意修磨病患 11 顆牙齒,但並未有意造成其後排牙齒失去最大嵌合位置之支撐咬點,而產生說話口吃、咬字困難、嘴巴無法閉合無法咬碎食物,伴隨顏面筋膜疼痛等傷害,且該後果被告醫師雖得預見其發生,但該發生的後果並非不違背被告醫師的本意。最終,被告醫師的行為造成了病患後排牙齒失去最大嵌合位置之支撐咬點,而產生說話口吃、咬字困難、嘴巴無法閉合無法咬碎食物,伴隨顏面筋膜疼痛等傷害,該傷害並非被告醫師的修磨牙齒的行為意思所希望的,故,被告醫師並非故意犯。惟,是否成立刑法上的過失作為犯?

1.過失作為犯的構成要件

(1)行為與結果之(條件)因果關係:非 P 則非 Q,倘若 P 現象不存在,Q 結果就不會發生。本案例中,倘若被告醫師不要修磨病患 11 顆牙齒,是否病患就不會有後排牙齒失去最大嵌合位置之支撐咬點,而產生說話口吃、咬字困難、嘴巴無法閉合無法咬碎食物,伴隨顏面筋膜疼痛等傷害?不無疑義,故被告醫師的修磨牙齒的行為並非發生病患受損害結果所不可想像其不存在的條件,故二者不成立條件因果關係。

(2)行為與結果之客觀歸責

　　A.製造法所不容許的風險:行為人的行為違背客觀的注意義務而具

有行為不法，該行為即是以客觀上違反法義務規範的行為方式，製造法所不容許的風險。本案例中，依據醫審會的鑑定意見：目前之觀念認為，咬合干擾尚未確定為顳顎障礙的病因之一。因此採用保守可逆之治療方式，包含藥物、物理治療及咬合板等去除病人疼痛，這是一般牙醫師應有的客觀注意義務，抑或可稱之為醫療常規，亦即法義務規範。被告醫師修磨病患 11 顆牙齒似有違背客觀上違反法義務規範（醫療常規），而可能造成病患後排牙齒失去最大嵌合位置之支撐咬點，而產生說話口吃、咬字困難、嘴巴無法閉合無法咬碎食物，伴隨顏面筋膜疼痛等傷害之法所不容許之風險。

B. 實現法所不容許的風險：行為人的行為係結果發生的原因，行為所導致結果的發生。本案例中，被告醫師修磨病患 11 顆牙齒的行為，是否是病患後排牙齒失去最大嵌合位置之支撐咬點，而產生說話口吃、咬字困難、嘴巴無法閉合無法咬碎食物，伴隨顏面筋膜疼痛等傷害的原因？仍有疑義。故被告醫師的行為是否實現了病患後排牙齒失去最大嵌合位置之支撐咬點，而產生說話口吃、咬字困難、嘴巴無法閉合無法咬碎食物，伴隨顏面筋膜疼痛等傷害之法所不容許的風險，仍有疑義。

(A) 注意規範的保護目的：行為與結果間縱然具有因果關係，然而行為人所違反的注意義務，其規範保護目的並非在於避免此一結果發生者，則所發生的結果對行為人而言，不具有客觀歸責。本案例中，行為人所違反的注意義務，亦即上述之醫療常規，其規範保護目的乃係在於避免病患受傷害的結果發生，故病患後排牙齒失去最大嵌合位置之支撐咬點，而產生說話口吃、咬字困難、嘴巴無法閉合無法咬碎食物，伴隨顏面筋膜疼痛受傷害的結果對被告牙醫師而言似有客觀歸責。

(B) 結果具有可避免性：如果行為人即使採取了合乎注意義務之行為，但結果仍無法避免發生，則可認為違反義務之行為與結果間不具有可避免性，該行為即不具有結果可歸責。本案

例中，如果被告醫師依據醫療常規，採用保守可逆之治療方式，包含藥物、物理治療及咬合板等去除病人疼痛，是否就不會造成病患傷害？仍有疑義，故被告醫師的行為與結果間不具有可避免性。

C.構成要件效力範圍：如果僅在結果與行為人所製造的法所不容許風險之間有因果關係，尚不足以滿足客觀構成要件，尚須此一結果落在避免危險的構成要件效力範圍內，才能滿足客觀歸責。本案例中，被告醫師雖有製造法所不容許的風險，惟病患之症狀應在經牙醫師治療前就已存在，故病患傷害結果的發生並未落在過失傷害罪的構成要件效力範圍內。

(3)過失之主觀構成要件：本案例中，雖然被告醫師是故意修磨 11 顆牙齒，但並未有意造成病患後排牙齒失去最大嵌合位置之支撐咬點，而產生說話口吃、咬字困難、嘴巴無法閉合無法咬碎食物，伴隨顏面筋膜疼痛等傷害，且該後果被告醫師雖得預見其發生，但該發生的後果並非不違背被告醫師的本意，故被告醫師並不成立故意犯，惟，倘無明顯輕率輕忽，或顯著不合醫療常規之情，不能因醫師採擇其一，摒除其他，即謂其有違反醫療常規之判斷錯誤情事，不能認為被告所為處置，因存在不同甚或更高明做法，即謂其等有違反醫療常規情事。且「顳顎關節肌肉障礙症候群」病因相當多，部分病例尚無明確可靠之治療方式，則不可逆之治療方式，亦是可能選項之一，縱不合時宜，但可能有效，是尚難遽此即認被告有何過失，故被告醫師不成立過失犯罪。

2. **違法性**：被告醫師無任何阻卻違法事由。
3. **罪責**：被告醫師無任何阻卻罪責事由。
4. **結論**：被告醫師不成立刑法上的過失。

(二) 醫療實務上過失

1. **違反注意義務**：一般的過失犯罪與故意犯罪不同，過失犯罪行為人主觀上欠缺犯意，故過失犯的行為非價在於違反規範的要求，而過失犯的行為非價的判斷標準在於違反注意義務。因此須從客觀上判斷其行為是

否違反應盡的注意義務，也就是說，過失犯的行為人未遵守社會一般人所要求的注意（亦即客觀的注意義務之違反），再反推其對於該結果是否應負過失責任；相同地，醫療上的過失犯罪亦須從客觀上判斷醫師是否違反應盡的注意義務，亦即違反普通一般醫師所應遵循的醫療行為模式，再反推其對於該結果是否應負過失責任。注意義務的內容包含範圍廣大，本段落僅就與牙科醫療行為較有關聯的親自診療義務、常規診療義務、轉診義務、告知同意義務予以分析之：

(1) 親自診療義務：醫師法第 11 條第 1 項前段規定：「醫師非親自診察，不得施行治療、開給方劑或交付診斷書。」因為疾病的症狀具有多變性及複雜性，而每個病患皆是獨立的個體，且每次的病徵都是獨立的事件，故醫師唯有親自診察才能做出正確的判斷，以避免因為誤診而延誤病情或治療錯誤致生醫療紛爭。本案例中，被告醫師對於修磨病患 11 顆牙齒，皆親自執行而未假手他人，故被告醫師並未違反親自診療義務。

(2) 常規診療義務：過失犯的行為非價之判斷標準在於是否違反注意義務，而注意義務的判斷基準為何？渠以為，應以刑法為保護法益免於受侵害而課予行為人在具體情狀下，以一位善良理智之人處於當時相同狀態所應恪遵該事務之注意義務為標準，此在醫療上則稱之為「醫療常規」，以其作為判定符合注意義務與否之依據，即在臨床上長時間發展而沿襲下來經常實行的規矩，並以「醫療成員之平均、通常具備之技術」為判斷標準。惟，醫療常規並非一成不變，在醫學中心、區域醫院、地區醫院、一般診所，因設備等之差異；在每一時期，因醫學之進步程度，醫療常規乃具浮動性，由此可明白「醫療水準」是作為「醫療常規」之調整器，使得醫療人員能因時制宜而提供符合當時需求的客製化醫療行為。本案例中，依醫審會鑑定意見，常規上之觀念認為，咬合干擾尚未確定為顳顎障礙的病因之一，因此採用保守可逆之治療方式，包含藥物、物理治療及咬合板等去除病人疼痛，此為一般牙醫師應遵循的醫療常規。而被告醫師身處基層診所，只須符合最低層級的醫療水準，亦即最基本

的醫療常規，即無違反常規診療義務。惟，被告醫師卻放棄使用非不可逆之治療方式，而施予不可逆的修磨牙齒的術式，違背醫療準則所揭示之義務，似有應注意、能注意而未注意之過失。惟，被告醫師為牙醫學院的教師，且於牙醫學院教授咬合學，治療「顳顎關節肌肉障礙症候群」為其特殊的專長，為一般牙醫所不會之專長，倘無明顯輕率輕忽或顯不合醫療常規之情事，不能因醫師採擇其一，摒除其他，即謂其有違反醫療常規之判斷錯誤情事，亦不能認為被告所為處置，因存在不同甚或更高明做法，即謂其等有違反醫療常規情事。故本案不應以一般牙醫師的醫療常規等同視之，吾以為被告醫師並未違反常規診療義務。

(3) 轉診義務：醫療法第 73 條第 1 項前段規定：「醫院、診所因限於人員、設備及專長能力，無法確定病人之病因或提供完整治療時，應建議病人轉診。」轉診本質上屬於醫療院所之法定責任，惟，接觸病患的主體是醫師，故實務上將醫療院所的責任直接由行為人（醫師）承接。故，一般醫師如果限於專科醫學能力的不足，即應評估將病患轉診至專科醫師處所，以讓病患獲得更專業的照顧。此乃正確醫療行為的一個環節，若違背正確的轉診評估，即顯然有過失之虞。本案例中，被告醫師為牙醫學院的教師，且於牙醫學院教授咬合學，治療「顳顎關節肌肉障礙症候群」為其特殊的專長，其雖身處基層診所，但其所知所能應不遜於更高層級的醫療院所的專科醫師，故被告醫師並未違反轉診義務。

(4) 告知同意義務：醫師法第 12 條之 1 規定：「醫師診治病人時，應向病人或其家屬告知其病情、治療方針、處置、用藥、預後情形及可能之不良反應。」醫療乃是高度專業且具危險之行為，病患或其家屬通常須仰賴醫師之說明方能瞭解醫療行為的風險、效果及必要性，故醫師為醫療行為時，自應詳細對病患本人或家屬說明病情、可能診斷及治療方式之選擇及其風險，賦予病患選擇拒絕或接受的空間，以保障病患身體自主權。一般情形下，如曾說明，病人即有拒絕醫療之可能時，即有說明之義務；於此，醫師若未盡上開說明

之義務，除有正當理由外，難謂已盡注意之義務。本案例中，從判決理由以觀，並未發現被告醫師有未盡告知義務之情事，縱然病患事後憤而提起告訴指摘，亦無法認定被告醫師未盡其義務故，渠以為被告醫師應無違反告知同意義務。

2. **因果關係（客觀之相當因果關係說）**：實務上為防止條件理論不當擴大刑事責任而採相當因果關係理論，因此可以將偶然的事實或偶然發生的結果從刑法評價上予以排除，即原則上得將不尋常或異常因果連結視為偶然發生的條件，而以不具相當性來加以摒除。而相當因果關係之客觀說係立於法官裁判時之立場（事後判斷），於行為人行為當時客觀所存在之事實狀況及行為後所產生之事情，於經驗法則上（客觀上）為一般人所能預見或經驗上認為可能之狀況作為判斷資料而判斷之基礎，判斷的基準可說是法官之認識力。本案件中，倘若立於裁判時的立場，做客觀之事後審查，依經驗法則或是醫療常規，被告醫師的行為雖為不可逆之作為，惟，倘無明顯輕率輕忽，或顯著不合醫療常規之情，不能因醫師採擇其一，摒除其他，即謂其有違反醫療常規之判斷錯誤情事。不能認為被告所為處置，因存在不同甚或更高明做法，即謂其等有違反醫療常規情事。又，依判決理由，公訴人所舉證據，均不足以證明被告醫師對病患施以修磨牙齒咬合干擾治療方法有過失，及被告之過失與病患之後排牙齒失去最大嵌合位置之支撐咬點間有相當因果關係。故，渠當不能預見，一般情形，有此環境，有此行為之條件下，均會發生同一之結果，檢察官認被告醫師以大幅修磨牙齒方式，致病患之後排牙齒失去最大嵌合位置支撐咬點，而產生說話口吃、咬字困難、嘴巴無法閉合無法咬碎食物，伴隨顏面筋膜疼痛等傷害，此應只是偶然的事實或偶然發生的結果。故被告醫師的行為與病患後排牙齒失去最大嵌合位置之支撐咬點，而產生說話口吃、咬字困難、嘴巴無法閉合無法咬碎食物，伴隨顏面筋膜疼痛等傷害並無相當因果關係。

3. **結論**：被告醫師並未違反注意義務，且被告醫師修磨病患 11 顆牙齒的行為與病患後排牙齒失去最大嵌合位置之支撐咬點，而產生說話口吃、咬字困難、嘴巴無法閉合無法咬碎食物，伴隨顏面筋膜疼痛等傷害不具

有相當因果關係，故被告醫師不成立醫療上的過失。

二、醫療法第82條過失責任

(一) 是否違反醫療上必要之注意義務

醫療法第 82 條第 4 項規定：「……以該醫療領域當時當地之醫療常規、醫療水準、醫療設施、工作條件及緊急迫切等客觀情況為斷。」此條項將醫療常規設計為注意義務之一部分（或可稱之為下位概念）。故，審查時除了所謂平均醫師注意義務的醫療常規外，尚需考量其他要件，例如：醫療水準並非一成不變，乃係因地制宜、因時制宜，醫師在診察、檢查、處置時可以合理期待的醫療方式，而醫療設施更能具體化判斷醫療水準的標準……最後再綜合各個列舉的多元客觀條件評斷之：

1. **醫療常規**：依目前之觀念認為咬合干擾，尚未確定為顳顎障礙的病因之一，因此採用保守可逆之治療方式，包含藥物、物理治療及咬合板等去除病人疼痛，此為平均醫師注意義務之醫療常規。本案例中，被告醫師診斷病患為「顳顎關節肌肉障礙症候群」後，遂於隔日修磨病患 11 顆牙齒，以去除咬合干擾，此舉止似有違反醫療常規。惟，被告醫師為牙醫學院的教師，且於牙醫學院教授咬合學，治療「顳顎關節肌肉障礙症候群」為其特殊的專長，為一般牙醫所不會之專長。倘無明顯輕率輕忽或顯不合醫療常規之情事，不能因被告醫師採擇其一，摒除其他，即謂其有違反醫療常規之判斷錯誤情事。亦不能認為被告所為處置，因存在不同甚或更高明做法，即謂其等有違反醫療常規情事。故本案不應以一般牙醫師的醫療常規等同視之，吾以為被告醫師並未違反醫療常規。

2. **醫療水準**：醫療行為容許相當程度的風險，故應以行為時臨床醫療水準來判斷是否違反注意義務。原則上醫學中心之醫療水準高於區域醫院，而區域醫院又高於地區醫院，一般診所則居於最後；專科醫師高於非專科醫師，自不待言。而醫療水準是醫療常規的調整器，故倘若牙醫師身處基層診所，其醫療水準只須符合最基本的醫療常規即可。本案例中，被告醫師身處基層診所，其行為應適用最低層級的醫療水準，亦即只須符合醫療常規，惟，被告醫師為牙醫學院的教師，渠以為應適用較高層級的醫

療水準。而病患既經區域醫院醫師治療其病症皆未有成效，而耳聞被告醫師素以治療該症狀而聞名於坊間，但卻於被告醫師處所僅治療一次即放棄治療，故尚未能見其成效，故，渠以為被告醫師應仍具有其應有之醫療水準。

　　3. **醫療設施、工作條件、緊急迫切**：衛生福利部依據醫療法第 12 條第 3 項訂定了醫療機構設置標準，規定了各醫療院所設置時應有的設施標準；工作條件係指在工作中的設施條件、工作環境、勞動強度和工作時間的總和，又可稱之為勞動條件，我國對於勞動條件的規範大多於勞動基準法中可得知概略。本案例中，被告醫師身處於基層診所，該治療方式於任何醫療院所應該都能勝任，至於工作條件應與本案例無關，本案例亦非是緊急急迫的案例。

　　4. 綜合上述要件，以客觀情況為斷，被告醫師應未有違反醫療上必要之注意義務。

(二)是否逾越合理臨床專業裁量

　　醫療常規所代表的是普通一般醫師所依循的醫療行為模式，但醫療狀況千變萬化，遵循醫療常規不一定能醫治病患的疾病，因為每個病患的病情、體質皆不相同，故需要醫師做現場的診斷，也就是臨床專業裁量，才能符合個案病患的需求。最高法院 107 年度台上字第 4587 號刑事判決略以：「『合理臨床專業裁量』即允許醫師對於臨床醫療行為，保有一定的『治療自由』、『臨床的專業裁量權限』，以決定治療方針。尤其對於罕見疾病、遇首例或對於末期病人充滿不確定性的治療，在無具體常規可遵循時，即須仰賴醫師合理的臨床裁量。」雖然醫療法第 82 條第 4 項之規定，合理臨床專業裁量仍須「以該醫療領域當時當地之醫療常規、醫療水準、醫療設施、工作條件及緊急迫切等客觀情況為斷」。惟，違反醫療上必要之注意義務與逾越合理臨床裁量應是不一樣的判斷方式，倘以相同的要件論斷，恐有重複評價之處，故，本段落嘗試以最高法院的判斷方式分析之：

　　1. 本案例中，該病患因為顳顎功能障礙求醫數年，輾轉來到被告醫師處所，該疾病雖非首例之病例，該病患亦非末期之病人，但該疾病應屬罕

見疾病而有充滿不確定的治療，而該情狀雖有具體常規可遵循，但治療效果有其侷限，此時似乎須仰賴醫師的臨床裁量來治療病患，故牙醫師應該保有治療的自由及臨床的專業裁量權限。而被告醫師身處基層診所，但因為其在牙醫學院教授咬合學，治療「顳顎關節肌肉障礙症候群」為其特殊的專長，自應擁有最高的醫療水準，亦即適用最高的醫療常規，而病患僅治療一次即拒絕被告醫師的治療術式，故仍未見其成效，故，渠以為被告醫師既然未違反醫療常規，應即尊重臨床專業裁量，故，被告醫師未逾越臨床專業裁量。

2. 本案例之被告醫師未逾越合理臨床專業裁量。

本案例中，被告醫師未違反醫療上必要之注意義務且未逾越合理臨床專業裁量，故被告醫師成立不醫療法第 82 條的過失。

案例十四　沖洗根管造成潰瘍案

壹、案例基本資料

一、案例事實

病患自述，其前往牙醫診所求診，醫師施做根管治療時，疑似使用（？）次氯酸鈉沖洗根管時，竟疏未注意用藥劑量及必要之隔絕措施，致不慎外漏至病患之口腔內，使病患受有黏膜潰瘍之傷害。隔日，病患前往 T 醫院急診室求診。

二、判決結果

(一) 第一審（台灣台中地方法院 100 年醫易字第 2 號刑事判決）

1. T 醫院急診室醫師自始無法確認病患之傷勢係由次氯酸鈉或牙科用藥所致，更無法確認病患係在被告醫師診療過程中受有口腔潰瘍之傷害。

2. T 醫院牙科醫師僅能依據病患之主訴，據以推測其傷勢有可能是在被告醫師診療過程中所致，但終究無法確認真實、確切之受傷原因。

3. 被告醫師雖然未詳實記載為病患實際診療及用藥之情形，以致無足夠之病歷資料提供判斷之依據。然依據現有事證，既然無法認定被告醫師

有為病患進行根管治療時，使用次氯酸鈉藥物，導致病患受有口腔潰瘍傷害之情，且病患所受之口腔潰瘍傷害，亦非無可能係由其他原因所導致，在事證尚有未足之情況下，本諸罪疑唯輕之刑事證據法採證原則，仍應為有利於被告醫師之認定。

　　4.對於被告醫師為病患進行根管治療之行為，依據現有事證，尚不足以認定被告醫師有何過失責任存在；且就被告醫師為病患進行之根管治療行為與其所受之口腔潰瘍傷害結果間，依據現有事證，亦無從認定二者間有何相當因果關係存在，故為無罪之諭知。

(二)第二審（台灣高等法院台中分院102年醫上易字第359號刑事判決）

　　1.本院難僅憑病患曾於診療過程中反應有疼痛感覺，而據以認定被告醫師有對病患使用次氯酸鈉造成其口腔潰瘍之事實。

　　2.依舉證分配之法則，對於被告之成罪事項，應由檢察官負舉證義務，檢察官無法舉證使本院產生無合理懷疑之確信心證，縱被告所辯不足採信，亦不得因此反面推論被告之罪行成立。本案檢察官既不能舉證證明被告有業務過失傷害（現已將「業務」刪除）之行為，而使法院產生毋庸置疑之心證，則依罪疑唯有利於被告原則，應對被告為有利之認定，故被告仍為無罪之諭知。

三、鑑定意見

　　醫審會：

　　(一)本案病歷記載，僅記載牙周治療，根管治療之紀錄則付之闕如，故無法確認醫師對病患所使用之藥物種類。

　　(二)依病歷紀錄及模糊之口內圖面影像，尚無法確認病患之口腔潰瘍傷害為次氯酸鈉所導致。

　　(三)口腔潰瘍之原因甚多，病患之口腔潰瘍傷害無法排除為其本身所成，因此尚難判定醫師有無醫療疏失。

貳、評 析

一、刑法上過失責任

(一)刑法學說上過失

　　過失是行為人未有意而為行為，但該行為卻發生法益的侵害，且該侵害並非行為意思所希望的。本案例中，被告醫師施做根管治療時，疑似使用（？）次氯酸鈉沖洗根管時，可能疏未注意用藥劑量及必要之隔絕措施，致不慎外漏至病患之口腔內，使病患受有黏膜潰瘍之傷害（作為）。雖然被告醫師是故意使用（？）次氯酸鈉沖洗根管，但並未有意造成病患黏膜潰瘍之傷害。且該後果被告醫師雖得預見其發生，但該發生的後果並非不違背被告醫師的本意，該傷害並非被告醫師使用（？）次氯酸鈉沖洗根管時的行為意思所希望的，故，被告醫師並非故意犯。惟，是否成立刑法上的過失作為犯？

1. 過失作為犯的構成要件

(1)行為與結果之（條件）因果關係：非 P 則非 Q，倘若 P 現象不存在，Q 結果就不會發生。本案例中，倘若被告牙醫師使用（？）次氯酸鈉沖洗根管時使用必要之隔絕措施，病患就不會受有黏膜潰瘍？被告醫師是否有使用次氯酸鈉，仍有疑義，故被告醫師使用（？）次氯酸鈉沖洗根管時，疏未注意用藥劑量及必要之隔絕措施的行為是否是發生病患黏膜潰瘍受損害結果所不可想像其不存在的條件？仍有疑義，故二者不成立條件因果關係。

(2)行為與結果之客觀歸責

A.製造法所不容許的風險：行為人的行為違背客觀的注意義務而具有行為不法，該行為即是以客觀上違反法義務規範的行為方式，製造法所不容許的風險。本案例中，使用次氯酸鈉沖洗根管時，注意用藥劑量及必要之隔絕措施，這是一般牙醫師應有的客觀注意義務，抑或可稱之為醫療常規，亦即法義務規範，倘若牙醫師的行為違背客觀上違反法義務規範（醫療常規）則可能造成病患黏膜潰瘍之法所不容許之風險。

B. 實現法所不容許的風險：行為人的行為係結果發生的原因，行為所導致結果的發生。本案例中，被告醫師是否使用次氯酸鈉沖洗根管，仍有疑義，故被告醫師的行為是否是實現了病患受傷害之法所不容許的風險，仍有疑義。

  (A) 注意規範的保護目的：行為與結果間縱然具有因果關係，然而行為人所違反的注意義務，其規範保護目的並非在於避免此一結果發生者，則所發生的結果對行為人而言，不具有客觀歸責。本案例中，行為人可能違反的注意義務，亦即上述之醫療常規，其規範保護目的乃係在於避免病患受傷害的結果發生，惟被告醫師是否有使用次氯酸鈉，仍有異議。故病患受傷害的結果對牙醫師而言應不具有客觀歸責。

  (B) 結果具有可避免性：如果行為人即使採取了合乎注意義務之行為，但結果仍無法避免發生，則可認為違反義務之行為與結果間不具有可避免性，該行為即不具有結果可歸責。本案例中，如果被告醫師依據醫療常規，使用（？）次氯酸鈉沖洗根管時，注意用藥劑量及必要之隔絕措施，則不會造成病患黏膜潰瘍傷害。惟被告醫師是否有使用次氯酸鈉，仍有異議，故被告醫師的行為與結果間應不具有可避免性。

C. 構成要件效力範圍：如果僅在結果與行為人所製造的法所不容許風險之間有因果關係，尚不足以滿足客觀構成要件，尚須此一結果落在避免危險的構成要件效力範圍內，才能滿足客觀歸責。本案例中，被告醫師是否有使用次氯酸鈉，仍有異議，故病患傷害結果的發生並未落在過失傷害罪的構成要件效力範圍內。

(3) 過失之主觀構成要件：本案例中，雖然被告醫師是故意施做根管治療，但並未有意造成病患黏膜潰瘍，該後果被告醫師雖得預見其發生，但該發生的後果並非不違背被告醫師的本意，故被告醫師並不成立故意犯。惟，依據現有事證，病患之潰瘍亦非無可能係由其他原因造成，在事證上有未足之情況下，本諸罪疑唯輕原則，仍應為有利於被告之認定，故被告牙醫師不成立過失犯罪。

2. **違法性**：被告醫師無任何阻卻違法事由。

3. **罪責**：被告醫師無任何阻卻罪責事由。

4. **結論**：被告醫師不成立刑法上的過失。

(二) 醫療實務上過失

1. **違反注意義務**：一般的過失犯罪與故意犯罪不同，過失犯罪行為人主觀上欠缺犯意，故過失犯的行為非價在於違反規範的要求，而過失犯的行為非價的判斷標準在於違反注意義務。因此須從客觀上判斷其行為是否違反應盡的注意義務，也就是說，過失犯的行為人未遵守社會一般人所要求的注意（亦即客觀的注意義務之違反），再反推其對於該結果是否應負過失責任；相同地，醫療上的過失犯罪亦須從客觀上判斷醫師是否違反應盡的注意義務，亦即違反普通一般醫師所應遵循的醫療行為模式，再反推其對於該結果是否應負過失責任。注意義務的內容包含範圍廣大，本段落僅就與牙科醫療行為較有關聯的親自診療義務、常規診療義務、轉診義務、告知同意義務予以分析之：

(1) **親自診療義務**：醫師法第 11 條第 1 項前段規定：「醫師非親自診察，不得施行治療、開給方劑或交付診斷書。」因為疾病的症狀具有多變性及複雜性，而每個病患皆是獨立的個體，且每次的病徵都是獨立的事件，故醫師唯有親自診察才能做出正確的判斷，以避免因為誤診而延誤病情或治療錯誤致生醫療紛爭。本案例中，被告醫師施做根管治療，為親自執行而未假手他人，故被告醫師並未違反親自診療義務。

(2) **常規診療義務**：過失犯的行為非價之判斷標準在於是否違反注意義務，而注意義務的判斷基準為何？渠以為，應以刑法為保護法益免於受侵害而課予行為人在具體情狀下，以一位善良理智之人處於當時相同狀態所應恪遵該事務之注意義務為標準，此在醫療上則稱之為「醫療常規」，以其作為判定符合注意義務與否之依據，即在臨床上長時間發展而沿襲下來經常實行的規矩，並以「醫療成員之平均、通常具備之技術」為判斷標準。惟，醫療常規並非一成不變，在醫學中心、區域醫院、地區醫院、一般診所，因設備等之差異；

在每一時期，因醫學之進步程度，醫療常規乃具浮動性，由此可明白「醫療水準」是作為「醫療常規」之調整器，使得醫療人員能因時制宜而提供符合當時需求的客製化醫療行為。本案例中，使用次氯酸鈉沖洗根管時，注意用藥劑量及必要之隔絕措施，此為使用次氯酸鈉的醫療常規。而被告醫師身處基層診所，只須符合最低層級的醫療水準，亦即最基本的醫療常規，即無違反常規診療義務。惟，被告醫師否認使用次氯酸鈉沖洗病患的根管，而急診室醫師或醫審會的鑑定意見中亦無法判斷醫師是否使用該藥品，故被告醫師是否違背醫療準則所揭示之義務而有應注意、能注意而未注意之過失？即非無疑，基於罪疑唯輕原則，故被告醫師應無違反常規診療義務。

(3) 轉診義務：醫療法第 73 條第 1 項前段規定：「醫院、診所因限於人員、設備及專長能力，無法確定病人之病因或提供完整治療時，應建議病人轉診。」轉診本質上屬於醫療院所之法定責任，惟，接觸病患的主體是醫師，故實務上將醫療院所的責任直接由行為人（醫師）承接。故，一般醫師如果限於專科醫學能力的不足，即應評估將病患轉診至專科醫師處所，以讓病患獲得更專業的照顧，此乃正確醫療行為的一個環節，若違背正確的轉診評估，即顯然有違有過失之虞。本案例中，根管治療是每一位牙醫師都能執行的術式，即便是使用次氯酸鈉沖洗根管亦為每一位牙醫師都能執行，與轉診義務無涉，故被告醫師並未違反轉診義務。

(4) 告知同意義務：醫師法第 12 條之 1 規定：「醫師診治病人時，應向病人或其家屬告知其病情、治療方針、處置、用藥、預後情形及可能之不良反應。」醫療乃是高度專業且具危險之行為，病患或其家屬通常須仰賴醫師之說明方能瞭解醫療行為的風險、效果及必要性，故醫師為醫療行為時，自應詳細對病患本人或家屬說明病情、可能診斷及治療方式之選擇及其風險，賦予病患選擇拒絕或接受的空間，以保障病患身體自主權。一般情形下，如曾說明，病人即有拒絕醫療之可能時，即有說明之義務；於此，醫師若未盡上開說明

之義務，除有正當理由外，難謂已盡注意之義務。本案例中，依判決內文，並無顯示被告醫師有違反告知同意義務之處，故被告醫師並未違反告知同意義務。

2. **因果關係（客觀之相當因果關係說）**：實務上為防止條件理論不當擴大刑事責任而採相當因果關係理論，因此可以將偶然的事實或偶然發生的結果從刑法評價上予以排除，即原則上得將不尋常或異常因果連結視為偶然發生的條件，而以不具相當性來加以擯除。而相當因果關係之客觀說係立於法官裁判時之立場（事後判斷），於行為人行為當時客觀所存在之事實狀況及行為後所產生之事情，於經驗法則上（客觀上）為一般人所能預見或經驗上認為可能之狀況作為判斷資料而判斷之基礎，判斷的基準可說是法官之認識力。本案件中，倘若立於裁判時的立場，做客觀之事後審查，依經驗法則或是醫療常規，被告醫師為病患進行根管治療之行為與其所受之口腔潰瘍傷害結果間，依據現有事證，亦無從認定二者間有何相當因果關係存在。且依病歷紀錄及模糊之口內圖面影像，尚無法確認病患之口腔潰瘍傷害為次氯酸鈉所導致，故尚無法預見，一般情形，有此環境，有此行為之條件下，均會發生同一之結果，此可能僅是偶然的事實或偶然發生的結果，故被告醫師為病患進行根管治療的行為與病患受有黏膜潰瘍之傷害之間應不具有相當因果關係。

3. **結論**：被告醫師未違反注意義務，且被告醫師的行為與病患受有黏膜潰瘍之傷害之間應不具有相當因果關係，故被告醫師不成立醫療上的過失。

二、醫療法第82條過失責任

(一) 是否違反醫療上必要之注意義務

醫療法第 82 條第 4 項規定：「……以該醫療領域當時當地之醫療常規、醫療水準、醫療設施、工作條件及緊急迫切等客觀情況為斷。」此條項將醫療常規設計為注意義務之一部分（或可稱之為下位概念）。故，審查時除了所謂平均醫師注意義務的醫療常規外，尚需考量其他要件，例如：醫療水準並非一成不變，乃係因地制宜、因時制宜，醫師在診察、檢

查、處置時可以合理期待的醫療方式，而醫療設施更能具體化判斷醫療水準的標準……最後再綜合各個列舉的多元客觀條件評斷之：

1.**醫療常規**：使用次氯酸鈉沖洗根管時，注意用藥劑量及必要之隔絕措施，此為使用次氯酸鈉的平均醫師注意義務之醫療常規。本案例中，被告醫師否認使用次氯酸鈉沖洗病患的根管，而急診室醫師或醫審會的鑑定意見中亦無法判斷醫師是否使用該藥品，基於罪疑唯輕原則，被告醫師應未違反醫療常規。

2.**醫療水準**：醫療行為容許相當程度的風險，故應以行為時臨床醫療水準來判斷是否違反注意義務。原則上醫學中心之醫療水準高於區域醫院，而區域醫院又高於地區醫院，一般診所則居於最後；專科醫師高於非專科醫師，自不待言。而醫療水準是醫療常規的調整器，故倘若牙醫師身處基層診所，其醫療水準只須符合最基本的醫療常規即可。本案例中，被告醫師身處於基層診所，其行為只須適用最低層級的醫療水準，亦即只須符合基本的醫療常規即可，故，如上述，被告醫師的行為應符合醫療常規即符合該有的醫療水準。

3.**醫療設施、工作條件、緊急迫切**：衛生福利部依據醫療法第 12 條第 3 項訂定了醫療機構設置標準，規定了各醫療院所設置時應有的設施標準；工作條件係指在工作中的設施條件、工作環境、勞動強度和工作時間的總和，又可稱之為勞動條件，我國對於勞動條件的規範大多於勞動基準法中可得知概略。本案例中，被告醫師處於基層牙醫診所，而根管治療於任何醫療院所都能勝任，至於工作條件應與本案例無關，本案例亦非是緊急急迫的案例。

4.綜合上述要件，以客觀情況為斷，基於罪疑唯輕原則，被告醫師應未有違反醫療上必要之注意義務。

(二) 是否逾越合理臨床專業裁量

醫療常規所代表的是普通一般醫師所依循的醫療行為模式，但醫療狀況千變萬化，遵循醫療常規不一定能醫治病患的疾病，因為每個病患的病情、體質皆不相同，故需要醫師做現場的診斷，也就是臨床專業裁量，才能符合個案病患的需求。最高法院 107 年度台上字第 4587 號刑事判決略

以：「『合理臨床專業裁量』即允許醫師對於臨床醫療行為，保有一定的『治療自由』、『臨床的專業裁量權限』，以決定治療方針。尤其對於罕見疾病、遇首例或對於末期病人充滿不確定性的治療，在無具體常規可遵循時，即須仰賴醫師合理的臨床裁量。」雖然醫療法第 82 條第 4 項之規定，合理臨床專業裁量仍須「以該醫療領域當時當地之醫療常規、醫療水準、醫療設施、工作條件及緊急迫切等客觀情況為斷」。惟，違反醫療上必要之注意義務與逾越合理臨床裁量應是不一樣的判斷方式，倘以相同的要件論斷，恐有重複評價之處，故，本段落嘗試以最高法院的判斷方式分析之：

1. 本案例中，被告醫師為病患進行根管治療，此非罕見疾病，亦非首例之病例，該病患更非末期之病人而有充滿不確定的治療，而該情狀有具體常規可遵循，此時似乎不須仰賴醫師的臨床裁量來治療病患，故被告醫師並未保有治療的自由及臨床的專業裁量權限，被告醫師的合理臨床專業裁量即是遵循醫療常規，依上述，被告醫師未違反醫療常規即是未逾越合理臨床專業裁量。

2. 本案例之被告醫師未逾越合理臨床專業裁量。

本案例中，被告醫師未違反醫療上必要之注意義務且未逾越合理臨床專業裁量，故被告醫師不成立醫療法第 82 條的過失。

案例十五　根管治療沒開消炎藥案

壹、案例基本資料

一、案例事實

小朋友（病患，七歲）因牙痛與母親求診於牙醫師。被告醫師診斷後發現，病患左上第一乳臼齒與第二乳臼齒皆有齲齒，而第二乳臼齒較為嚴重，故被告醫師僅就第二乳臼齒進行第一次根管治療，未處理第一乳臼齒，亦未開消炎藥。

翌日上午，小朋友出現發燒、耳腮及眼睛腫痛，遂再帶往牙醫診所向

被告醫師反映，而被告醫師完成左上第二乳臼齒根管治療後封填之，並開立消炎藥；惟，小朋友仍持續腫痛，當日晚上家長遂帶小朋友前往中山附醫急診，經診斷為蜂窩性組織炎。

二、判決結果

　　第一審（台灣台中地方法院 107 年醫易字第 1 號刑事判決）：病患之左上第一乳臼齒雖不排除為造成發炎之因素，然嚴重齲齒不表示立即有發炎現象，病患於第一日經醫師診視，僅有左上第二乳臼齒引起牙髓炎而腫痛，被告醫師因此係針對左上第二乳臼齒進行根管治療，嗣後雖未開立消炎藥物，然此並未有何違反醫療常規之處，且被告醫師於第二日即對左上第二乳臼齒做進一步之治療，亦符合醫療常規。於此過程中，實難認被告醫師有未開立消炎藥等任何引發病患產生口腔軟組織蜂窩性組織炎及腫脹之缺失或不當醫療處置，故諭知無罪之判決。

三、鑑定意見

　　醫審會：（一）牙科根管之治療常規，病人接受根管治療後，通常醫師並不會常規性開立抗生素及止痛藥，因此醫師在為病童完成根管治療之後未開立消炎藥物，符合醫療常規。（二）依病歷紀錄，醫師有為病童打開左上第二乳臼齒給予治療，此處置符合醫療常規。

貳、評　析

一、刑法上過失責任

(一)刑法學說上過失

　　過失是行為人未有意而為行為，但該行為卻發生法益的侵害，且該侵害並非行為意思所希望的。本案例中，被告醫師雖明知病患左上第一乳臼齒與第二乳臼齒皆有齲齒，而第二乳臼齒較為嚴重，而蛀牙的併發症極可能發生發燒、耳腮及眼睛腫痛等細菌感染的風險，但牙醫師雖得預見其發生，但該發生的後果並非不違背牙醫師的本意，亦即其並非有意造成病患發燒、耳腮及眼睛腫痛的傷害，該傷害並非牙醫師的行為意思所希望的，故，牙醫師並非故意犯，至於是否成立刑法上的過失犯？又，不作為犯乃

係行為人以消極的不作為方式實現構成要件的犯罪，本案被告醫師對於病患的齲齒未有積極的給藥治療行為，而僅就第二乳臼齒進行第一次根管治療，未處理第一乳臼齒，惟，被告醫師的不作為是否成立刑法上的過失不作為犯？

1. 過失不作為犯的構成要件

(1) 構成要件該當結果的發生：審查實際上所發生的事實是否與作為判準的法條構成要件要素相符合。本案中，由於牙醫師明知病患左上第一乳臼齒與第二乳臼齒皆有齲齒，而第二乳臼齒較為嚴重，雖未開消炎藥，但就第二乳臼齒進行第一次根管治療，並非未適當治療，雖然病患爾後受有發燒、耳腮及眼睛腫痛的傷害，該事實與刑法條文過失傷害罪的構成要件要素不相符合。

(2) 因果關係與客觀歸責

A. 行為與結果之（條件）因果關係：非 P 則非 Q，倘若 P 現象不存在，Q 結果就不會發生。本案例中，若非被告牙醫師未開立消炎藥，則病患就不會受發燒、耳腮及眼睛腫痛的傷害？並非無疑。故被告牙醫師的未開消炎藥行為不是發生病患發燒、耳腮及眼睛腫痛傷害結果所不可想像其不存在的條件，故二者不成立條件因果關係。

B. 行為與結果之客觀歸責

(A) 製造法所不容許的風險：行為人的行為違背客觀的注意義務而具有行為不法，該行為即是以客觀上違反法義務規範的行為方式，製造法所不容許的風險。本案例中，被告醫師先是診斷出病患患有左上第一乳臼齒與第二乳臼齒皆有齲齒，而第二乳臼齒較為嚴重，被告醫師僅就第二乳臼齒進行第一次根管治療，未處理第一乳臼齒，亦未開消炎藥。依醫審會鑑定結果：牙科根管之治療常規，病人接受根管治療後，通常醫師並不會常規性開立抗生素及止痛藥，故其行為與醫療常規並無違，因而並無違背客觀的注意義務而不具有行為不法。故被告醫師的行為並未造成病患發燒、耳腮及眼睛腫痛

　　　　之法所不容許的風險。

　　　(B) 實現法所不容許的風險：行為人的行為係結果發生的原因，行為所導致結果的發生。本案中，牙醫師未開消炎藥的行為，未違反醫療常規，故並非是造成病患發燒、耳腮及眼睛腫痛傷害的原因，該行為並未實現了病患受傷害之法所不容許的風險。

(3) 過失行為的行為不法與結果不法：不法係指經刑法規範所否定的具有負面價值判斷的行為，包括行為不法與結果不法。行為不法指法益破壞行為或義務違反行為的行為方式，結果不法係指行為所造成的法益破壞或義務違反的結果；行為必須兼具行為不法與結果不法，始足以構成刑事上的不法。本案中，依醫審會的鑑定，被告醫師的行為未違反醫療常規，不具義務違反行為而非有行為不法；故被告醫師的行為不構成刑事上的不法。

(4) 不為期待應為行為：所謂不作為，係指不著手實行刑法規範所要求與期待的特定行為，換言之，行為人不為刑法規範期待應為的特定行為，或不著手實行被期待的特定行為。本案中，被告醫師明知病患左上第一乳臼齒與第二乳臼齒皆有齲齒，而第二乳臼齒較為嚴重，而被告醫師僅就第二乳臼齒進行第一次根管治療，未處理第一乳臼齒，亦未開消炎藥。惟，依醫審會的鑑定：牙科根管之治療常規，病人接受根管治療後，通常醫師並不會常規性開立抗生素及止痛藥，因此醫師在為病童完成根管治療之後未開立消炎藥物，符合醫療常規。故，被告醫師並非不為期待應為的行為。

(5) 防止結果發生的事實可能：行為人具有作為能力，對於防止構成要件該當結果的發生，具有事實可能性，即任何人均無義務為不可能之事的法諺。本案中，被告醫師雖身為一個專業的牙醫，但不一定有能力可以防止病患因細菌感染而發燒、耳腮及眼睛腫痛，畢竟疾病的進程有時候並不具攔截性。

(6) 保證人地位：對於結果的發生負有防止其發生的法義務之人（即刑法第 15 條第 1 項前段：對於犯罪結果之發生，法律上有防止之義

務），不履行這種防止結果發生的法義務，致發生構成要件該當的結果者。本案中，醫療法第 82 條第 1 項：「醫療業務之施行，應善盡醫療上必要之注意。」故，被告醫師於執行醫療業務時，「善盡醫療上必要之注意」即為其法義務，被告醫師對於病患具有上顎第一乳臼齒與第二乳臼齒皆有齲齒，而第二乳臼齒較為嚴重，爾後僅就第二乳臼齒進行第一次根管治療，未處理第一乳臼齒，亦未開消炎藥，導致其發燒、耳腮及眼睛腫痛的傷害，被告醫師為對於傷害結果的發生負有防止其發生之人，不履行這種防止結果發生的義務，致發生傷害構成要件該當的結果，故被告醫師似未善盡其為保證人地位的責任。

(7) 不作為與作為等價：以不作為而實現不法構成要件，與以作為而實現不法構成要件，在刑法上的非價判斷上，兩者彼此相當。本案中，被告醫師僅就第二乳臼齒進行第一次根管治療，未處理第一乳臼齒，亦未開消炎藥，此不作為並非一定可能實現了病患傷害結果的不法構成要件，與以作為方式實現病患傷害結果的不法構成要件，兩者彼此並不相當。

2. **違法性**：被告醫師無任何阻卻違法事由。

3. **罪責**：被告醫師無任何阻卻罪責事由。

4. **結論**：依據醫審會的鑑定意見，被告醫師並未違反醫療常規，且該不作為並未製造及實現法所不容許的風險。被告醫師不具義務違反行為而非有行為不法；故其行為亦不構成刑事上的不法。再者，被告醫師並非不為期待應為之行為，且不一定有能力防止結果發生的事實可能性，因身為被告醫師而具有保證人定位，故該不作為並非一定可能實現了病患傷害結果的不法構成要件，與以作為方式實現病患傷害結果的不法構成要件，兩者彼此並不相當。綜上所分析，渠認為應不成立刑法上的過失。

(二) 醫療實務上過失

1. **違反注意義務**：一般的過失犯罪與故意犯罪不同，過失犯罪行為人主觀上欠缺犯意，故過失犯的行為非價在於違反規範的要求，而過失犯的行為非價的判斷標準在於違反注意義務。因此須從客觀上判斷其行為是

否違反應盡的注意義務，也就是說，過失犯的行為人未遵守社會一般人所要求的注意（亦即客觀的注意義務之違反），再反推其對於該結果是否應負過失責任；相同地，醫療上的過失犯罪亦須從客觀上判斷醫師是否違反應盡的注意義務，亦即違反普通一般醫師所應遵循的醫療行為模式，再反推其對於該結果是否應負過失責任。注意義務的內容包含範圍廣大，本段落僅就與牙科醫療行為較有關聯的親自診療義務、常規診療義務、轉診義務、告知同意義務予以分析之：

(1) 親自診療義務：醫師法第 11 條第 1 項前段規定：「醫師非親自診察，不得施行治療、開給方劑或交付診斷書。」因為疾病的症狀具有多變性及複雜性，而每個病患皆是獨立的個體，且每次的病徵都是獨立的事件，故醫師唯有親自診察才能做出正確的判斷，以避免因為誤診而延誤病情或治療錯誤致生醫療紛爭。本案例中，被告醫師施做乳齒根管治療，為親自執行而未假手他人，故被告醫師並未違反親自診療義務。

(2) 常規診療義務：過失犯的行為非價之判斷標準在於是否違反注意義務，而注意義務的判斷基準為何？渠以為，應以刑法為保護法益免於受侵害而課予行為人在具體情狀下，以一位善良理智之人處於當時相同狀態所應恪遵該事務之注意義務為標準。此在醫療上則稱之為「醫療常規」，以其作為判定符合注意義務與否之依據，即在臨床上長時間發展而沿襲下來經常實行的規矩，並以「醫療成員之平均、通常具備之技術」為判斷標準，惟，醫療常規並非一成不變，在醫學中心、區域醫院、地區醫院、一般診所，因設備等之差異；在每一時期，因醫學之進步程度，醫療常規乃具浮動性，由此可明白「醫療水準」是作為「醫療常規」之調整器，使得醫療人員能因時制宜而提供符合當時需求的客製化醫療行為。本案例中，依醫審會鑑定意見，牙科根管之治療常規，病人接受根管治療後，通常醫師並不會常規性開立抗生素及止痛藥，因此被告醫師在為病童完成根管治療之後未開立消炎藥物，符合醫療常規。而被告醫師身處基層診所，只須符合最低層級的醫療水準，亦即最基本的醫療常規，

即無違背醫療準則所揭示之義務，其不具有應注意、能注意而未注意之過失，故被告醫師並未違反常規診療義務。

(3) 轉診義務：醫療法第 73 條第 1 項前段規定：「醫院、診所因限於人員、設備及專長能力，無法確定病人之病因或提供完整治療時，應建議病人轉診。」轉診本質上屬於醫療院所之法定責任，惟，接觸病患的主體是醫師，故實務上將醫療院所的責任直接由行為人（醫師）承接。故，一般醫師如果限於專科醫學能力的不足，即應評估將病患轉診至專科醫師處所，以讓病患獲得更專業的照顧，此乃正確醫療行為的一個環節，若違背正確的轉診評估，即顯然有過失之虞。本案例中，乳牙根管治療為一般牙醫師皆能勝任之術式，且依判決書內文記載，被告牙醫師於隔日即完成該乳牙之根管治療，顯見被告醫師具有完成該術式之能力，該案件應不具有轉診之必要，故被告醫師並未違反轉診義務。

(4) 告知同意義務：醫師法第 12 條之 1 規定：「醫師診治病人時，應向病人或其家屬告知其病情、治療方針、處置、用藥、預後情形及可能之不良反應。」醫療是高度專業且具危險之行為，病患或其家屬通常須仰賴醫師之說明方能瞭解醫療行為的風險、效果及必要性，故醫師為醫療行為時，自應詳細對病患本人或家屬說明病情、可能診斷及治療方式之選擇及其風險，賦予病患選擇拒絕或接受的空間，以保障病患身體自主權。一般情形下，如曾說明，病人即有拒絕醫療之可能時，即有說明之義務；於此，醫師若未盡上開說明之義務，除有正當理由外，難謂已盡注意之義務。本案例中，依判決書內文，並未有被告醫師違反告知義務之內容，且病童家長亦知被告醫師為其小孩施做乳牙根管治療，故被告醫師並未違反告知同意義務。

2. **因果關係（客觀之相當因果關係說）**：實務上為防止條件理論不當擴大刑事責任而採相當因果關係理論，因此可以將偶然的事實或偶然發生的結果從刑法評價上予以排除，即原則上得將不尋常或異常因果連結視為偶然發生的條件，而以不具相當性來加以摒除。而相當因果關係之客觀

說係立於法官裁判時之立場（事後判斷），於行為人行為當時客觀所存在之事實狀況及行為後所產生之事情，於經驗法則上（客觀上）為一般人所能預見或經驗上認為可能之狀況作為判斷資料而判斷之基礎，判斷的基準可說是法官之認識力。本案件中，倘若立於裁判時的立場，做客觀之事後審查，依經驗法則或是醫療常規，病人接受根管治療後，通常醫師並不會常規性開立抗生素及止痛藥，因此被告醫師在為病童完成根管治療之後未開立消炎藥物，符合醫療常規。故被告醫師當無法預見，一般情形，有此環境，有此行為之條件下，均會發生同一之結果，此可能僅是偶然的事實或偶然發生的結果，故被告醫師的行為與病童蜂窩性組織炎的傷害應不具有相當因果關係。

3. **結論**：被告醫師未違反注意義務，且被告醫師的行為與病童蜂窩性組織炎的傷害應不具有相當因果關係，故被告醫師不成立醫療上的過失。

二、醫療法第82條過失責任

(一) 是否違反醫療上必要之注意義務

　　醫療法第 82 條第 4 項規定：「……以該醫療領域當時當地之醫療常規、醫療水準、醫療設施、工作條件及緊急迫切等客觀情況為斷。」此條項將醫療常規設計為注意義務之一部分（或可稱之為下位概念）。故，審查時除了所謂平均醫師注意義務的醫療常規外，尚需考量其他要件，例如：醫療水準並非一成不變，乃係因地制宜、因時制宜，醫師在診察、檢查、處置時可以合理期待的醫療方式，而醫療設施更能具體化判斷醫療水準的標準……最後再綜合各個列舉的多元客觀條件評斷之：

　　1. **醫療常規**：牙科根管之治療常規，病人接受根管治療後，通常醫師並不會常規性開立抗生素及止痛藥，為平均醫師注意義務之醫療常規。本案例中，被告醫師在為病童完成根管治療之後未開立消炎藥物，並未違反醫療常規。

　　2. **醫療水準**：醫療行為容許相當程度的風險，故應以行為時臨床醫療水準來判斷是否違反注意義務。原則上醫學中心之醫療水準高於區域醫院，而區域醫院又高於地區醫院，一般診所則居於最後；專科醫師高於非

專科醫師，自不待言。而醫療水準是醫療常規的調整器，故倘若被告醫師身處基層診所，其醫療水準只須符合最基本的醫療常規即可。本案例中，被告醫師身處於基層診所，其行為只須適用最低層級的醫療水準，亦即只須符合醫療常規即可，惟，如上述，被告醫師的行為符合醫療常規，亦即符合該有的醫療水準。

3.**醫療設施、工作條件、緊急迫切**：衛生福利部依據醫療法第 12 條第 3 項訂定了醫療機構設置標準，規定了各醫療院所設置時應有的設施標準；工作條件係指在工作中的設施條件、工作環境、勞動強度和工作時間的總和，又可稱之為勞動條件，我國對於勞動條件的規範大多於勞動基準法中可得知概略。本案例中，被告醫師處於基層牙醫診所，而乳牙根管治療於任何醫療院所都能勝任，至於工作條件應與本案例無關，本案例亦非是緊急急迫的案例。

4.綜合上述要件，以客觀情況為斷，被告醫師未有違反醫療上必要之注意義務。

(二) 是否逾越合理臨床專業裁量

醫療常規所代表的是普通一般醫師所依循的醫療行為模式，但醫療狀況千變萬化，遵循醫療常規不一定能醫治病患的疾病，因為每個病患的病情、體質皆不相同，故需要醫師做現場的診斷，也就是臨床專業裁量，才能符合個案病患的需求。最高法院 107 年度台上字第 4587 號刑事判決略以：「『合理臨床專業裁量』即允許醫師對於臨床醫療行為，保有一定的『治療自由』、『臨床的專業裁量權限』，以決定治療方針。尤其對於罕見疾病、遇首例或對於末期病人充滿不確定性的治療，在無具體常規可遵循時，即須仰賴醫師合理的臨床裁量。」雖然醫療法第 82 條第 4 項之規定，合理臨床專業裁量仍須「以該醫療領域當時當地之醫療常規、醫療水準、醫療設施、工作條件及緊急迫切等客觀情況為斷」。惟，違反醫療上必要之注意義務與逾越合理臨床裁量應是不一樣的判斷方式，倘以相同的要件論斷，恐有重複評價之處，故，本段落嘗試以最高法院的判斷方式分析之：

　　1. 本案例中，該病童因為蛀牙而需根管治療，並非罕見疾病，亦非首例之病例，該病患更非末期之病人而有充滿不確定的治療，而該情狀有具體常規可遵循，此時似乎不須仰賴醫師的臨床裁量來治療病患，故牙醫師並未保有治療的自由及臨床的專業裁量權限，被告醫師的合理臨床專業裁量即是遵循醫療常規，而依醫審會的鑑定意見，被告醫師並未違反醫療常規，亦即未逾越合理臨床專業裁量。

　　2. 本案例之被告醫師未逾越合理臨床專業裁量。

　　本案例中，被告醫師未違反醫療上必要之注意義務且未逾越合理臨床專業裁量，故被告醫師不成立醫療法第 82 條的過失。

案例十六　臨時植體案（新技術造成誤會）

壹、案例基本資料

一、案例事實

　　被告醫師於 95 年 6 月 16 日幫患者於右上正中門牙植入一根植體，在尚未完成 6 個月骨整合之情形下，於同一牙齒位置旁，於 95 年 11 月 16 日再植入另一根植體，並立即做上臨時性假牙。術後病患深感不適，且上開第二根植體亦突出於病患之牙床並搖晃不已，致病患右上正中門牙處受有傷害，病患遂於 F 醫院移除該二植體。

二、判決結果

(一) 第一審（台灣台中地方法院 97 年醫易字第 1 號刑事判決）

　　1. 被告醫師所辯其係因病患請求始於 95 年 11 月 16 日為其裝置臨時性假牙，尚非不堪採信。

　　2. 被告醫師於 95 年 11 月 16 日為病患所植入之第二根植體應為解決骨整合期間內為安裝活動假牙所使用之臨時性植體。

　　3. 病患聲稱被告醫師所用之第二根植體廠牌為 Nobelreplace，且係永久性植體應屬誤解。既然被告醫師所用之第二根植體廠牌為

Renewbiocare，則該植體僅能做暫時性使用無疑。

4.第一根植體植入後，在等待第二階段手術的時間，可以植入第二植體（臨時假牙植體，Temporary Implant）及安裝假牙，故兩根植體，一是永久的，一是臨時的，臨時植體日後會拿出來，而暫時性假牙是美觀用的，起訴意旨認為被告為掩飾過失未為收費及再植入另外一支植體，顯有誤解，故為無罪之判決。

(二) 第二審（台灣高等法院台中分院98年醫上字第721號刑事判決）

本院認被告醫師所辯有其可資採信之處，而公訴人所提出之證據，尚無法達到令通常一般之人均不至於有所懷疑，而得確信被告醫師確有公訴人所指之業務過失傷害（現已將「業務」刪除）犯行。原審以不能證明被告醫師犯罪而為無罪之諭知，經核並無不合。

三、鑑定意見

醫審會（96年12月6日）：

(一) 同一缺牙位置併同實施第二根植體之置入與一般醫學常規不符，因為製作一顆假牙只需要一根植體，除非是第一次植入之植體情況或時間還不容許第二階段手術及製作假牙，而病人又急著做假牙，則醫生有可能會再種入一根一階段式臨時植體，再製作臨時假牙，但最後臨時植體仍需移除，而以原先第一次植入之永久植體來做永久性假牙。

(二) 植牙程序須待3至6個月牙骨整合期，方能安裝牙冠完成全部療程。

(三) 植牙手術分兩個階段，在兩個階段之間等待時間約3至6個月，在前牙區由於缺牙美觀之考量，牙醫師常會製作臨時性活動假牙，讓病人配戴，但並非一定需要……該臨時性假牙，由於力學之設計與正式之活動假牙，僅具美觀功能，不適合用來咀嚼食物，否則有可能造成相鄰牙齒受力後位置改變……本病例之牙齒產生位移，最大之可能性應是臨時性活動假牙使用後，該牙不當受力所造成。

(四) 於植牙過程中為保護永久植體骨整合之健全而植入臨時性植體以支撐假牙為一般植牙程序所許可。

貳、評　析

一、刑法上過失責任

(一)刑法學說上過失

　　過失是行為人未有意而為行為，但該行為卻發生法益的侵害，且該侵害並非行為意思所希望的。本案例中，被告醫師幫患者於右上正中門牙植入一根植體，在尚未完成 6 個月骨整合之情形下，於同一牙齒位置旁，再植入另一根植體，並立即做上臨時性假牙，術後病患深感不適，且第二根植體亦突出於病患之牙床並搖晃不已，致病患右上正中門牙處受有傷害（作為）。雖然被告牙醫師是故意植入兩根植體，但並未有意造成病患深感不適，且上開第二根植體亦突出於病患之牙床並搖晃不已，致病患右上正中門牙處受有傷害，該後果被告醫師雖得預見其發生，但該發生的後果並非不違背被告醫師的本意。最終，同一牙位植入兩根植體的行為發生了病患深感不適，且上開第二根植體亦突出於病患之牙床並搖晃不已，致病患右上正中門牙處受有傷害，該傷害並非被告醫師的再次植入第二根植體的行為意思所希望的，故，被告醫師並非故意犯，惟，是否成立刑法上的過失作為犯？

1. 過失作為犯的構成要件

　　(1)行為與結果之（條件）因果關係：非 P 則非 Q，倘若 P 現象不存在，Q 結果就不會發生。本案例中，倘若被告醫師不要再次植入第二根植體，病患就不會深感不適，且第二根植體亦突出於病患之牙床並搖晃不已，致病患右上正中門牙處受有傷害，故被告醫師的植入兩根植體的行為是發生病患受損害結果所不可想像其不存在的條件，故二者成立條件因果關係。

　　(2)行為與結果之客觀歸責

　　　　A.製造法所不容許的風險：行為人的行為違背客觀的注意義務而具有行為不法，該行為即是以客觀上違反法義務規範的行為方式，製造法所不容許的風險。本案例中，依據醫審會的鑑定意見：同一缺牙位置併同實施第二根植體之置入與一般醫學常規不符，這

是一般牙醫師應有的客觀注意義務，抑或可稱之為醫療常規，亦即法義務規範。被告醫師再植入第二根植體的行為似有違背客觀上違反法義務規範（醫療常規）而造成病患深感不適，且第二根植體亦突出於病患之牙床並搖晃不已，致病患右上正中門牙處受有傷害之法所不容許之風險。

B. 實現法所不容許的風險：行為人的行為係結果發生的原因，行為所導致結果的發生。本案例中，被告醫師再植入第二根植體的行為是病患受傷害的原因，故被告醫師的行為似乎實現了病患受傷害之法所不容許的風險。

(A) 注意規範的保護目的：行為與結果間縱然具有因果關係，然而行為人所違反的注意義務，其規範保護目的並非在於避免此一結果發生者，則所發生的結果對行為人而言，不具有客觀歸責。本案例中，行為人所違反的注意義務，亦即上述之醫療常規，其規範保護目的乃係在於避免病患受傷害的結果發生，故病患受傷害的結果對被告醫師而言似具有客觀歸責。

(B) 結果具有可避免性：如果行為人即使採取了合乎注意義務之行為，但結果仍無法避免發生，則可認為違反義務之行為與結果間不具有可避免性，該行為即不具有結果可歸責。本案例中，如果被告醫師依據醫療常規，同一牙位不要植入兩根植體，則病患不會深感不適，且第二根植體突出於病患之牙床並搖晃不已，致病患右上正中門牙處受有傷害，故被告醫師的行為與結果間具有可避免性。

C. 構成要件效力範圍：如果僅在結果與行為人所製造的法所不容許風險之間有因果關係，尚不足以滿足客觀構成要件，尚須此一結果落在避免危險的構成要件效力範圍內，才能滿足客觀歸責。本案例中，病患傷害結果的發生落在過失傷害罪的構成要件效力範圍內。

(3) 過失之主觀構成要件：本案例中，雖然被告醫師是故意植入兩根植體，但並未有意造成病患深感不適且上開第二根植體突出於病患之

牙床並搖晃不已，致病患右上正中門牙處受有傷害。該後果被告醫師雖得預見其發生，但該發生的後果並非不違背被告醫師的本意，故被告醫師並不成立故意犯。惟，是否成立過失犯？

(4) 依醫審會鑑定意見，於植牙過程中為保護永久植體骨整合之健全而植入臨時性植體以支撐假牙，雖不符合醫療常規，但為一般植牙程序所許可。臨時植體的技術在民國95年當時為一嶄新的植牙技術，連許多牙醫師都不瞭解，更遑論檢察官跟法官，因此產生了一連串的誤會，甚至鬧上法院，不過在法院審慎審理後，認為應該尊重新技術的施術，縱然不符合醫療常規，或許有一些些不盡如人意的瑕疵，但新技術是醫療往前邁進必要的過程，法院因此以比較寬容的態度審理本案。

2. **違法性**：被告醫師無任何阻卻違法事由。

3. **罪責**：被告醫師無任何阻卻罪責事由。

4. **結論**：被告醫師不成立刑法上的過失。

(二) 醫療實務上過失

1. **違反注意義務**：一般的過失犯罪與故意犯罪不同，過失犯罪行為人主觀上欠缺犯意，故過失犯的行為非價在於違反規範的要求，而過失犯的行為非價的判斷標準在於違反注意義務。因此須從客觀上判斷其行為是否違反應盡的注意義務，也就是說，過失犯的行為人未遵守社會一般人所要求的注意（亦即客觀的注意義務之違反），再反推其對於該結果是否應負過失責任；相同地，醫療上的過失犯罪亦須從客觀上判斷醫師是否違反應盡的注意義務，亦即違反普通一般醫師所應遵循的醫療行為模式，再反推其對於該結果是否應負過失責任。注意義務的內容包含範圍廣大，本段落僅就與牙科醫療行為較有關聯的親自診療義務、常規診療義務、轉診義務、告知同意義務予以分析之：

(1) 親自診療義務：醫師法第11條第1項前段規定：「醫師非親自診察，不得施行治療、開給方劑或交付診斷書。」因為疾病的症狀具有多變性及複雜性，而每個病患皆是獨立的個體，且每次的病徵都是獨立的事件，故醫師唯有親自診察治療才能做出正確的判斷，以避免

因為誤診而延誤病情或治療錯誤致生醫療紛爭。本案例中，牙醫師不論植入第一根植體或植入第二根臨時植體，皆親自執行而未假手他人，故牙醫師並未違反親自診療義務。

(2) 常規診療義務：過失犯的行為非價之判斷標準在於是否違反注意義務，而注意義務的判斷基準為何？渠以為，應以刑法為保護法益免於受侵害而課予行為人在具體情狀下，以一位善良理智之人處於當時相同狀態所應恪遵該事務之注意義務為標準，此在醫療上則稱之為「醫療常規」，以其作為判定符合注意義務與否之依據，即在臨床上長時間發展而沿襲下來經常實行的規矩，並以「醫療成員之平均、通常具備之技術」為判斷標準。惟，醫療常規並非一成不變，在醫學中心、區域醫院、地區醫院、一般診所，因設備等之差異；在每一時期，因醫學之進步程度，醫療常規乃具浮動性，由此可明白「醫療水準」是作為「醫療常規」之調整器，使得醫療人員能因時制宜而提供符合當時需求的客製化醫療行為。本案例中，依醫審會鑑定意見，同一缺牙位置併同實施第二根植體之置入與一般醫學常規不符，而被告醫師身處基層診所，只須符合最基本的醫療水準，亦即最基本的醫療常規，即無違反常規診療義務。惟，被告醫師於植牙過程中為保護永久植體骨整合之健全而植入臨時性植體以支撐假牙，雖非一般牙醫師所普遍認可的，仍為一般植牙程序所許可。故，被告醫師雖然可能違背醫療準則所揭示之義務，惟，第二根植體是為解決骨整合期間內為安裝活動假牙之利，所用之臨時性植體，仍應尊重牙醫師臨床上的裁量權，而非僅因施用不常見之術式，即認被告醫師有應注意、能注意而未注意之過失。故被告醫師應無違反常規診療義務。

(3) 轉診義務：醫療法第 73 條第 1 項前段規定：「醫院、診所因限於人員、設備及專長能力，無法確定病人之病因或提供完整治療時，應建議病人轉診。」轉診本質上屬於醫療院所之法定責任。惟，接觸病患的主體是醫師，故實務上將醫療院所的責任直接由行為人（醫師）承接。故，一般醫師如果限於專科醫學能力的不足，即應評估

將病患轉診至專科醫師處所,以讓病患獲得更專業的照顧,此乃正
確醫療行為的一個環節,若違背正確的轉診評估,即顯然有違有過
失之虞。本案例中,不論是植牙或是植入臨時植體,皆為一般牙醫
師臨床上能勝任,故被告醫師應無須轉診至專科醫師處所,故被告
醫師並未違反轉診義務。

(4)告知同意義務:醫師法第 12 條之 1 規定:「醫師診治病人時,應
向病人或其家屬告知其病情、治療方針、處置、用藥、預後情形及
可能之不良反應。」醫療乃是高度專業且具危險之行為,病患或其
家屬通常須仰賴醫師之說明方能瞭解醫療行為的風險、效果及必要
性。故醫師為醫療行為時,自應詳細對病患本人或家屬說明病情、
可能診斷及治療方式之選擇及其風險,賦予病患選擇拒絕或接受的
空間,以保障病患身體自主權。一般情形下,如曾說明,病人即有
拒絕醫療之可能時,即有說明之義務;於此,醫師若未盡上開說明
之義務,除有正當理由外,難謂已盡注意之義務。本案例中,依判
決書內文,並未表明被告醫師有任何未盡告知義務之處,且病患亦
知曉被告醫師為其植牙及植臨時植體。故,被告醫師並未違反告知
同意義務。

2. **因果關係(客觀之相當因果關係說)**:實務上為防止條件理論不當擴大
刑事責任而採相當因果關係理論,因此可以將偶然的事實或偶然發生的
結果從刑法評價上予以排除,即原則上得將不尋常或異常因果連結視為
偶然發生的條件,而以不具相當性來加以摒除。而相當因果關係之客觀
說係立於法官裁判時之立場(事後判斷),於行為人行為當時客觀所存
在之事實狀況及行為後所產生之事情,於經驗法則上(客觀上)為一般
人所能預見或經驗上認為可能之狀況作為判斷資料而判斷之基礎,判斷
的基準可說是法官之認識力。本案件中,倘若立於裁判時的立場,做客
觀之事後審查,依經驗法則或是醫療常規,同一缺牙位置併同實施第二
根植體之置入與一般醫學常規不符。惟,被告醫師於植牙過程中為保護
永久植體骨整合之健全而植入臨時性植體以支撐假牙,雖非一般牙醫師
所普遍認可的,仍為一般植牙程序所許可。又,依據醫審會鑑定意見,

臨時性假牙，由於力學之設計與正式之活動假牙，僅具美觀功能，不適合用來咀嚼食物，否則有可能造成相鄰牙齒受力後位置改變……。本病例之牙齒產生位移，最大之可能性應是臨時性活動假牙使用後，該牙不當受力所造成，亦即病患自己使用不當而致之傷害。故，渠當無法預見，一般情形，有此環境，有此行為之條件下，均會發生同一傷害的結果，此僅僅是偶然的事實或偶然發生的結果，故被告醫師的行為與病患深感不適，且上開第二根植體亦突出於病患之牙床並搖晃不已，致病患右上正中門牙處受有傷害無相當因果關係。

3. **結論**：被告醫師未違反注意義務，被告醫師的行為與病患深感不適，且上開第二根植體亦突出於病患之牙床並搖晃不已，致病患右上正中門牙處受有傷害無相當因果關係，故被告醫師不成立醫療上的過失。

二、醫療法第82條過失責任

(一) 是否違反醫療上必要之注意義務

醫療法第 82 條第 4 項規定：「……以該醫療領域當時當地之醫療常規、醫療水準、醫療設施、工作條件及緊急迫切等客觀情況為斷。」此條項將醫療常規設計為注意義務之一部分（或可稱之為下位概念）。故，審查時除了所謂平均醫師注意義務的醫療常規外，尚需考量其他要件，例如：醫療水準並非一成不變，乃係因地制宜、因時制宜，醫師在診察、檢查、處置時可以合理期待的醫療方式，而醫療設施更能具體化判斷醫療水準的標準……最後再綜合各個列舉的多元客觀條件評斷之：

1. **醫療常規**：同一缺牙位置併同實施第二根植體之置入與一般醫學常規不符，因為製作一顆假牙只需要一根植體，此為平均醫師注意義務之醫療常規。本案例中，被告醫師為患者於右上正中門牙植入一根植體，在尚未完成 6 個月骨整合之情形下，於同一牙齒位置旁，再植入另一根植體，並立即做上臨時性假牙，被告醫師顯然違反醫療常規。

2. **醫療水準**：醫療行為容許相當程度的風險，故應以行為時臨床醫療水準來判斷是否違反注意義務。原則上醫學中心之醫療水準高於區域醫院，而區域醫院又高於地區醫院，一般診所則居於最後；專科醫師高於非

專科醫師，自不待言。而醫療水準是醫療常規的調整器，故倘若牙醫師身處基層診所，其醫療水準只須符合最基本的醫療常規即可。本案例中，被告醫師身處於基層診所，其行為只須適用最低層級的醫療水準，亦即只須符合醫療常規即可。惟，如上述，被告醫師的行為不符合醫療常規，亦即連最低層級的醫療水準都不符合。

3.**醫療設施、工作條件、緊急迫切**：衛生福利部依據醫療法第12條第3項訂定了醫療機構設置標準，規定了各醫療院所設置時應有的設施標準；工作條件係指在工作中的設施條件、工作環境、勞動強度和工作時間的總和，又可稱之為勞動條件，我國對於勞動條件的規範大多於勞動基準法中可得知概略。本案例中，被告醫師處於基層牙醫診所，而植牙手術於任何醫療院所都能勝任，至於工作條件應與本案例無關，本案例亦非是緊急急迫的案例。

4.綜合上述要件，以客觀情況為斷，被告醫師應有違反醫療上必要之注意義務。

(二) 是否逾越合理臨床專業裁量

醫療常規所代表的是普通一般醫師所依循的醫療行為模式，但醫療狀況千變萬化，遵循醫療常規不一定能醫治病患的疾病，因為每個病患的病情、體質皆不相同，故需要醫師做現場的診斷，也就是臨床專業裁量，才能符合個案病患的需求。最高法院107年度台上字第4587號刑事判決略以：「『合理臨床專業裁量』即允許醫師對於臨床醫療行為，保有一定的『治療自由』、『臨床的專業裁量權限』，以決定治療方針。尤其對於罕見疾病、遇首例或對於末期病人充滿不確定性的治療，在無具體常規可遵循時，即須仰賴醫師合理的臨床裁量。」雖然醫療法第82條第4項之規定，合理臨床專業裁量仍須「以該醫療領域當時當地之醫療常規、醫療水準、醫療設施、工作條件及緊急迫切等客觀情況為斷」。惟，違反醫療上必要之注意義務與逾越合理臨床裁量應是不一樣的判斷方式，倘以相同的要件論斷，恐有重複評價之處。故，本段落嘗試以最高法院的判斷方式分析之：

1.本案例中，該病患因為缺牙而需植牙，此並非罕見疾病，亦非首例之病例，該病患更非末期之病人而有充滿不確定的治療，而該情狀有具體常規可遵循，此時似乎不須仰賴醫師的臨床裁量來治療病患，故牙醫師並未保有治療的自由及臨床的專業裁量權限，被告醫師的合理臨床專業裁量即是遵循醫療常規。惟，被告醫師於植牙過程中為保護永久植體骨整合之健全而植入臨時性植體以支撐假牙，雖非一般牙醫師所普遍認可的，仍為一般植牙程序所許可，故，被告醫師雖然可能違背醫療準則所揭示之義務，但，第二根植體是為解決骨整合期間內為安裝活動假牙之利，所用之臨時性植體，縱然罕見，亦不失其用心。故，渠以為仍應尊重被告醫師臨床上的裁量權，而非僅因施用不常見之術式，即認被告醫師逾越合理臨床專業裁量。

2.本案例之被告醫師未逾越合理臨床專業裁量。

本案例中，雖被告醫師違反醫療上必要之注意義務，但未逾越合理臨床專業裁量，故被告醫師不成立醫療法第 82 條的過失。

案例十七　植牙造成鼻竇穿孔案

壹、案例基本資料

一、案例事實

病患左上第一、二、三大臼齒缺牙，於 94 年 6 月 20 日求診於醫師，被告醫師進行第一次手術，但術中診斷後認為病患牙床的齒槽骨厚度不夠，無法立即做植牙，故與另一口腔外科 J 醫師會診後，轉診給 J 醫師處理骨頭的問題，被告醫師並於當日放入骨粉（DFDBA）。

94 年 10 月 24 日 J 醫師對病患施做左上顎的鼻竇增高術；95 年 9 月 5 日 J 醫師以 X 光照射後，認為骨頭已達 11.1 至 12.3mm，故轉診回被告醫師以為病患植牙；96 年 5 月 14 日，被告醫師為病患拍攝 X 光，確認骨頭厚度；96 年 5 月 21 日，被告醫師為病患植牙，但被告醫師鑽骨頭僅 7mm 即造成鼻竇穿孔，故立刻停止手術，緊急縫合。惟，仍造成病患受

有鼻竇牙齦廔管、上顎竇鼻竇炎、過敏性鼻炎、失眠等傷害。

二、判決結果

(一)第一審（台灣台中地方法院99年醫易字第3號刑事判決）

1. **J醫師部分**：病患於94年10月24日及95年9月5日均知悉J醫師曾對其為醫療行為，且病患於96年12月19日之偵查庭時亦有出庭知悉J醫師曾對其為醫療行為，卻遲至97年12月4日始提出告訴，顯已逾6個月告訴期間，故諭知不受理。

2. **被告醫師部分**

   (1)被告與證人均係基層診所之開業醫師，證人醫師依X光片即可判斷鼻竇墊高不足，被告就相同X光片竟為錯誤之判斷，顯然被告之研判有疏失之處。

   (2)植牙比一般活動假牙之費用高出許多，被告醫師於評估病患之齒槽骨之厚度時，雖受限於地方牙科診所無法購置更精密之電腦斷層掃描3D圖像為判斷，惟，既收取較高之費用，且非健保給付之對象，於具體個案中更須謹慎請病患至大型醫院做電腦斷層掃描3D圖像以作為判斷，其遽以無法完全呈現及診斷之二度空間呈像之顎骨環口全景X光片為判斷之基礎，尚非無疏失。

   (3)被告醫師於進行鑽骨時，雖病患鼻竇高度不足，如謹慎小心，亦可以避免鼻竇的穿孔情形之發生，其於進行鑽骨時亦有疏失。

   (4)95年9月5日，另一被告（J，口腔外科醫師）依病患回診所拍攝之X光片認為齒槽高度已有11.1至12.3mm，因此建議其可以回被告醫師處進行植牙，惟被告醫師卻延至96年5月14日始再為病患拍攝X片，自行判斷後再進行植牙手術，其間相差約8個月餘。惟鼻竇增高手術所置入之人工骨粉，若放置過久，有可能在術後半年至一年逐漸產生部分吸收現象，骨粉之吸收及原鼻竇再氣室化之影響，有可能使原撐大骨粉填充空間萎縮，使得齒槽骨高度降低，應再評估該處骨頭生長情形是否仍適合植牙，被告醫師卻自行評斷後進行。且在本案出現齒槽骨高度不足，致植牙時鼻竇穿孔，足徵被

告醫師之判斷是否適合為病患為植牙手術時，確有疏失之處。

(5) 被告醫師確有醫療疏失，致病患受有鼻竇穿孔等傷害，醫師所辯，應係事後卸責之詞，尚無可信。病患此次所受傷害，確係醫師於進行上開植牙手術所造成之事實，亦據上開醫事鑑定委員會鑑定在卷，病患之傷害與被告醫師之過失有相當因果關係，故諭知拘役50日。

(二) 第二審（台灣高等法院台中分院99年醫上易字第1342號刑事判決）

1.醫療行為有其特殊性，自容許相當程度之風險，應以醫療當時臨床醫療實踐之醫療水準判斷是否違反注意義務。原則上醫學中心之醫療水準高於區域醫院，區域醫院又高於地區醫院，一般診所最後；專科醫師高於非專科醫師。尚不得一律以醫學中心之醫療水準資為判斷標準。

2.被告醫師對病患進行植牙及鼻竇增高等手術，歷經多次診斷、確認，費時甚久，堪認其醫療行為已屬審慎為之，尚無明顯輕忽行事之情事存在。

3.病患施行植牙手術造成鼻竇穿孔之狀況，故為可預期之風險與結果，被告醫師進行第一次手術時，於發現病患齒槽骨高度不夠，隨即停止植牙並改做骨粉填充手術，其後又將病患轉診於口腔外科醫師施做鼻竇增高手術，前後歷經2年才施行植牙。且植牙前再以環口全景X光再次確認齒槽骨高度已足夠植牙，才實施植牙手術，顯見被告醫師對於病患骨頭形狀、密度，軟組織的厚度、型態，已有盡合理之注意義務去研判可能遇到之狀況及風險，且所為之評估及牙床補強程序符合專業牙科醫師之應有注意義務，被告醫師所為之治療並無不符合醫療常規之處。

4.電腦斷層攝影設備並非基層開業醫師所必須添置之設備。被告醫師於判讀病患鼻竇增高之程度，已以一般基層診所植牙至少應具有顎骨環口全景X光片機器設備之水準要求，及曾照會專科醫師、施行鼻竇增高手術及長期評估觀察後始植牙，其亦已盡到基層開業醫師之設備水準及術前應注意之義務，要難課以其應備大型醫院牙科使用之電腦斷層攝影設備以進行三度空間呈像進行判讀。

5. 被告醫師於 96 年 5 月 21 日為病患進行植牙手術中產生疑似鼻竇穿孔現象後,立即停止手術縫合傷口,並處方抗生素及止痛藥。次日回診檢查傷口,並請耳鼻喉專科醫師會診,一星期後再回診拆線,X 光攝影並檢查傷口,確定無礙,其所有流程既符合一般診所專業醫師感染管控及手術後傷口照護專業醫師應有的注意義務,自亦無不當之處。

6. 原審認為被告於進行鑽骨時有疏失,雖援引醫學文獻所載內容,質疑被告醫師未盡其注意義務,然上開手術之醫療行為並無不當,業據醫審會三次鑑定無訛,已如前述。故尚難僅以醫學文獻一般性之內容,指摘本件個案醫師於實際診治時之處置不當。

7. 原審對於被告是否違反必要注意義務之事項,疏未詳究審酌,而為不利被告之認定,遽對被告論罪科刑,尚有未洽。被告上訴否認犯行,指摘原判決不當,為有理由,自應由本院將原判決關於被告部分予以撤銷,改諭知無罪之判決,故撤銷改判無罪。

三、鑑定意見

(一) 醫審會第一次鑑定(偵查中送請鑑定,97 年 10 月 22 日)

1. 病人植牙前,顎骨環口全景 X 光片顯示左上顎後牙區之骨高度至少有 5mm 以上,且並未有顎骨破壞穿通之現象,因此產生自發性口鼻竇簍管之機會不高,該次植牙手術造成病人之口鼻簍管及上顎竇鼻竇炎後遺症之可能性較大。

2. 本案病人鼻竇穿孔之狀況為可預期之風險與結果。

3. 被告醫師自第一次手術至最後一次手術歷經 2 年時間,其對於病患骨頭形狀、密度,軟組織的厚度、型態,已有盡合理之注意義務去研判可能遇到之狀況與風險,且所為之評估及牙床補強程序符合專業牙科醫師之應有注意義務。

4. 電腦斷層掃描攝影設備僅在少數大型醫院牙科使用,並非常規使用工具,以一般基層診所植牙至少應具有顎骨環口全景 X 光片機器設備之水準要求,及曾照會專科醫師、施行鼻竇增高手術及長期評估觀察後始植牙之流程來看,被告醫師已盡到基層開業醫師之設備水準及術前應注意之

義務。

　　5. 手術中疑似鼻竇穿孔後，被告醫師立刻停止手術，縫合傷口，並處方抗生素及止痛藥，並請耳鼻喉科專科醫師會診，所有流程符合一般診所專業醫師感染控管及手術後傷口照護專業醫師應有的注意義務。

(二) 醫審會第二次鑑定（偵查中送請補充鑑定，99 年 1 月 18 日）

　　1. 鼻竇增高手術所置入之骨粉，若置放過久，是有可能在術後半年至一年後逐漸產生部分吸收現象，使原撐大撐高之骨粉填塞空間萎縮，高度降低，但本病例並無明顯證據顯示有此現象發生。

　　2. 被告醫師於植牙前，雖曾再為病人照 X 光評估，但並未再照會 J 醫師以較精密之數位 X 光機確認骨頭高度，是有未盡完備之處，但一般牙醫師已具有判讀牙科 X 光片並據以測量鼻竇高度之能力，因此雖僅由被告醫師本人判讀，是有未盡完備，但難謂有疏失。

　　3. 本案鼻竇穿孔之原因可能是骨粉密度未均勻分布，或是所置入之骨粉影像不明，而使 X 光片骨高度產生誤判，誤以為骨高度已均勻提高，再加以間隔時間較久，也可能造成骨粉部分吸收，而降低高度，使得骨鑽頭進入骨頭過深，而造成鼻竇穿孔。

(三) 醫審會第三次鑑定（第二審法院送請補充鑑定，100 年 8 月 12 日）

　　1. 不同日期所照射之環口 X 光片，所量測出植牙部位牙床骨高度都大於植牙手術時可使用之最短植體長度（7mm）。不過此環口 X 光片皆屬於 2D 平面影像，而鼻竇為立體構造，故較可靠之量測仍應需要 3D 影像之電腦斷層攝影檢查。

　　2. 證人 O 醫師所拍攝之 X 光片距離手術時間已超過半年，時間間隔太久，故不適合使用來做認定之依據。

(四) H 醫師（專家證人，於第二審證稱）

　　伊有看到病患手術前、後的 X 光片，由 X 光片判讀，在被告醫師實施植牙手術前，病患的牙床高度是足夠的。病患鼻竇手術後，96 年 5 月 14 日、96 年 5 月 21 日牙床骨頭的高度應該有超過 10mm 的高度，以牙床高度來說，病患適合植牙。根據文獻報導及臨床經驗，鼻竇上抬手術，

黏膜破裂是可以預期的風險，難認被告醫師所為植牙之醫療行為有疏失之處（與醫審會前揭鑑定結果認被告醫師並無醫療疏失之內容相符）。

貳、評　析

一、刑法上過失責任

(一)刑法學說上過失

　　過失是行為人未有意而為行為，但該行為卻發生法益的侵害，且該侵害並非行為意思所希望的。本案例中，被告醫師為病患植牙，但醫師鑽骨頭僅7mm即造成鼻竇穿孔，故立刻停止手術，緊急縫合（作為）。雖然被告醫師是故意為病人鑽骨，但並未有意造成鼻竇穿孔，且該後果被告醫師雖得預見其發生，但該發生的後果並非不違背被告醫師的本意。最終，鼻竇穿孔造成病患受有鼻竇牙齦瘻管、上顎竇鼻竇炎、過敏性鼻炎、失眠等傷害，該傷害並非被告醫師的鑽骨行為意思所希望的，故，被告醫師並非故意犯。惟，是否成立刑法上的過失作為犯？

1.過失作為犯的構成要件

(1)行為與結果之（條件）因果關係：非P則非Q，倘若P現象不存在，Q結果就不會發生。本案例中，倘若被告醫師不要鑽骨頭7mm，就不會造成病患鼻竇穿孔的損害，故被告醫師的鑽骨頭7mm的行為是發生病患受有鼻竇牙齦瘻管、上顎竇鼻竇炎、過敏性鼻炎、失眠等傷害結果所不可想像其不存在的條件，故二者成立條件因果關係。

(2)行為與結果之客觀歸責

A.製造法所不容許的風險：行為人的行為違背客觀的注意義務而具有行為不法，該行為即是以客觀上違反法義務規範的行為方式，製造法所不容許的風險。本案例中，被告醫師之判斷是否適合為病患為植牙手術時，可能有疏失之虞，且依據醫審會的鑑定意見：本案病人鼻竇穿孔之狀況為可預期之風險與結果，故被告醫師應更謹慎評估。這是一般牙醫師應有的客觀注意義務，抑或可稱之為醫療常規，亦即法義務規範。被告醫師上述行為違背客觀上違反法義務規範（醫療常規），故牙醫師製造了病患受傷害之

法所不容許之風險。

B. 實現法所不容許的風險：行為人的行為係結果發生的原因，行為所導致結果的發生。本案例中，被告醫師的鑽骨行為是病患受傷害的必然原因，故被告醫師的行為實現了病患的受傷害之法所不容許的風險。

    (A) 注意規範的保護目的：行為與結果間縱然具有因果關係，然而行為人所違反的注意義務，其規範保護目的並非在於避免此一結果發生者，則所發生的結果對行為人而言，不具有客觀歸責。本案例中，行為人似有未盡其注意義務，亦即上述之醫療常規，其規範保護目的乃係在於避免病患受傷害的結果發生，故病患受傷害的結果對被告醫師而言應具有客觀歸責。

    (B) 結果具有可避免性：如果行為人即使採取了合乎注意義務之行為，但結果仍無法避免發生，則可認為違反義務之行為與結果間不具有可避免性，該行為即不具有結果可歸責。本案例中，倘若被告醫師已採取了合乎注意義務之行為，而結果應可避免發生，故被告醫師的行為與結果之間具有可避免性。

C. 構成要件效力範圍：如果僅在結果與行為人所製造的法所不容許風險之間有因果關係，尚不足以滿足客觀構成要件，尚須此一結果落在避免危險的構成要件效力範圍內，才能滿足客觀歸責。本案例中，病患傷害結果的發生落在過失傷害罪的構成要件效力範圍內。

(3) 過失之主觀構成要件：本案例中，雖然被告醫師是故意為病患進行鑽骨，但並未有意造成鼻竇穿孔及病患受有鼻竇牙齦廔管、上顎竇鼻竇炎、過敏性鼻炎、失眠等傷害，且該後果被告醫師雖得預見其發生，但該發生的後果並非不違背被告醫師的本意，故被告醫師並不成立故意犯。惟，是否成立過失犯罪？

(4) 依上述判斷，被告醫師應成立刑法上的過失。惟，醫療行為有其特殊性，自容許相當程度之風險且應以醫療當時臨床醫療實踐之醫療

水準判斷是否違反注意義務，被告醫師身處在診所，故應只須符合最低程度注意義務即符合醫療常規。而被告醫師對病患進行植牙及鼻竇增高等手術，歷經多次診斷、確認，費時甚久，堪認其醫療行為已屬審慎為之，尚無明顯輕忽行事之情事存在，故二審法院推翻一審的判決結果，認定被告醫師已盡注意義務，符合最低限度的醫療常規，故為無罪的諭知。

2. **違法性**：被告醫師無任何阻卻違法事由。

3. **罪責**：被告醫師無任何阻卻罪責事由。

4. **結論**：被告醫師不成立刑法上的過失。

(二) 醫療實務上過失

1. **違反注意義務**：一般的過失犯罪與故意犯罪不同，過失犯罪行為人主觀上欠缺犯意，故過失犯的行為非價在於違反規範的要求，而過失犯的行為非價的判斷標準在於違反注意義務。因此須從客觀上判斷其行為是否違反應盡的注意義務，也就是說，過失犯的行為人未遵守社會一般人所要求的注意（亦即客觀的注意義務之違反），再反推其對於該結果是否應負過失責任；相同地，醫療上的過失犯罪亦須從客觀上判斷醫師是否違反應盡的注意義務，亦即違反普通一般醫師所應遵循的醫療行為模式，再反推其對於該結果是否應負過失責任。注意義務的內容包含範圍廣大，本段落僅就與牙科醫療行為較有關聯的親自診療義務、常規診療義務、轉診義務、告知同意義務予以分析之：

   (1) 親自診療義務：醫師法第11條第1項前段規定：「醫師非親自診察，不得施行治療、開給方劑或交付診斷書。」因為疾病的症狀具有多變性及複雜性，而每個病患皆是獨立的個體，且每次的病徵都是獨立的事件，故醫師唯有親自診察治療才能做出正確的判斷，以避免因為誤診而延誤病情或治療錯誤致生醫療紛爭。本案例中，被告醫師不論進行診斷或鑽骨或轉診於專科醫師，皆親自執行而未假手他人，故被告醫師並未違反親自診療義務。

   (2) 常規診療義務：過失犯的行為非價之判斷標準在於是否違反注意義務，而注意義務的判斷基準為何？渠以為，應以刑法為保護法益免

於受侵害而課予行為人在具體情狀下，以一位善良理智之人處於當時相同狀態所應恪遵該事務之注意義務為標準。此在醫療上則稱之為「醫療常規」，以其作為判定符合注意義務與否之依據，即在臨床上長時間發展而沿襲下來經常實行的規矩，並以「醫療成員之平均、通常具備之技術」為判斷標準。惟，醫療常規並非一成不變，在醫學中心、區域醫院、地區醫院、一般診所，因設備等之差異；在每一時期，因醫學之進步程度，醫療常規乃具浮動性，由此可明白「醫療水準」是作為「醫療常規」之調整器，使得醫療人員能因時制宜而提供符合當時需求的客製化醫療行為。本案例中，依醫審會鑑定意見，本案病人鼻竇穿孔之狀況為可預期之風險與結果。

而被告醫師對於病患骨頭形狀、密度，軟組織的厚度、型態，已有盡合理之注意義務去研判可能遇到之狀況與風險，且所為之評估及牙床補強程序符合專業牙科醫師之應有注意義務，且電腦斷層掃描攝影設備僅在少數大型醫院牙科使用，並非常規使用工具，以一般基層診所植牙至少應具有顎骨環口全景 X 光片機器設備之水準要求，及曾照會專科醫師、施行鼻竇增高手術及長期評估觀察後始植牙之流程來看，被告醫師已盡到基層開業醫師之設備水準及術前應注意之義務，此即符合醫療常規。而被告醫師身處基層診所，只須符合最基本的醫療水準，亦即最基本的醫療常規，即無違反常規診療義務。被告醫師的行為未違背醫療準則所揭示之義務，其未有應注意、能注意而未注意之過失，故被告醫師並未違反常規診療義務。

(3) 轉診義務：醫療法第 73 條第 1 項前段規定：「醫院、診所因限於人員、設備及專長能力，無法確定病人之病因或提供完整治療時，應建議病人轉診。」轉診本質上屬於醫療院所之法定責任，惟，接觸病患的主體是醫師，故實務上將醫療院所的責任直接由行為人（醫師）承接。故，一般醫師如果限於專科醫學能力的不足，即應評估將病患轉診至專科醫師處所，以讓病患獲得更專業的照顧，此乃正確醫療行為的一個環節，若違背正確的轉診評估，即顯然有違有過失之虞。本案例中，被告醫師進行第一次手術時，術中診斷後認為

病患牙床的齒槽骨厚度不夠，無法立即做植牙，故與另一口腔外科醫師會診後，轉診給口腔外科醫師處理骨頭的問題，而口腔外科醫師對病患施做左上顎的鼻竇增高術後，認為骨頭已達 11.1 至 12.3 mm，故轉診回牙醫師以為病患植牙，故被告醫師已盡轉診義務。

(4) 告知同意義務：醫師法第 12 條之 1 規定：「醫師診治病人時，應向病人或其家屬告知其病情、治療方針、處置、用藥、預後情形及可能之不良反應。」醫療乃是高度專業且具危險之行為，病患或其家屬通常須仰賴醫師之說明方能瞭解醫療行為的風險、效果及必要性，故醫師為醫療行為時，自應詳細對病患本人或家屬說明病情、可能診斷及治療方式之選擇及其風險，賦予病患選擇拒絕或接受的空間，以保障病患身體自主權。一般情形下，如曾說明，病人即有拒絕醫療之可能時，即有說明之義務；於此，醫師若未盡上開說明之義務，除有正當理由外，難謂已盡注意之義務。本案例中，被告醫師不論是第一次手術、轉診於口腔外科醫師或最後一次手術失敗，皆詳盡其告知義務，而病患於過程中皆能知曉被告醫師的施術過程。故，被告醫師並未違反告知同意義務。

2. **因果關係（客觀之相當因果關係說）**：實務上為防止條件理論不當擴大刑事責任而採相當因果關係理論，因此可以將偶然的事實或偶然發生的結果從刑法評價上予以排除，即原則上得將不尋常或異常因果連結視為偶然發生的條件，而以不具相當性來加以摒除。而相當因果關係之客觀說係立於法官裁判時之立場（事後判斷），於行為人行為當時客觀所存在之事實狀況及行為後所產生之事情，於經驗法則上（客觀上）為一般人所能預見或經驗上認為可能之狀況作為判斷資料而判斷之基礎，判斷的基準可說是法官之認識力。本案件中，倘若立於裁判時的立場，做客觀之事後審查，依經驗法則或是醫療常規，被告醫師已盡其注意義務，故，並未違反醫療常規。而電腦斷層掃描攝影設備僅在少數大型醫院牙科使用，並非常規使用工具，又，顎骨環口全景 X 光片機器設備所拍攝之影像是存在有誤差值。故，渠當不能預見，一般情形，有此環境，有此行為之條件下，均會發生同一失敗的結果，此可能僅是偶然的事實

或偶然發生的結果。故被告醫師的行為與病患受有鼻竇牙齦廔管、上顎竇鼻竇炎、過敏性鼻炎、失眠等傷害應不具有相當因果關係。

3. **結論**：被告醫師未違反注意義務，且被告醫師的行為與病患受有鼻竇牙齦廔管、上顎竇鼻竇炎、過敏性鼻炎、失眠等傷害應不具有相當因果關係，故被告醫師不成立醫療上的過失。

二、醫療法第82條過失責任

(一) 是否違反醫療上必要之注意義務

醫療法第 82 條第 4 項規定：「……以該醫療領域當時當地之醫療常規、醫療水準、醫療設施、工作條件及緊急迫切等客觀情況為斷。」此條項將醫療常規設計為注意義務之一部分（或可稱之為下位概念）。故，審查時除了所謂平均醫師注意義務的醫療常規外，尚需考量其他要件，例如：醫療水準並非一成不變，乃係因地制宜、因時制宜，醫師在診察、檢查、處置時可以合理期待的醫療方式，而醫療設施更能具體化判斷醫療水準的標準……最後再綜合各個列舉的多元客觀條件評斷之：

1. **醫療常規**：依醫審會的鑑定報告，電腦斷層掃描攝影設備僅在少數大型醫院牙科使用，並非常規使用工具，一般基層診所植牙以具有顎骨環口全景 X 光片機器設備之水準要求即可。又，醫師於進行鑽骨時，雖病患鼻竇高度不足，如謹慎小心，或可避免鼻竇的穿孔情形之發生，此為平均醫師注意義務之醫療常規。本案例中，依醫審會鑑定報告：本案病人鼻竇穿孔之狀況為可預期之風險與結果。又，被告醫師進行第一次手術時，於發現病患齒槽骨高度不夠，隨即停止植牙並改做骨粉填充手術，其後又將病患轉診於口腔外科醫師施做鼻竇增高手術，前後歷經 2 年才施行植牙，且植牙前再以環口全景 X 光再次確認齒槽骨高度已足夠植牙，才實施植牙手術，顯見被告醫師對於病患骨頭形狀、密度，軟組織的厚度、型態，已有盡合理之注意義務去研判可能遇到之狀況及風險，且所為之評估及牙床補強程序符合專業牙科醫師之應有注意義務，被告醫師所為之治療並無不符合醫療常規之處。

2. **醫療水準**：醫療行為容許相當程度的風險，故應以行為時臨床醫療

水準來判斷是否違反注意義務。原則上醫學中心之醫療水準高於區域醫院，而區域醫院又高於地區醫院，一般診所則居於最後；專科醫師高於非專科醫師，自不待言。而醫療水準是醫療常規的調整器，故倘若牙醫師身處基層診所，其醫療水準只須符合最基本的醫療常規即可。本案例中，被告醫師身處於基層診所，其行為只須適用最低層級的醫療水準，亦即只須符合醫療常規即可。惟，如上述，被告醫師的行為並無不符合醫療常規，亦即並無不符合最低層級的醫療水準。

　　3.**醫療設施、工作條件、緊急迫切**：衛生福利部依據醫療法第 12 條第 3 項訂定了醫療機構設置標準，規定了各醫療院所設置時應有的設施標準；工作條件係指在工作中的設施條件、工作環境、勞動強度和工作時間的總和，又可稱之為勞動條件，我國對於勞動條件的規範大多於勞動基準法中可得知概略。本案例中，被告醫師處於基層牙醫診所，而依醫審會鑑定意見，電腦斷層掃描攝影設備僅在少數大型醫院牙科使用，並非常規使用工具，一般基層診所植牙具有顎骨環口全景 X 光片機器設備即已足，至於工作條件應與本案例無關，本案例亦非是緊急急迫的案例。

　　4.綜合上述要件，以客觀情況為斷，被告醫師未有違反醫療上必要之注意義務。

(二) 是否逾越合理臨床專業裁量

　　醫療常規所代表的是普通一般醫師所依循的醫療行為模式，但醫療狀況千變萬化，遵循醫療常規不一定能醫治病患的疾病，因為每個病患的病情、體質皆不相同，故需要醫師做現場的診斷，也就是臨床專業裁量，才能符合個案病患的需求。最高法院 107 年度台上字第 4587 號刑事判決略以：「『合理臨床專業裁量』即允許醫師對於臨床醫療行為，保有一定的『治療自由』、『臨床的專業裁量權限』，以決定治療方針。尤其對於罕見疾病、遇首例或對於末期病人充滿不確定性的治療，在無具體常規可遵循時，即須仰賴醫師合理的臨床裁量。」雖然醫療法第 82 條第 4 項之規定，合理臨床專業裁量仍須「以該醫療領域當時當地之醫療常規、醫療水準、醫療設施、工作條件及緊急迫切等客觀情況為斷」。惟，違反醫療上必要之注意義務與逾越合理臨床裁量應是不一樣的判斷方式，倘以相同的

要件論斷,恐有重複評價之處。故,本段落嘗試以最高法院的判斷方式分析之:

1. 本案例中,該病患因為缺牙而需植牙,並非罕見疾病,亦非首例之病例,該病患更非末期之病人而有充滿不確定的治療,而該情狀有具體常規可遵循,此時似乎不須仰賴醫師的臨床裁量來治療病患,故被告醫師並未保有治療的自由及臨床的專業裁量權限,被告醫師的合理臨床專業裁量即是遵循醫療常規,亦即醫審會的鑑定意見如前述,且被告醫師自評估至動手鑽骨,歷經 2 年的期間,並非草率魯莽行之,且發現病患上顎竇破裂後,亦盡其能力善後。故,被告醫師已善盡其能力所及之合理臨床裁量,故,渠以為被告醫師並未逾越合理臨床專業裁量。

2. 本案例之被告醫師並未逾越合理臨床專業裁量。

本案例中,被告醫師未違反醫療上必要之注意義務且未逾越合理臨床專業裁量,故被告醫師不成立醫療法第 82 條的過失。

案例十八　看牙綑綁病童成植物人案

壹、案例基本資料

一、案例事實

病童有先天性顱顏畸形之克魯仲症候群(Crouzon Syndrome),原預定於 87 年 1 月 8 日進行整型手術,故於 86 年 12 月 22 日先進行手術前的口腔治療,以減少術後感染之問題。被告醫師預定先執行較無侵入性的牙齒預防性齲齒治療(sealant),被告醫師在病童右下第一及第二乳臼齒放置防濕橡皮布(rubber dam),而因為病童不斷哭鬧,在徵得家長同意後,被告醫師指示護理師取出 4 條約束帶將病童綁於治療椅上,第一次治療 10 分鐘有休息一次,休息過後,進行第二次治療約 8、9 分鐘後,病童突然翻白眼、嘴唇發紺、四肢無力而昏迷,被告醫師立即移除口內所有物品,解開約束帶,並呼叫 999 院內急救小組。經急救,病童仍呈現植物人狀態。

二、判決結果

(一)第一審（台灣台北地方法院88年自字第203號刑事判決）

1.病童因患有先天性克魯仲症候群而有鼻後孔閉鎖之情形，顯較一般人容易產生呼吸上之困難，然因麻醉會有抑制中樞神經之效果，如採用全身麻醉或靜脈注射麻醉，其引起呼吸窒息之危險亦會較常人高，是以被告醫師於進行本案治療之初未對病童採取術前投藥或全身麻醉之方式，應無過失之處。

2.病童於本案治療過程並未因被告醫師放置防濕橡皮布及使用約束帶之故，而造成其以口呼吸困難而缺氧之情事，否則病童自治療過程開始即有哭鬧情事，且於鼻部有大量分泌物，而須以口呼吸，倘放置防濕橡皮布果造成其以口呼吸困難而缺氧之情事。其於第一次治療之10分鐘內即應已發生發紺之現象，而不可能持續至第二次治療開始後8、9分鐘仍有足夠之意識及活動力將放置之防濕橡皮布頂落。

3.依第三、四次鑑定意見，被告醫師於本案治療過程採取為病童放置防濕橡皮布及使用約束帶之方式為之並無疏失之處。

4.治療之過程，被告醫師既可就病童臉色、顏面表情之變化、肢體活動、指甲顏色等其他生理現象察知其是否發生發紺之情形，而非必以病童嘴唇之生理變化為唯一之依據，尚難認被告醫師有因放置防濕橡皮布致不能發現病童發紺之過失。

5.既無醫學上之依據，足以認定被告醫師倘於治療過程給予病童氧氣吸入，與裝接非侵入性血氧飽和度監測儀等生理監視器，病童即不會缺氧而造成現今之傷害，自不能以推定因被告醫師未集中觀察之方法，遽以認定其就此有何過失。

6.查無其他醫學文獻或臨床紀錄可得確知患有先天性克魯仲症候群患者，其於臨床上須缺氧若干時間始會產生腦部不可逆之傷害，自不能單憑推測之方法，為不利於被告醫師之證明。

7.於病童哭聲微弱，掀開橡皮布發現嘴唇發紺，即停止牙科治療移除口內橡皮布，解開約束器同時呼叫急救小組，一方面抬起病童下巴，抽吸口內物以維持呼吸道通暢。急救小組於1分鐘內到達進行心肺復甦術，口

內插管及給予急救藥物，過程密集正確並無遲延急救，故被告醫師之處置正確，並無疏失之處。

8.被告醫師所採取之治療方式既未妨礙被害人哭鬧之情形下以口呼吸，則被告醫師所實施之治療是否會使病童產生疼痛，實與本案結果之發生並無相當之因果關係，且被告醫師於進行本件治療時所採取之治療方式既合乎兒童牙科治療之程序，並無任何過失，則其於治療前究有無對病童之病情及病歷予以充分之瞭解，亦與本案結果之發生並無相當之因果關係。

9.本案查無具體積極證據足以證明病童係因被告醫師於治療過程所採取之措施造成呼吸困難而發生窒息之現象，且對病童採取密切觀察亦無法確定即不會產生現今之傷害結果，於發現病童嘴唇發紺後，醫師亦已對之採取密集正確之急救措施，此外，復查無醫師有何業務過失之行為，自屬不能證明被告醫師犯業務過失傷害罪（現已將「業務」刪除），爰為無罪之諭知。

(二)第二審：不公開

三、鑑定意見

(一)醫審會第一次鑑定（檢察官送請鑑定，87 年 10 月 1 日）

根據記載之治療計畫，及治療過程而言，尚未發現有疏失之處，可能由於病童持續強烈哭鬧掙扎，導致暫停呼吸，或因痰哽塞引起缺氧，與病童先天性呼吸障礙，不無關聯。

(二)醫審會第二次鑑定（88 年 2 月 1 日）

1.生理現象之觀察，最有效的方式當屬生理監視器、防濕橡皮布能有效區隔臉頰、嘴唇及治療區，但也可能遮住嘴唇，因此不易快速直接觀察到嘴唇有無發紺之生理變化，本案如果未使用防濕橡皮布，病童即可提早發現有無此現象，並立即進行急救，其結果可能會不同。

2.集中觀察（intensive observation）即密切觀察之意，當病患全身狀況不佳或隨時有可能發生併發症之疑慮，為求慎重，往往在治療中或術後恢復期會予以集中觀察，意即全程給予氧氣吸入，與裝設非侵入性血氧飽

和度監測儀、血壓脈搏呼吸監視器、心電圖機、腦波機等生理監視器,以輔助研判病患生命特徵(vital signs)之變化。據此,若有「集中觀察」,必可提早提供相當價值之參考資料,有利於醫療之順利進行,至於是否會造成病童現今之結果,則頗難斷言。

(三) 醫審會第三次鑑定(第一審法院送請鑑定,88 年 11 月 2 日)

1.對口呼吸的患者使用橡皮布,於其上打一個洞讓病患通氣,是常被使用的方式。嘴唇的顏色若接近孔洞的位置,仍可能看到。病人未接受麻醉,吞嚥反射仍未被抑制,縱使有部分水未被吸口水的機器吸走,病人也不至於有不能口呼吸的情況。

2.本案醫師之治療時間並未超過 30 分鐘,其中包括行為之誘導、放置束縛板、上橡皮布,以及讓病人休息一下,重換橡皮布,就治療時間及治療步驟而言,並無不妥。

3.兒童牙科選擇治療方式的原則,以行為誘導為第一原則,如果有初步的合作,通常會先嘗試在門診治療,而先不考慮鎮靜麻醉或全身麻醉,不適合每次都讓病人暴露在麻醉的危險中,特別是有呼吸道阻塞及曾有呼吸停止紀錄的病患。

(四) 醫審會第四次鑑定(第一審法院送請,89 年 7 月 5 日)

1.防濕橡皮布之置放,並不妨礙呼吸,因為橡皮布與口腔外之嘴唇部分之間仍留下空間可供空氣進出,它可防止牙科治療時噴出之水堆積於口腔之中,並可防止異物進入喉嚨。

2.若病童為健康兒童,則不罩橡皮布也可以治療,但是必須經常擔心水會不會嗆到喉嚨,對克魯仲症候群之病童則無其他方式可代替。

3.缺氧 4 分鐘後會發生腦部不可逆之傷害,而呼吸停止 40 至 60 秒會發生循環停止。急救小組於 1 分鐘內到達,經急救後,即轉送加護病房繼續救治。

4.病童的意識未能恢復,應與其先天性克魯仲症候群之呼吸道畸形以致的呼吸障礙有關,而非因治療計畫、治療過程之疏失所致。

5.本案而言,病人選擇鎮靜麻醉或全身麻醉,就不會發生遺憾,是很難斷言的。

貳、評　析

一、刑法上過失責任

(一)刑法學說上過失

　　過失是行為人未有意而為行為，但該行為卻發生法益的侵害，且該侵害並非行為意思所希望的。本案例中，被告醫師為病童進行手術前的口腔治療，因為病童不斷哭鬧，在徵得家長同意後，被告醫師指示護士取出4條約束帶將病童綁於治療椅上且放置防濕橡皮布於口鼻處，而導致病童突然翻白眼、嘴唇發紺、四肢無力而昏迷成植物人之重傷害（作為）。雖然被告醫師是故意指示護理師取出4條約束帶將病童綁於治療椅上且放置防濕橡皮布於口鼻處，但並未有意造成病童昏迷而成為植物人，該後果被告醫師雖得預見其發生，但該發生的後果並非不違背被告醫師的本意。最終，被告醫師指示護士取出4條約束帶將病童綁於治療椅上且放置防濕橡皮布於口鼻處的行為可能發生了病童昏迷而成為植物人的重傷害，該重傷害並非被告醫師的行為意思所希望的。故，被告醫師並非故意犯。惟，是否成立刑法上的過失作為犯？

1. 過失作為犯的構成要件

(1) 行為與結果之（條件）因果關係：非P則非Q，倘若P現象不存在，Q結果就不會發生。本案例中，倘若被告醫師不要指示護理師取出4條約束帶將病童綁於治療椅上且放置防濕橡皮布於口鼻處，病童是否就不會翻白眼、嘴唇發紺、四肢無力而昏迷至植物人的重損害？不無疑義，故被告醫師的前述行為是否是發生病患翻白眼、嘴唇發紺、四肢無力而昏迷受損害結果所不可想像其不存在的條件？仍有疑義，故二者應不成立條件因果關係。

(2) 行為與結果之客觀歸責

A. 製造法所不容許的風險：行為人的行為違背客觀的注意義務而具有行為不法，該行為即是以客觀上違反法義務規範的行為方式，製造法所不容許的風險。本案例中，依據醫審會的鑑定意見：根據記載之治療計畫，及治療過程而言，尚未發現有疏失之處，可

能由於病童持續強烈哭鬧掙扎，導致暫停呼吸，或因痰哽塞引起缺氧，與病童先天性呼吸障礙，不無關聯，故被告醫師應合乎該有的客觀注意義務，抑或可稱之為醫療常規，亦即法義務規範。被告醫師指示護理師取出 4 條約束帶將病童綁於治療椅上且放置防濕橡皮布的行為應未違背客觀上違反法義務規範（醫療常規），而未造成病患翻白眼、嘴唇發紺、四肢無力而昏迷之法所不容許之風險。

B. 實現法所不容許的風險：行為人的行為係結果發生的原因，行為所導致結果的發生。本案例中，依前述，被告醫師既然未製造法所不容許的風險，則被告醫師的行為應未實現了病童翻白眼、嘴唇發紺、四肢無力而昏迷之法所不容許的風險。

　(A) 注意規範的保護目的：行為與結果間縱然具有因果關係，然而行為人所違反的注意義務，其規範保護目的並非在於避免此一結果發生者，則所發生的結果對行為人而言，不具有客觀歸責。本案例中，依醫審會鑑定，行為人未違反注意義務，亦即未違反醫療常規，其規範保護目的乃係在於避免病患受傷害的結果發生，故病童昏迷受傷害的結果對被告醫師而言應不具有客觀歸責。

　(B) 結果具有可避免性：如果行為人即使採取了合乎注意義務之行為，但結果仍無法避免發生，則可認為違反義務之行為與結果間不具有可避免性，該行為即不具有結果可歸責。本案例中，依醫審會的鑑定，被告醫師並未違反注意義務，亦即未違反醫療常規，故被告醫師的行為與病童昏迷的結果間似不具有可避免性。

C. 構成要件效力範圍：如果僅在結果與行為人所製造的法所不容許風險之間有因果關係，尚不足以滿足客觀構成要件，尚須此一結果落在避免危險的構成要件效力範圍內，才能滿足客觀歸責。本案例中，病患傷害結果的發生落在過失傷害罪的構成要件效力範圍內。

(3) 過失之主觀構成要件：本案例中，雖然被告醫師是故意指示護理師取出 4 條約束帶將病童綁於治療椅上且放置防濕橡皮布於口鼻處，但並未有意造成病童翻白眼、嘴唇發紺、四肢無力而昏迷，該後果被告醫師雖得預見其發生，但該發生的後果並非不違背被告醫師的本意。故被告醫師並不成立故意犯，惟，是否成立過失犯罪？

(4) 由於病童因患有先天性克魯仲症候群而有鼻後孔閉鎖之情形，顯較一般人容易產生呼吸上之困難，然因麻醉會有抑制中樞神經之效果，如採用全身麻醉或靜脈注射麻醉，其引起呼吸窒息之危險亦會較常人高，是以被告醫師於進行本案治療之初未對病童採取術前投藥或全身麻醉之方式，乃係正確的決定。而使用防濕橡皮布的目的是為了有效區隔臉頰、嘴唇及治療區，可防止牙科治療時噴出之水堆積於口腔之中，並可防止異物進入喉嚨，為一般牙醫師進行牙科治療時常見的術式。至於該防濕橡皮布是否會阻礙病童呼吸？因為橡皮布與口腔並非完全密貼，其與口腔外之嘴唇部分之間仍留下空間可供空氣進出，故並不會因而造成病童窒息，那為何病童會因而昏迷？依醫審會鑑定意見：可能由於病童持續強烈哭鬧掙扎，導致暫停呼吸，或因痰哽塞引起缺氧，與病童先天性呼吸障礙，不無關聯。

2. **違法性**：被告醫師無任何阻卻違法事由。

3. **罪責**：被告醫師無任何阻卻罪責事由。

4. **結論**：被告醫師不成立刑法上的過失。

(二) 醫療實務上過失

1. **違反注意義務**：一般的過失犯罪與故意犯罪不同，過失犯罪行為人主觀上欠缺犯意，故過失犯的行為非價在於違反規範的要求，而過失犯的行為非價的判斷標準在於違反注意義務。因此須從客觀上判斷其行為是否違反應盡的注意義務，也就是說，過失犯的行為人未遵守社會一般人所要求的注意（亦即客觀的注意義務之違反），再反推其對於該結果是否應負過失責任；相同地，醫療上的過失犯罪亦須從客觀上判斷醫師是否違反應盡的注意義務，亦即違反普通一般醫師所應遵循的醫療行為模

式，再反推其對於該結果是否應負過失責任。注意義務的內容包含範圍廣大，本段落僅就與牙科醫療行為較有關聯的親自診療義務、常規診療義務、轉診義務、告知同意義務予以分析之：

(1) 親自診療義務：醫師法第11條第1項前段規定：「醫師非親自診察，不得施行治療、開給方劑或交付診斷書。」因為疾病的症狀具有多變性及複雜性，而每個病患皆是獨立的個體，且每次的病徵都是獨立的事件，故醫師唯有親自診察才能做出正確的判斷，以避免因為誤診而延誤病情或治療錯誤致生醫療紛爭。本案例中，牙醫師不論是於牙齒上置放溝隙封填劑或是放置防濕橡皮布，皆親自執行而未假手他人，故被告牙醫師並未違反親自診療義務。

(2) 常規診療義務：過失犯的行為非價之判斷標準在於是否違反注意義務，而注意義務的判斷基準為何？渠以為，應以刑法為保護法益免於受侵害而課予行為人在具體情狀下，以一位善良理智之人處於當時相同狀態所應恪遵該事務之注意義務為標準，此在醫療上則稱之為「醫療常規」，以其作為判定符合注意義務與否之依據，即在臨床上長時間發展而沿襲下來經常實行的規矩，並以「醫療成員之平均、通常具備之技術」為判斷標準，惟，醫療常規並非一成不變，在醫學中心、區域醫院、地區醫院、一般診所，因設備等之差異；在每一時期，因醫學之進步程度，醫療常規乃具浮動性，由此可明白「醫療水準」是作為「醫療常規」之調整器，使得醫療人員能因時制宜而提供符合當時需求的客製化醫療行為。本案例中，依醫審會鑑定意見，防濕橡皮布之置放，並不妨礙呼吸，因為橡皮布與口腔外之嘴唇部分之間仍留下空間可供空氣進出，它可防止牙科治療時噴出之水堆積於口腔之中，並可防止異物進入喉嚨，此為牙醫師做治療時常使用的術式，符合醫療常規；又，被告醫師指示護理師使用約束帶將病童綁於治療椅上，亦是牙醫師對於無法合作的患者常用的方式，符合醫療常規；當病童突然翻白眼、嘴唇發紺、四肢無力而昏迷，被告醫師立即移除口內所有物品，解開約束帶，並呼叫999院內急救小組，經急救，亦符合醫療常規。而被告醫師身處

醫學中心，具有最高的醫療水準，亦即須符合最高的醫療常規，始無違反常規診療義務。綜觀被告醫師於事件始末的作為，並未違背醫療準則所揭示之義務，其未有應注意、能注意而未注意之過失，故被告醫師並未違反常規診療義務。

(3) 轉診義務：醫療法第 73 條第 1 項前段規定：「醫院、診所因限於人員、設備及專長能力，無法確定病人之病因或提供完整治療時，應建議病人轉診。」轉診本質上屬於醫療院所之法定責任，惟，接觸病患的主體是醫師，故實務上將醫療院所的責任直接由行為人（醫師）承接。故，一般醫師如果限於專科醫學能力的不足，即應評估將病患轉診至專科醫師處所，以讓病患獲得更專業的照顧，此乃正確醫療行為的一個環節，若違背正確的轉診評估，即顯然有過失之虞。本案例中，被告醫師身處醫學中心，已是最高等級醫療院所，而被告醫師所施術式並非相當困難，故並未有轉診之必要性。故被告醫師並未違反轉診義務。

(4) 告知同意義務：醫師法第 12 條之 1 規定：「醫師診治病人時，應向病人或其家屬告知其病情、治療方針、處置、用藥、預後情形及可能之不良反應。」醫療乃是高度專業且具危險之行為，病患或其家屬通常須仰賴醫師之說明方能瞭解醫療行為的風險、效果及必要性，故醫師為醫療行為時，自應詳細對病患本人或家屬說明病情、可能診斷及治療方式之選擇及其風險，賦予病患選擇拒絕或接受的空間，以保障病患身體自主權。一般情形下，如曾說明，病人即有拒絕醫療之可能時，即有說明之義務；於此，醫師若未盡上開說明之義務，除有正當理由外，難謂已盡注意之義務。本案例中，依判決書內文，不論是治療前與病童家長討論病情，抑或是術中為了使用約束帶而獲得家長的同意，被告醫師皆克盡告知義務，而病童為未成年人且具有身心障礙，則由家長代為行使同意權。故，被告醫師未違反告知同意義務。

2. **因果關係（客觀之相當因果關係說）**：實務上為防止條件理論不當擴大刑事責任而採相當因果關係理論，因此可以將偶然的事實或偶然發生

的結果從刑法評價上予以排除，即原則上得將不尋常或異常因果連結視為偶然發生的條件，而以不具相當性來加以摒除。而相當因果關係之客觀說係立於法官裁判時之立場（事後判斷），於行為人行為當時客觀所存在之事實狀況及行為後所產生之事情，於經驗法則上（客觀上）為一般人所能預見或經驗上認為可能之狀況作為判斷資料而判斷之基礎，判斷的基準可說是法官之認識力。本案件中，倘若立於裁判時的立場，做客觀之事後審查，依經驗法則或是醫療常規，不論是放置防濕橡皮布或是使用約束帶或是急救的過程，皆未違反醫療常規，又，依第一審判決理由，被告醫師所採取之治療方式既未妨礙被害人哭鬧之情形下以口呼吸，則被告醫師所實施之治療是否會使病童產生疼痛，實與本案結果之發生並無相當之因果關係，且被告醫師於進行本件治療時所採取之治療方式既合乎兒童牙科治療之程序，並無任何過失。故渠當無法預見，一般情形，有此環境，有此行為之條件下，均會發生同一之結果，此應只是偶然的事實或偶然發生的結果，故被告醫師的行為與病童突然翻白眼、嘴唇發紺、四肢無力而昏迷之傷害應無相當因果關係。

3. **結論**：被告醫師未違反注意義務，且被告醫師的行為與病童突然翻白眼、嘴唇發紺、四肢無力而昏迷的傷害之間應無相當因果關係，故被告牙醫師不成立醫療上的過失。

二、醫療法第82條過失責任

(一)是否違反醫療上必要之注意義務

醫療法第 82 條第 4 項規定：「……以該醫療領域當時當地之醫療常規、醫療水準、醫療設施、工作條件及緊急迫切等客觀情況為斷。」此條項將醫療常規設計為注意義務之一部分（或可稱之為下位概念）。故，審查時除了所謂平均醫師注意義務的醫療常規外，尚需考量其他要件，例如：醫療水準並非一成不變，乃係因地制宜、因時制宜，醫師在診察、檢查、處置時可以合理期待的醫療方式，而醫療設施更能具體化判斷醫療水準的標準……最後再綜合各個列舉的多元客觀條件評斷之：

1. **醫療常規**：依醫審會鑑定意見，防濕橡皮布之置放，並不妨礙呼

吸，因為橡皮布與口腔外之嘴唇之間仍留下空間可供空氣進出，它可防止牙科治療時噴出之水堆積於口腔之中，並可防止異物進入喉嚨，此為牙醫師做治療時常使用的術式；又，被告醫師指示護理師使用約束帶將病童綁於治療椅上，亦是被告醫師對於無法合作的患者常用的方式；當病童突然翻白眼、嘴唇發紺、四肢無力而昏迷，被告醫師立即移除口內所有物品，解開約束帶，並呼叫 999 院內急救小組前來急救，此為平均醫師注意義務之醫療常規。本案例中，被告醫師的行為皆符合上述規範，故被告醫師並未違反醫療常規。

2. **醫療水準**：醫療行為容許相當程度的風險，故應以行為時臨床醫療水準來判斷是否違反注意義務。原則上醫學中心之醫療水準高於區域醫院，而區域醫院又高於地區醫院，一般診所則居於最後；專科醫師高於非專科醫師，自不待言。而醫療水準是醫療常規的調整器，故倘若牙醫師身處醫學中心，其醫療水準應符合最高的醫療常規。本案例中，被告醫師身處於醫學中心，其行為應符合最高層級的醫療水準。如上述，被告醫師不論是術前、術中、術後的行為皆符合最高等級要求之醫療常規，亦即符合最高等級要求之醫療水準。

3. **醫療設施、工作條件、緊急迫切**：衛生福利部依據醫療法第 12 條第 3 項訂定了醫療機構設置標準，規定了各醫療院所設置時應有的設施標準；工作條件係指在工作中的設施條件、工作環境、勞動強度和工作時間的總和，又可稱之為勞動條件，我國對於勞動條件的規範大多於勞動基準法中可得知概略。本案例中，被告醫師處於醫學中心，而該防濕橡皮布的置放與約束帶的使用於醫學中心都能勝任，而發現病患昏迷時，急救小組亦於 1 分鐘內抵達現場施救，至於工作條件應與本案例無關，本治療項目亦非是緊急急迫的案例。

4. 綜合上述要件，以客觀情況為斷，被告醫師應未有違反醫療上必要之注意義務。

(二) 是否逾越合理臨床專業裁量

醫療常規所代表的是普通一般醫師所依循的醫療行為模式，但醫療狀況千變萬化，遵循醫療常規不一定能醫治病患的疾病，因為每個病患的病

情、體質皆不相同，故需要醫師做現場的診斷，也就是臨床專業裁量，才能符合個案病患的需求。最高法院107年度台上字第4587號刑事判決略以：「『合理臨床專業裁量』即允許醫師對於臨床醫療行為，保有一定的『治療自由』、『臨床的專業裁量權限』，以決定治療方針。尤其對於罕見疾病、遇首例或對於末期病人充滿不確定性的治療，在無具體常規可遵循時，即須仰賴醫師合理的臨床裁量。」雖然醫療法第82條第4項之規定，合理臨床專業裁量仍須「以該醫療領域當時當地之醫療常規、醫療水準、醫療設施、工作條件及緊急迫切等客觀情況為斷」。惟，違反醫療上必要之注意義務與逾越合理臨床裁量應是不一樣的判斷方式，倘以相同的要件論斷，恐有重複評價之處。故，本段落嘗試以最高法院的判斷方式分析之：

　　1.本案例中，該病患病童有先天性顱顏畸形之克魯仲症候群，原預定於87年1月8日進行整型手術，故於86年12月22日先進行手術前的口腔治療，以減少術後感染之問題。該病童所罹患的應是罕見疾病，但非首例之病例，該病患更非末期之病人而有充滿不確定的治療，而該情狀有具體常規可遵循，此時似乎可尊重醫師的臨床裁量來治療病患，故被告醫師應保有治療的自由及臨床的專業裁量權限，被告醫師的合理臨床專業裁量可以是遵循醫療常規。依醫審會的鑑定意見，被告醫師不論於術前、術中、術後皆未有違反醫療常規之處，故被告醫師並未逾越合理臨床專業裁量。

　　2.本案例之被告醫師未逾越合理臨床專業裁量。

　　本案例中，被告醫師未違反醫療上必要之注意義務且未逾越合理臨床專業裁量，故被告醫師不成立醫療法第82條的過失。

研究成果

　　本文是以十八個案例為主幹，以各種要件進行不同方式的探討。惟，既然是十八個實務上的判決案例，所以一開始便以實務上判斷醫療過失的要件（是否違反注意義務＋是否有因果關係）進行分類：第一類（有違反注意義務＋有因果關係）有七個案例；第二類（有違反注意義務＋無有因果關係）有三個案例；第三類（無違反注意義務＋無因果關係）有八個案例。爾後，每個案例再導入三種分析模式：刑法上過失責任之刑法學說、刑法上過失責任之醫療實務、醫療法第 82 條過失責任。而刑法上過失責任之刑法學說又再分成作為犯與不作為犯兩種分析模式：作為犯採用林鈺雄教授大作的分析模式，不作為犯採用林山田教授大作的分析模式，以下就所有分析方式進行統計與探討。

第一節　刑法上過失責任

第一項　刑法學說上過失

壹、以是否有作為來分類

　　作為犯總共有十四例，其中有違反注意義務及有因果關係的有五例（占 28%）；有違反注意義務但無因果關係的有三例（占 17%）；無違反注意義務且無因果關係的有六例（占 33%）。又，不作為犯總共有四例：其中有違反注意義務及有因果關係的有兩例（占 11%）；有違反注意義務但無因果關係的無案例（占 0%）；無違反注意義務且無因果關係的有兩例（占 11%）。

　　由上述分類可知，作為犯占 14/18=78%，不作為犯占 4/18=22% 。有人說，牙科是手作藝術的一種，所以，應該以作為犯為大宗，此分析結果也符合實務上的現況。

貳、以刑法構成要件來分析

一、作為犯

　　以林鈺雄教授之大作，《新刑法總則》（2019 年 9 月七版，元照出版有限公司）所臚列的過失作為犯的構成要件來進行分析這十四個作為犯的案例（有罪的有五個案例，占 28%；無罪的有九個案例，占 50%）：

(一)行為與結果之（條件）因果關係

　　1.成立條件因果關係的有七個案例（占 39%），不成立條件因果關係的亦有七個案例（占 39%）。除了臨時植體案與植牙造成鼻竇穿孔案兩個案例外，成立條件因果關係的都是成立有罪，而不成立條件因果關係的都是無罪。

　　2.臨時植體案的判決理由認為應該尊重牙醫師依臨床判斷而施行的術式，即便是罕見或是就結果而言不一定是最好的，但這可能是醫療進步的一個必經的環節，莫以成敗論英雄，故即便成立條件因果關係，法院兩個審級仍諭知無罪。

　　3.植牙造成鼻竇穿孔案的第一審判決諭知有罪，而第二審判決則認為牙醫師已盡其最大努力，不論術前、術中或術後皆盡其應為的義務，即便牙醫師的行為是病患的結果的原因，最後法院仍撤銷第一審的判決，予以無罪定讞。

(二)行為與結果之客觀歸責

1. 製造法所不容許的風險

　　(1) 有製造法所不容許的風險總共有十一個案例（占 61%），沒製造法所不容許的風險總共有三個案例（占 17%）。

　　(2) 作為犯中，只有五個成立犯罪（占 28%），卻有十一個有製造法所不容許的風險（占 61%），或許可表示醫療即是製造危險的來源，本身就是一個危險的事業，有待其他的要件來加以阻卻違法，否則醫療人員

應該都是走在違法的鋼索上，這或許也是醫療人員一直以來希望去刑化的原因。

2. 實現法所不容許的風險

(1) 有實現法所不容許的風險共有五個案例（占 28%），沒實現法所不容許的風險共有九個案例（50%）。

(2) 作為犯中，只有五個成立犯罪（占 36%），而這五個當然有實現法所不容許的風險，故這項指標剛好吻合是否成立犯罪與否，即實現法所不容許的風險的案例都成立犯罪。

3. 構成要件效力範圍

(1) 結果落在構成要件效力範圍內共有六個案例（占 33%），結果不落在構成要件效力範圍內共有八個案例（占 44%）。

(2) 作為犯中，有五個成立犯罪（占 28%），而結果落在構成要件效力範圍內卻有六個（33%），僅有植牙造成鼻竇穿孔案是不同的。

(3) 植牙造成鼻竇穿孔案的牙醫師確實將病患的鼻竇鑽破了，也造成了鼻竇穿孔及一些後遺症的傷害，故牙醫師製造了法所不容許的風險且風險亦實現了，第一審亦為有罪的諭知。倘若以自我負責原則來檢視，要避免危險的責任確實是落在牙醫師，客觀上也應可歸責於牙醫師，所以本文持與終局判決不一樣的看法，本文認為該案的結果應有落在構成要件效力範圍內。

(三) 過失之主觀構成要件

有主觀的共有五個案例（占 28%），沒主觀的共有九個案例（占 50%），此結論與有罪無罪的結果相同。

(四) 小結

作為犯的部分總共十四例中：五例有罪（28%），九例無罪（50%）；七例成立條件因果關係（39%），另外七例不成立條件因果關係（39%）；十一例有製造法所不容許的風險（61%），三例未製造法所不容許的風險（17%）；五例有實現法所不容許的風險（28%），九例未實現法所不容許的風險（50%）；八例的結果沒落在構成要件範圍內

（44%），六例的結果落在構成要件效力範圍內（33%）。

二、不作為犯

　　以林山田教授之大作，《刑法通論》（下冊，2008 年 1 月十版，元照出版有限公司）所臚列的過失不作為犯的構成要件來進行分析這四個不作為犯的案例（有罪的共兩個案例，占 11%；無罪的共兩個案例，占 11%）：

(一)構成要件該當結果的發生

　　1.該當結果的發生總共有二又三分之一個案例（含未告知而後得癌症案之 W 醫師，占 13%），不該當結果的發生總共有一又三分之二個案例（含未告知而後得癌症案之 S、Y 醫師，占 9%）。

　　2.不作為犯中，一半成立犯罪，另一半不成立犯罪，而構成要件是否該當結果的發生，大約也是各占一半，只有在未告知而後得癌症案的 W 醫師方面，本文以為 W 醫師的行為似乎有那麼一點點不適法，與法院的判決理由有些扞格，故本文將 W 醫師列在構成要件該當結果的發生的部分。

(二)因果關係與客觀歸責

1.行為與結果之（條件）因果關係

　　有成立條件因果關係的共有兩個案例（占 11%），不成立條件因果關係的亦有兩個案例（占 11%）。此結論與成立犯罪的比例相同，故在這個項目中，成立條件因果關係就會成立犯罪。

2.行為與結果之客觀歸責

(1) 製造法所不容許的風險

　　有製造法所不容許的風險總共有二又三分之一個案例（含未告知而後得癌症案之 W 醫師，占 13%），沒製造法所不容許的風險總共有一又三分之二個案例（含未告知而後得癌症案之 S、Y 醫師，占 9%）。在不作為犯中，一半成立犯罪，另一半不成立犯罪，而是否製造風險也是大約各占一半。只有在 W 醫師方面，本文以為其行為確實有製造了病患疾病風險升高的狀況，故將其列在有製造法所不容許的風險的部分，此與法院的

判決理由有些扞格。

(2) 實現法所不容許的風險

有實現法所不容許的風險總共有兩個案例（11%），沒實現法所不容許的風險總共也有兩個案例（11%），與是否成立犯罪的案例相同，但與是否製造法所不容許的風險的案例略有所不同，因為製造與實現本來就是不一樣的要件。

(三) 過失行為的行為不法與結果不法

1. 僅具行為不法但不具結果不法有三分之一個案例（即未告知而後得癌症案之 W 醫師，占 2%），而具行為不法與結果不法總共有兩個案例（11%）。又，不具行為不法與結果不法總共有一又三分之二個案例（含未告知而後得癌症案之 S、Y 醫師，占 9%）。

2. 不作為犯中，一半成立犯罪，另一半不成立犯罪。除了 W 醫師的部分外，有罪的部分皆具行為不法與結果不法，無罪的部分不具行為不法與結果不法。至於 W 醫師的部分，本文以為該醫師的行為確有疏忽及不妥之處。惟，其僅具有行為不法，並未有結果不法，故本文以為並未構成刑事不法（同時成立行為不法與結果不法，才會成立刑事不法）。

(四) 不為期待應為行為

1. 不為期待應為行為總共有二又三分之一個案例（含未告知而後得癌症案之 W 醫師，占 13%），有為期待應為行為總共有一又三分之二個案例（含未告知而後得癌症案之 S、Y 醫師，占 9%）。

2. 除了 W 醫師的部分外，有罪的案例皆不為期待應為的行為，無罪的案例並非不為期待應為的行為。至於 W 醫師的部分，如前所述，其行為確有可議之處。

(五) 防止結果發生的事實可能

具有防止結果發生的事實可能總共有兩個案例（11%），不具防止結果發生的事實可能亦總共有兩個案例（11%），此比例與成立犯罪與否是一樣的。此項目應不具有統計上的意義。

(六) 保證人地位

　　未盡其保證人地位的總共有二又三分之一個案例（含未告知而後得癌症案之 W 醫師，占 13%），已盡其保證人地位的總共有一又三分之二個案例（含未告知而後得癌症案之 S、Y 醫師，占 9%）。除了 W 醫師的部分外，有罪的案例皆未盡其保證人地位之義務，無罪的案例皆並非未盡其保證人地位之義務。至於 W 醫師的部分，如前所述，其行為確有可議之處。

(七) 不作為與作為等價

　　1.成立者總共有二又三分之一個案例（含未告知而後得癌症案之 W 醫師，占 13%），不成立者總共有一又三分之二個案例（含未告知而後得癌症案之 S、Y 醫師，占 9%）。

　　2.不作為犯中，一半成立犯罪，另一半不成立犯罪，除了 W 醫師的部分外，有罪的案例中，不作為與作為在法律上的評價是相等的；無罪的案例中則否。至於 W 醫師的部分，如前所述，因為其行為確有可議之處，本文仍認為其行為應有成立犯罪之虞，故將其歸為等價。

參、分　析

　　不作為犯的部分總共四例中，兩例有罪（11%），兩例無罪（11%）；二又三分之一個案例的構成要件該當結果的發生（13%），一又三分之二個案例的構成要件不該當結果的發生（9%）；兩例成立條件因果關係（11%），兩例不成立因果關係（11%）；二又三分之一個案例有製造法所不容許的風險（13%），一又三分之二個案例沒製造法所不容許的風險（9%）；兩例有實現法所不容許的風險（11%），兩例沒實現法所不容許的風險（11%）；三分之一例僅具行為不法但不具結果不法（2%），兩例具行為不法與結果不法（11%），一又三分之二個案例不具行為不法與結果不法（9%）；二又三分之一個案例不為期待應為之行為（13%），一又三分之二個案例有為期待應為之行為（9%）；兩例具有防止結果發生的事實可能（11%），兩例不具有防止結果發生的事實可能（11%）；二又三分之一個案例未盡其保證人地位（13%），一又三分之二個案例

有盡其保證人地位（9%）；二又三分之一個案例的不作為與作為等價
（13%），一又三分之二個案例的不作為與作為不等價（9%）。

肆、比例圖

一、以是否有作為來分類

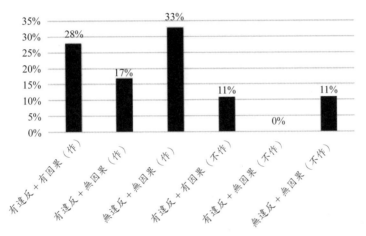

圖4-1　以是否有作為來分類

二、以刑法構成要件來分類

(一) 作為犯

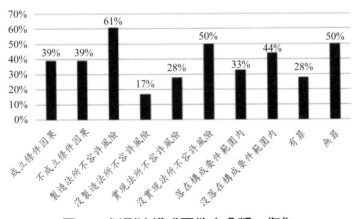

圖4-2　以刑法構成要件來分類—作為

(二) 不作為犯

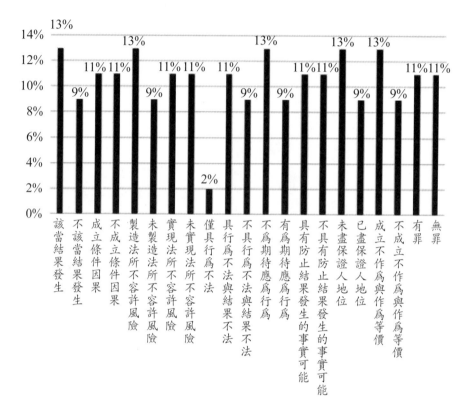

圖4-3　以刑法構成要件來分類—不作為

伍、結　語

　　作為犯的有罪的比例是 28%，將近只有無罪的比例（50%）的一半；而不作為犯的有罪的比例與無罪的比例卻都是相等的（11%）。此乃是因為牙醫師在做出醫療行為時，還是會比較戒慎小心，畢竟面對的是一個活生生的病人，而且醫療狀況千奇百怪，所以牙醫師有所作為時是謹慎的。但當牙醫師面對不知應該作為時，則可能因為種種因素而逾越法律的界線，因此不作為犯有罪的比例才會與無罪的比例相等。由此可知，牙醫師對於何時該作為，何時該不作為，應該都處於迷惘不知如何措其手足的狀

況。

　　十四例作為犯中，十一個案例有製造法所不容許的風險（61%），但只有五個案例有實現法所不容許的風險（28%），這五個案例也剛好就是五個有罪的案例，製造的案例是實現的案例的兩倍多。又，就條件因果關係來說，卻有七個案例（39%）有成立條件因果關係。由此可知，醫療行為本身即具有其風險性，故牙醫師一不小心即會製造法所不容許的風險，又，臨時植體案與植牙造成鼻竇穿孔案都是牙醫師的行為造成病患不良的治療效果，但法院認為牙醫師已盡其最大努力，縱然有製造法所不容許的風險，且牙醫師的行為可能是病患不良結果的原因，但仍予以無罪的諭知，並不因病患有不好的治療結果而苛責於牙醫師。這對醫療界來說，或許是一個正面的鼓舞，對於勇於創新及努力認真的醫師來說，更是一個正向的鼓勵。

　　四例不作為犯中，二又三分之一個案例有製造法所不容許的風險（13%），一又三分之二個案例沒有製造法所不容許的風險（9%），又，兩個案例為有罪的案例（11%），而成立條件因果關係者為兩例（11%）。這四個指標的比例相近，與作為犯大不相同，本文以為可能是因為牙科的工作以實際操作為主，故一旦是作為的案件，牙醫師的行為很有可能一不小心就會製造法所不容許的風險（醫療本身即具有風險性）；但在不作為的案件中，沒動作可能就比較不會有製造的問題，所以製造與沒製造就會恢復成將近相等的比例了。

　　就條件因果關係來說，有作為犯與不作為犯的各自的案例數（比例）是相同的。所以不論是作為犯或是不作為犯，符合條件因果關係的比例都是相等的，亦即條件因果關係的成立與否是不分作為犯或是不作為犯。

第二項　醫療實務上過失

壹、以違反注意義務與因果關係分類

　　有違反注意義務且有因果關係的有七個案例有罪（39%），有違反注意義務但無因果關係的有三個案例無罪（17%），無違反注意義務且無因

果關係的有八個案例無罪（44%）。由上述分類可知，只有違反注意義務且有因果關係，兩個要件皆成立者才會成立犯罪（7/18=39%）；有違反注意義務但無因果關係，或無違反注意義務且無因果關係者，不會成立犯罪（11/18=61%）。

貳、違反注意義務

一、親自診療義務

(一) 有違反親自診療義務（0%）

不論是有違反注意義務且有因果關係，或是有違反注意義務但無因果關係，抑或是無違反注意義務且無因果關係者，皆為零個案例。

(二) 無違反親自診療義務（100%）

有違反注意義務且有因果關係者共有七個案例（39%），而有違反注意義務但無因果關係者共有三個案例（17%），又，無違反注意義務且無因果關係者共有八個案例（44%），亦即所有案例都是無違反親自診療義務。

(三) 小結

所有案例都是由牙醫師親自執行，未假手他人，因為都是醫療糾紛的案件，不是醫師法的案件。

二、常規診療義務

(一) 有違反常規診療義務（45%）

有違反注意義務且有因果關係者共有七個案例（39%），而有違反注意義務但無因果關係者有一個案例（6%），又，無違反注意義務且無因果關係者沒有案例。

(二) 無違反常規診療義務（55%）

有違反注意義務且有因果關係者沒有案例，而有違反注意義務但無因果關係者共有兩個案例（11%），又，無違反注意義務且無因果關係者共有八個案例（44%）。

(三)小結

　　有罪的案例全部都違反醫療常規。無罪的案例中，除了植牙後神經麻木案之外，全部都未違反醫療常規。植牙後神經麻木案，牙醫師選用過長的植體，雖然違反常規診療義務一個注意義務，但結果的發生與其行為間可能沒有相當因果關係，基於罪疑唯輕原則，所以並不成立犯罪。

三、轉診義務

(一)有違反轉診義務（23%）

　　有違反注意義務且有因果關係者共有三個案例（17%），而有違反注意義務但無因果關係者有一個案例（6%），又，無違反注意義務且無因果關係者沒有案例。

(二)無違反轉診義務（77%）

　　有違反注意義務且有因果關係者共有四個案例（22%），而有違反注意義務但無因果關係者共有兩個案例（11%），又，無違反注意義務且無因果關係者共有八個案例（44%）。

(三)小結

　　由於牙醫的治療都是以輕症為主，所以醫療過失案件大多是牙醫師本身的診療判斷或是治療術式出了問題，與是否應該轉診大多無涉，所以僅有 23% 有違反轉診義務，卻有 39% 成立有罪，故違反轉診義務不一定必然會成立犯罪。

　　1. 植牙導致蜂窩性組織炎案、看守所內拔錯牙案、活動假牙造成潰瘍再導致口腔癌案等三案，都是牙醫師於力有未逮或設備不足的情況下仍勉強為之，疏於將病患轉診至最能獲致醫療照顧之處所，因而致生禍端，牙醫師也因而都成立犯罪。

　　2. 根管治療斷針案：本案例乃是牙醫師於第一次斷針時就該轉診給專科醫師處置為宜，但牙醫師依舊未盡其轉診義務，爾後又斷了第二次針，惟，病患的不良結果與牙醫師的斷針似無因果關係，故獲判無罪。

四、告知同意義務

(一)有違反告知同意義務（29%）

　　有違反注意義務且有因果關係者共有四個案例（22%），而有違反注意義務但無因果關係者有一個案例（5%），又，無違反注意義務且無因果關係者有三分之一個案例（未告知而後得癌症案之 W 醫師，2%）。

(二)無違反告知同意義務（71%）

　　有違反注意義務且有因果關係者共有三個案例（17%），而有違反注意義務但無因果關係者共有兩個案例（11%），又，無違反注意義務且無因果關係者共有七又三分之二個案例（含未告知而後得癌症案之 S、Y 醫師，43%）。

(三)小結

　　針對各項治療，衛生福利部擬定了許多術前同意書的範例供牙醫師們參考，如果牙醫師未依規定實行，可能會遭到行政裁罰，所以牙醫師們在治療前大多會請病患簽署同意書。惟，簽署同意書跟是否盡告知義務仍不能完全劃上等號。故，仍有六個案例有違反此項義務。

　　1. 有罪的案例中（39%）：有四個違反告知義務（22%），三個未違反告知義務（17%）。故幾乎可說是各占一半的比例，所以有無違反告知義務與成罪與否似乎沒有統計上的關聯性。

　　2. 無罪的案例中（61%）：有兩個違反告知義務（11%），十個未違反告知義務（55%）。大部分的案例皆未違反告知義務，只有在拔牙致死案與未告知而得癌症之 W 醫師部分，雖然有違反告知義務，但其違反之義務與病患的結果之間並未有相當因果關係，故而獲無罪判決。

參、因果關係（客觀之相當因果關係說）

一、有成立相當因果關係（39%）

　　有違反注意義務且有因果關係者共有七個案例（39%），有違反注意義務但無因果關係與無違反注意義務且無因果關係都沒有案例。

二、未成立相當因果關係（61%）

　　有違反注意義務且有因果關係者沒有案例，而有違反注意義務但無因果關係者共有三個案例（17%），又，無違反注意義務且無因果關係者共有八個案例（44%）。

　　此項統計結果與是否成立犯罪相同，或許是因為此為判斷是否成立犯罪最後一個要件。故，有成立相當因果關係者皆有罪，沒有成立相當因果關係者皆無罪。

肆、分　析

　　所有案例中，七個有成立犯罪（39%），十一個未成立犯罪（61%）；所有案例都未違反親自診療義務；八個案例違反常規診療義務（45%），十個案例無違反常規診療義務（55%）；四個案例違反轉診義務（23%），十四個案例無違反轉診義務（77%）；六個案例違反告知同意義務（33%），十三個案例無違反告知同意義務（72%）；七個案例成立客觀之相當因果關係（39%），十一個案例不成立客觀之相當因果關係（61%）。

伍、比例圖

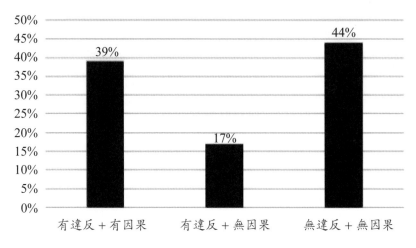

圖4-4　以是否違反注意義務與是否有因果關係來分類

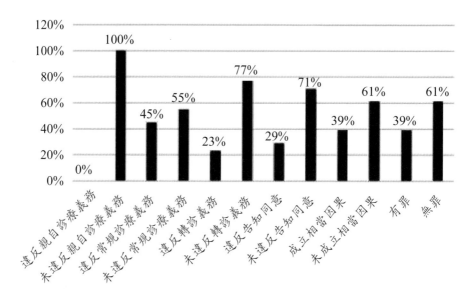

圖4-5　醫療上的過失的所有要件的比較

陸、結　語

　　所有案例中，沒有案例違反親自診療義務（0%），四個違反轉診義務（23%），六個違反告知同意義務（33%），八個違反常規診療義務（45%）。

　　一、由此可見，醫療常規依舊是許多牙醫師所無法預見及遵循的地方，畢竟醫療常規並不是固定的術式或見解，會隨著醫療水準而有所浮動，但大部分的牙醫師都不懂法律，只會照自己的所學及想法治療病患的牙疾，哪會瞭解什麼常規不常規的。不過近幾年來衛福部有施行六年換照制度，強迫牙醫師們走出冷氣房，利用假日或休診的時間吸收新知，也可藉此讓牙醫師們不再只會閉門造車。但有關醫療法律的課程卻是少之又少，這或許是政府機關及牙醫公會可以共同努力的地方。

　　二、對於告知同意義務方面，如前所述，這麼多年來，衛福部有訂立了許多制式化的治療同意書供牙醫師們參考使用，大多數的牙醫師也都有遵循使用（因為沒遵循會被處行政罰）。惟，治療同意書並不等於告知

義務，病患簽了同意書並不等同牙醫師盡了告知義務。因此，在一些案例中，即便牙醫師有請病患簽了同意書，但本文認為牙醫師仍未盡其告知義務。

三、於轉診義務，如前所述，牙科的治療以輕症為大宗，故大多數的案例並無須轉診至專科醫師或醫院處所，所以僅有在少數的案例，牙醫師才會有轉診義務。但依本文之觀察，牙醫師有轉診觀念的並不多見，大家還是習慣自己完成所有術式，這可能與牙醫界到了最近幾年才有開始做大規模的專科醫師的制度有關。親自診療義務亦如前所述，不再贅述。

就實務上一直以來的見解，必須違反注意義務且有相當因果關係（客觀說）兩個要件的成立才會成立過失犯罪。而注意義務的種類非常的多，亦即醫師非常容易一不小心即逾矩了，但還好，尚須再通過因果關係這個關卡才會成罪。因此本文以為，相當因果關係的客觀說似乎具有限縮過失罪成立的作用，使得牙醫師們不至於因為違反了一項注意義務即成立過失犯罪。

第二節　醫療法第82條過失責任

壹、以違反注意義務與有否因果關係來分類

有違反注意義務且有因果關係總共有七個案例有罪（39%），有違反注意義務但無因果關係總共有三個案例無罪（17%），無違反注意義務且無因果關係總共有八個案例無罪（44%）。由此可得知，只有違反注意義務且有因果關係，兩個要件皆成立者，才會成立犯罪（7/18＝39%）；有違反注意義務但無因果關係，或無違反注意義務且無因果關係者，不會成立犯罪（11/18＝61%）。

貳、是否違反醫療上必要之注意義務

一、醫療常規

(一) 違反醫療常規（50%）

　　有違反注意義務且有因果關係者總共有七個案例（39%），有違反注意義務但無因果關係者有一個案例（5.5%），無違反注意義務且無因果關係者有一個案例（5.5%）。

(二) 未違反醫療常規（50%）

　　有違反注意義務且有因果關係者沒有案例，有違反注意義務但無因果關係者總共有兩個案例（11%），無違反注意義務且無因果關係者總共有七個案例（39%）。

(三) 小結

　　有違反醫療常規與未違反醫療常規都各占一半，但卻只有39%的案例被判有罪，所以可得知，違反醫療常規並不一定會成立犯罪，這對許多醫師來說應該會鬆了一口氣，畢竟醫療常規並不是一個固定的行為，不像法律條文有絕對可供遵循的準則，所以縱然不慎違反了常規，仍須有其他的要件才會成立犯罪。

　　1.植牙後神經麻木案：本案中，牙醫師違反醫療常規，似選用了過長的植體，導致植體過於接近下齒槽神經管而可能因此有壓迫神經之虞。惟，神經麻痺的原因與牙醫師選用過長的植體之間並未一定有因果關係，基於罪疑唯輕原則，法院仍為無罪的諭知。

　　2.臨時植體案：本案中，牙醫師選用臨時植體，雖然違反醫療常規，但法院尊重牙醫師的專業臨床判斷，給予牙醫師較大的施術空間，縱然施術結果並未如人意，但並不因此而反推牙醫師的術式是有問題的，仍為無罪定讞。

二、醫療水準

(一) 符合醫療水準（50%）

　　有違反注意義務且有因果關係者沒有案例，有違反注意義務但無因果

關係者總共有兩個案例（11%），無違反注意義務且無因果關係者總共有七個案例（39%）。

(二)未符合醫療水準（50%）

有違反注意義務且有因果關係者總共有七個案例（39%），有違反注意義務但無因果關係者有一個案例（5.5%），無違反注意義務且無因果關係者有一個案例（5.5%）

(三)小結

是否符合醫療水準的比例跟醫療常規一模一樣，因為在牙科的生態中，大部分的牙醫師都是待在診所工作，甚少待在醫院裡工作，所以醫療水準通常就是適用最低層級的醫療常規。所以幾乎可以說，在牙科的領域裡，醫療水準＝醫療常規。

三、醫療設施、工作條件、緊急急迫等條件

(一)違反條件（6%）

有違反注意義務且有因果關係者沒有案例，有違反注意義務但無因果關係者有一個案例（6%），無違反注意義務且無因果關係者沒有案例。

(二)未違反條件（94%）

有違反注意義務且有因果關係者總共有七個案例（39%），有違反注意義務但無因果關係者有兩個案例（11%），無違反注意義務且無因果關係者總共有八個案例（44%）。

綜上，總共只有一個案例（拔牙致死案）有違反，其餘十七個案例皆與之無涉。故在牙科的領域裡，似乎很少會有違反此項要件之處。而該違反之案例乃是因為牙醫師明知身處之診所設備應有不足之處，對於流血數日之病患，應將之轉診至有適當設備之醫院為宜。

參、是否逾越合理臨床專業裁量

一、有逾越合理臨床專業裁量（50%）

有違反注意義務且有因果關係者總共有七個案例（39%），有違反注意義務但無因果關係者有兩個案例（11%），無違反注意義務且無因果關

係者沒有案例。

二、未逾越合理臨床專業裁量（50%）

　　有違反注意義務且有因果關係者沒有案例，有違反注意義務但無因果關係者有一個案例（6%），無違反注意義務且無因果關係者有八個案例（44%）。

　　除了植牙後神經麻木案與拔牙致死案外，有逾越合理臨床專業裁量的都成立犯罪，未逾越合理臨床專業裁量的都不成立犯罪。而前者是因為基於罪疑唯輕原則，所以獲判無罪，後者則是因為牙醫師的行為並非病患死亡的原因，所以獲判無罪。兩個案例都是有違反醫療上必要之注意義務及有逾越合理臨床專業裁量，卻因不同的原因而獲判無罪。故，倘若只審查「是否違反必要之注意義務」及「是否逾越合理臨床專業裁量」兩個要件，是不足以判斷出是否有醫療上的過失，尚需其他要件才行。那當初訂立這兩個要件的意義為何？實在啟人疑竇？這也是醫療法第 82 條令人有所疑慮的地方之一。

肆、小　結

　　所有案例中，七個案例有成立犯罪（39%），十一個案例未成立犯罪（61%）；九個案例有違反醫療常規（50%），另外九個案例未違反醫療常規（50%）；九個案例有違反醫療水準（50%），另外九個案例未違反醫療水準（50%）；一個案例有違反醫療設施、工作條件、緊急急迫等條件（6%），十七個案例未違反醫療設施、工作條件、緊急急迫等條件（94%）；九個案例有逾越合理臨床專業裁量（50%），九個案例未逾越合理臨床專業裁量（50%）。

伍、比例圖

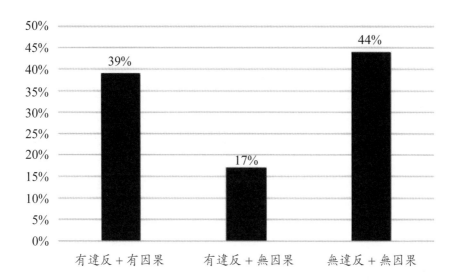

圖4-6　以是否違反注意義務與是否有因果關係來分類

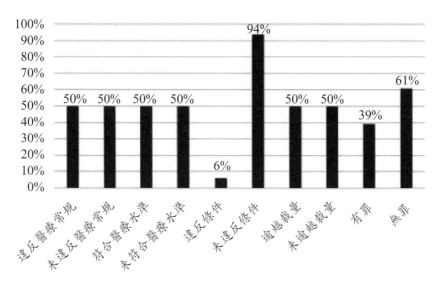

圖4-7　醫療法第82條的過失的所有要件的比較

陸、結　語

以最新的醫療法第 82 條檢視過去的這些案例。首先，有違反醫療上必要之注意義務（醫療常規、醫療水準或是其他條件）以及逾越合理臨床專業裁量者，違反的與未違反的比例皆相同（50%，各九例），但最終卻只有七例成立犯罪（39%）。植牙後神經麻木案與拔牙致死案都算是病患的結果較為嚴重的病例，縱然有違反醫療常規、醫療水準及逾越合理臨床專業裁量，但因為行為與結果間沒有因果關係，故最終仍為無罪。但因果關係的判斷並未出現在新法的文字中，立法者的意思是僅需檢驗「是否違反醫療上必要之注意義務」及「是否逾越合理臨床專業裁量」？不需檢驗因果關係？抑或是立法疏漏？畢竟新法才上路短短四、五年，仍有待之後最高法院的判決來加以檢驗。

第三節　綜合探討

本文以牙科醫療過失十八個實務案例作為基礎，以刑法上過失責任之刑法學說（作為犯以林鈺雄教授大作的分類標準、不作為犯以林山田教授大作的分類標準）、刑法上過失責任之醫療實務（司法實務的分類標準）、醫療法第 82 條過失責任（最新修正醫療法第 82 條的標準）三種判斷方式進行各種要件的歸納、統計、分析，以祈能瞭解牙科醫療過失犯罪成立與否的關鍵點。最後，由於這十八個案例都是牙科的案例，本文以牙醫師的觀點，依刑法第 10 條第 4 項，以醫療結果是否為重傷（含死亡）為分類標準，打破（融合）上述三種判斷方式，將十八個案例再做最後的探討：

壹、依刑法第10條第4項，以醫療結果是否為重傷（含死亡）為分類標準

一、醫療結果嚴重案例

活動假牙造成潰瘍再導致口腔癌案、拔牙致死案、未告知而後得癌症

案、植牙過程中昏迷案、看牙綑綁兒童成植物人案等共五例（占 28%）；
其中三個案例為作為犯（17%），兩個案例為不作為犯（11%）；一個
案例有罪（6%），四個案例無罪（22%）；一個案例成立條件因果關係
（6%），四個案例不成立條件因果關係（22%）；二又三分之一個案例
有違反一個以上注意義務（13%），二又三分之二個案例未違反注意義務
（14%）；一個案例有成立相當因果關係之客觀說（6%），四個案例不
成立相當因果關係之客觀說（22%）；兩個案例有違反醫療上必要之注意
義務（11%），三個案例未違反醫療上必要之注意義務（17%）；兩個案
例有逾越合理臨床專業裁量（11%），三個案例未逾越合理臨床專業裁量
（17%）。

二、醫療結果非嚴重案例

　　植牙導致蜂窩性組織炎案、看守所內拔錯牙案、拆假牙變拔牙案、
診療椅壓傷病患家長案、未控制牙周病導致植牙失敗案、根管治療斷針
案、去除咬合干擾而修磨 11 顆牙案、沖洗根管造成潰瘍案、根管治療沒
開消炎藥案、臨時植體案、植體掉入上顎鼻竇案、植牙後神經麻木案、
植牙造成鼻竇穿孔案等共十三例（占 72%）；其中十一個案例為作為犯
（61%），兩個案例為不作為犯（11%）；六個案例有罪（33%），七個
案例無罪（39%）；八個案例成立條件因果關係（44%），五個案例不成
立條件因果關係（28%）；八個案例有違反一個以上注意義務（44%），
五個案例未違反注意義務（28%）；六個案例有成立相當因果關係之客觀
說（33%），七個案例不成立相當因果關係之客觀說（39%）；八個案例
有違反醫療上必要之注意義務（44%），五個案例未違反醫療上必要之注
意義務（28%）；七個案例有逾越合理臨床專業裁量（39%），六個案例
未逾越合理臨床專業裁量（33%）。

貳、比例圖

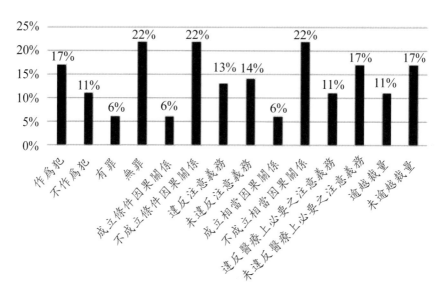

圖4-8 醫療結果嚴重

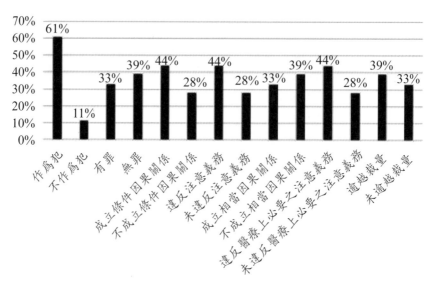

圖4-9 醫療結果非嚴重

參、交叉分析

一、本段落依牙醫師的認知及參照刑法第 10 條第 4 項，以醫療結果是否為重傷（含死亡）為分類標準，將所有案例分為兩種類型，並融合三種檢驗方式（刑法上過失責任之刑法學說、刑法上過失責任之醫療實務、醫療法第 82 條過失責任三種判斷方式）來交叉分析這十八個牙科醫療過失判決。

二、在有力說（刑法上過失責任之刑法學說）的檢驗下，十四例作為犯中，十一個案例有製造法所不容許的風險（61%），但只有五個案例有實現法所不容許的風險（28%），這五個案例也剛好就是五個有罪的案例）。製造的案例是實現的案例的兩倍多，但卻有七個案例（39%）有成立條件因果關係；四例不作為犯中，二又三分之一個案例有製造法所不容許的風險（13%），一又三分之二個案例沒有製造法所不容許的風險（9%），又，兩個案例為有罪的案例（11%），而成立條件因果關係者亦為兩例（11%），這四項指標的比例相近，與作為犯大不相同。另，作為犯有罪的比例是 28%，將近只有無罪的比例（50%）的一半；而不作為犯的有罪的比例與無罪的比例卻都是相等的（皆 11%）。就條件因果關係來說，有作為犯與不作為犯的各自的案例數（比例）是相同的。所以不論是作為犯或是不作為犯，符合條件因果關係的比例都是相等的，亦即條件因果關係的成立與否是不分作為犯或是不作為犯。

三、在實務（刑法上過失責任之醫療實務）的檢驗下，違反注意義務的案例中，沒有案例違反親自診療義務（0%），四個違反轉診義務（23%），六個違反告知同意義務（33%），八個違反常規診療義務（45%）。而成立客觀之相當因果關係的有七個（39%），不成立客觀之相當因果關係的有十一個（61%）。由此可知，牙醫師們對醫療常規是什麼？依舊是霧裡看花，也因此常常會越矩而不自知。

四、在新法（醫療法第 82 條過失責任）的檢驗下，有違反醫療上必要之注意義務（醫療常規、醫療水準或是其他條件）以及逾越合理臨床專業裁量者，違反的與未違反的比例皆相同（50%，各九例），但最終

卻只有七例成立犯罪（39%）。

五、最後再參照刑法第 10 條第 4 項，以醫療結果是否為重傷（含死亡）為分類標準將所有案例區分為醫療結果嚴重與醫療結果非嚴重兩種分類，再融入上述三種判斷方式：

（一）**就作為犯與非作為犯的比例來說**：不論是醫療結果嚴重的或非嚴重的案例，作為犯皆比不作為犯多（17% vs 11%；61% vs 11%）。而在刑法上過失責任之刑法學說的分類下，作為犯與不作為犯的比例是 78% vs 22%。這兩個的結論大致相同，牙醫的工作以操作為主，案例當然會以作為為大宗。

（二）**就有罪與否的比例來說**

1. 醫療結果嚴重的部分的有罪率（6%）竟然比無罪率（22%）低許多；反倒是醫療結果非嚴重的部分，兩者比例（33% vs 39%）則差異不大。

2. 在刑法上過失責任之刑法學說裡有類似上述的情形，作為犯中有罪的有 28%，無罪的有 50%；而不作為犯中，兩者比例是 11% vs 11%。

3. 又，在刑法上過失責任之醫療實務與醫療法第 82 條過失責任中，有罪的跟無罪的比例皆是 39% vs 61%。

4. 本文以為，醫療結果嚴重的有罪率會比無罪率低很多，應該是因為牙科的治療術式相較於外科、內科或婦產科等，本身即很難帶給病患災難性的後果，畢竟牙科的治療很難會與病患的生命存活有絕對關聯性，所以牙科的治療一旦有了災難性的後果，有很大的部分都不是牙醫師的術式所造成，而是有其他的原因介入其中所致。而醫療結果非嚴重的部分，有罪率就與無罪率回歸到相等的比例；至於作為犯中的有罪率亦比無罪率低很多，前已有述，乃是因為牙醫師在做出醫療行為時會比較謹慎小心，所以比較不會逾越法律的界線，所以有罪率比無罪率低很多，至於牙醫師面對不知應該作為時，則會比較容易逾越法律的界線，有罪率就會與無罪率近乎相

等。又，在刑法上過失責任之醫療實務與醫療法第 82 條過失責任，則是回歸十八個案例的統計，有罪的案例比無罪的案例少很多，應該與前述理由相類似，牙科術式本身很難帶給病患災難性的後果，除非是自己確實有很明確的疏失，才會造成有罪結果。故整體來說，牙科的無罪率是遠比有罪率低的。

(三) 就條件因果關係來說

1. 醫療結果嚴重的成立率遠低於不成立率（6% vs 22%），而醫療結果非嚴重的成立率高於不成立率（44% vs 28%），應該是與上述的理由相似，牙科的治療術式確實較不易造成災難性的結果，所以醫療結果嚴重的案例，通常都是因為有其他的因素介入而致，所以要成立條件因果關係應該是會比較低；至於醫療結果非嚴重的案例，則是回歸一般醫療糾紛較常見的情況，很多情況確實是牙醫師們所造成的，畢竟醫療充滿許多不確定性。

2. 本文，在刑法上過失責任之刑法學說採取條件因果關係來討論，不論是作為犯（成立與不成立皆是 39%）或是不作為犯（成立與不成立皆是 11%），成立條件因果關係與不成立條件因果關係的比例是相等的，亦即條件因果關係的成立與否是不分作為犯或是不作為犯。

3. 綜合上述 1.、2. 結果，得出的結論似有所不一致，醫療結果嚴重的較不易成立條件因果關係，醫療結果非嚴重的較易成立條件因果關係，而條件因果關係對於是否為作為犯卻是沒有比例上的差別。故，本文以為，條件因果關係只會在醫療結果嚴重與否有統計上的意義，在作為與否則是沒有統計上的意義。

(四) 就違反注意義務來說

1. 在醫療結果嚴重的案例裡，有違反注意義務的比例與未違反注意義務之比例相近（13% vs 14%）；但在醫療結果非嚴重

的案例，有違反注意義務的比例高於未違反注意義務的（44% vs 28%）。本文以為，因為牙醫師在施術式時沒有一個完整的 SOP 可供遵循，所以大多的牙醫師還是只憑自己所學及經驗進行治療病患，因此難免有不符合注意義務之處，這個在醫療非嚴重的案例裡更是可見一斑。而在醫療結果嚴重的案例裡則是回歸比例相近，但如果再加入成罪率來看，13% 有違反注意義務卻只有 6% 有罪，接近兩倍的比例。由此亦可得知，牙醫師要不違反注意義務是較困難的，不過，違反注意義務並不一定會成立犯罪。

2. 本文，在刑法上過失責任之醫療實務內容羅列了四種牙科常見的注意義務類型，而有違反注意義務的比例亦高於未違反注意義務的比例（57% vs 43%），與上列結論近似，理由亦當相同。

(五) 就客觀之相當因果關係來說

1. 就醫療結果嚴重的案例的成立率（6%）遠低於不成立率（22%），與條件因果關係的結論相同（6% vs 22%），理由亦當相同。發生嚴重結果的案例，大都不是牙醫師的行為所造成的，不論是採通說的條件因果關係理論檢視，或是採用實務的相當因果關係之客觀說來檢視，兩者的結果與理由都是一致的；惟，在醫療結果非嚴重的案例則不同，客觀之相當因果關係的成立或不成立的比例近似（33% vs 39%），但條件因果關係成立或不成立的比例則是不同（44% vs 28%），成立條件因果關係的案例的比例甚至高出不成立者許多，可見得採用通說的因果關係理論之下，牙科醫療結果非嚴重的案例較容易成罪（與實務不同）。

2. 本文，在刑法上過失責任之醫療實務採用客觀之相當因果關係來加以檢視，成立與不成立的比例是 39% vs 61%，該比例較類似於上述 1. 之比例，所以可見得，實務上因果關係的認定，是與醫療結果嚴重的檢視眼光相近。

(六) 就違反醫療上必要之注意義務來說

1. 就醫療結果嚴重的案例來說，有違反與無違反的比例相近（11% vs 17%），而醫療結果不嚴重的案例則是不相等（44% vs 28%），此結論與長久以來司法實務所採的注意義務的標準略有所不同〔見上（四）1. 之 13% vs 14%，44% vs 28%〕，惟，因為二者比例相近，所以本文以為或許只是因為案例篩選所造成些微的差異，大體上判斷方式應該並未有所更改。

2. 故，本文以為，不論是傳統以來的判斷方式，或是因為醫療法第 82 條新修法的新的判斷方式，對於注意義務的判斷方式皆未有所更改。

(七) 就逾越合理臨床專業裁量來說

1. 就醫療結果嚴重的案例來說，有逾越與沒逾越的比例相近（11% vs 17%），而醫療結果不嚴重的案例的比例亦是相近（39% vs 33%）。在本文前述，採用醫療法第 82 條新法來探討此要件，有逾越與沒逾越的比例為相等（皆 50%）。

2. 不論是採用刑法第 10 條第 4 項以醫療結果是否嚴重為分類標準，或是醫療法第 82 條新法的判斷方式，竟然有相似的結果，確實令人驚訝。可能是因為關於何謂臨床專業裁量，雖然新法有加以限定範圍，但畢竟還是一個不確定的法律概念，且為過去所沒有明文規定的，在適用上尚須實務加以大量補充，尤其是其與醫療常規的界線如何區分，尚且十分模糊，所以在分析上亦很難判斷，因此有逾越與沒逾越的案件可能有相同的比例。

Chapter **5**
結 論

　　本文以刑法上過失責任之刑法學說、刑法上過失責任之醫療實務、醫療法第 82 條過失責任三種判斷方式來分析十八個牙科醫療過失判決，這剛好是以有力說（刑法古今兩大巨擘林山田教授、林鈺雄教授的大作的分類）、實務（最高法院長久以來的見解）、新法（新醫療法第 82 條）三種檢驗方式分別來檢視之。後段本文以牙醫師的認知並參照刑法第 10 條第 4 項，以醫療結果是否為重傷（含死亡）為分類標準將所有案例分為兩種類型，並融合三種檢驗方式，將所有要件打散後交叉分析，讓牙醫師的認知與法律人的觀點互相交錯比較。

一、不論是醫療結果嚴重或是不嚴重的比例，或是刑法上過失責任之刑法學說之比例，作為犯的比例皆大於不作為犯，畢竟牙科還是以作為為主要行為，故以作為犯為大宗自屬合理。

二、醫療結果嚴重、作為犯、刑法上過失責任之醫療實務與醫療法第 82 條過失責任等四個部分，有罪的比例皆比無罪的比例少很多；而醫療結果非嚴重與不作為犯等兩個部分，有罪的比例則是接近於無罪的比例。因為牙科的治療術式大多是以輕症為主，術式本身很難帶給病患災難性的後果，所以一旦有了災難性的後果，有很大的部分都不是牙醫師的術式所造成，而是有其他的原因介入其中所致；而醫療結果非嚴重的部分則是沒有這個問題，因此有罪率略為上升而與無罪率接近。牙醫師在作為時，會比較小心謹慎，所以有罪率因而低於無罪率；至於不作為的部分，則是因為牙醫師在面對不知應該作為時，會比較容易逾越法律的界線，有罪率就會因而上升。整體來看，牙科醫療事件的有罪率是低於無罪率的，從刑法上過失責任之醫療實務與醫療法第 82 條過失責任的比例可略知一二，這對牙醫師來說亦不啻為

好消息。

三、因果關係

(一) 單就條件因果關係來說：醫療結果嚴重的較不易成立（亦即不易成罪），而醫療結果非嚴重的較易成立（亦即易成罪），而條件因果關係對於是否為作為犯則是沒有比例上的差別。故，本文以為，條件因果關係只會在醫療結果嚴重與否有統計上的意義，在作為與否則是沒有統計上的意義。

(二) 單就客觀之相當因果關係來說：醫療結果嚴重的案例較不易成立（亦即不易成罪），與條件因果關係的結論相同。發生嚴重結果的案例，大都不是牙醫師的行為所造成的，不論是採有力說的條件因果關係理論檢視，或是採用實務的客觀之相當因果關係來檢視，兩者的結果與理由都是一致的；而醫療結果非嚴重的案例，成立與不成立兩者比例相近，應無統計上的意義。刑法上過失責任之醫療實務採用客觀之相當因果關係來加以檢視，成立的比例遠低於不成立的比例，則是與醫療結果嚴重的結果相同，理由應也相同。

(三) 倘若混合條件因果關係與客觀之相當因果關係來討論，醫療結果嚴重的比例（不論採用客觀之相當因果關係或是條件因果關係）與刑法上過失責任之醫療實務（採用客觀之相當因果關係）的比例是相似的；而醫療結果不嚴重的（採用客觀之相當因果關係）與刑法上過失責任之刑法學說（採用條件因果關係）之比例相近，而醫療結果不嚴重的（採用條件因果關係）則是與前二者不同。

(四) 簡言之，醫療實務上判斷因果關係的方式，應該與醫療結果嚴重的判斷方式相近；而若是醫療結果不嚴重的，則較分歧而無一定論。

四、注意義務

(一) 就違反注意義務方面，在醫療結果非嚴重的比例與刑法上過失責任之醫療實務的比例近似，有違反注意義務的比例皆高於未

違反注意義務的比例，本文以為，因為牙醫師在施術式時，沒有一個完整的 SOP 可供遵循，所以大多的牙醫師還是只憑自己所學及經驗進行治療病患，因此難免有不符合注意義務之處。但在醫療結果嚴重的案例裡，有違反注意義務的比例與未違反注意義務之比例將近相等，似與上揭結論不同，但若再加入成罪率來看，13% 有違反注意義務卻只有 6% 有罪，接近兩倍的比例。故本文認為在醫療結果嚴重的案例裡，與上揭結論及理由亦當相同。

(二) 就違反醫療上必要之注意義務來說：就醫療結果嚴重的案例來說，有違反與無違反的比例皆相近，而醫療結果不嚴重的案例則是不相等，此結論與長久以來司法實務所採的注意義務的標準略有所不同。惟，因為二者比例相近，所以本文以為或許只是因為案例篩選所造成些微的差異，大體上判斷方式應該並未有所更改。

(三) 倘若混合違反注意義務與違反醫療上必要之注意義務兩個要件來看，本文以為，不論是傳統以來的判斷方式，或是因為醫療法第 82 條新修法的新的判斷方式，對於注意義務的判斷方式應該皆未有所更改。

五、就逾越合理臨床專業裁量來說：就醫療結果嚴重案例，有逾越與沒逾越的比例近似，而醫療結果不嚴重案例的比例亦是近似。在本文前述採用醫療法第 82 條新法來探討此要件，有逾越與沒逾越的比例為相等。故，不論是採用刑法第 10 條第 4 項以醫療結果是否嚴重為分類標準，或是醫療法第 82 條新法的判斷方式，結果都是相同的。故，可得而知，就此要件而言，判斷方式並未因為新法修正而有所改變。

六、總結

(一) 牙科醫療與內科、外科、婦產科、小兒科、急診科等傳統五大科不同，牙科比較偏向是醫學美容科。牙科的治療標的大都是以輕症為主，除了口腔外科醫師外，鮮少有需要治療重症的病症，因此倘若病患於治療後出現重症的結果，很有可能是有其

他的病因所肇致，而非牙醫師的行為所導致，故本文才會導出重症的醫療結果成罪率較低。整體而言，牙科醫療判決的成罪率是偏低的（不論是一直以來的實務見解或是新醫療法第82條的判斷方式），所以牙醫師們應該不需要太過於擔心刑事責任的問題。再者，牙科以作為為主要治療行為，所以在有所作為的時候，牙醫會較專注於所施術式，因此成罪率較低，在不作為時，因為牙醫師大概都會心懷不關我事的心態，因此可能會不慎造成病患的傷害，亦會造成成罪率的上升，這個也是牙醫師們須注意之處。

(二) 一直以來，醫療實務在是否成立因果關係方面的判斷，應該都是十分嚴謹的，在本文的統計上，與醫療結果嚴重的判斷結果是相近的，也就是說，較不容易成立因果關係，這也是牙科醫療案例較不易成罪的原因之一。

(三) 至於新醫療法第82條的兩個重要要件：「是否違反醫療上必要的注意義務」及「是否逾越合理臨床專業裁量」，不論是傳統以來的判斷或是新法的見解，統計上都沒有差別性。也就是說，新法的兩個要件並未帶來新的判斷方式或見解，這跟法界的見解是相同的，醫療法第82條除了字數膨脹成一百多字外，似乎沒有帶來新的法律上實質的判斷方式。

參考文獻

一、專書

王皇玉，刑法總則，第 5 版，2019 年 8 月，新學林出版股份有限公司。

林山田，刑法通論（下冊），第 10 版，2008 年 1 月，元照出版有限公司。

林鈺雄，新刑法總則，第 7 版，2019 年 9 月，元照出版有限公司。

張麗卿，刑法總則理論與運用，第 8 版，2020 年 9 月，五南圖書出版股份有限公司。

黃榮堅，基礎刑法學（上），2003 年 5 月，元照出版有限公司。

廖正豪，過失犯論，1993 年 9 月，三民書局。

蔡墩銘，刑法精義，第 2 版，2005 年 7 月，翰蘆圖書。

醫事糾紛鑑定初鑑醫師指引手冊，財團法人醫院評鑑暨醫療品質策進會，第 3 版，2012 年 12 月。

二、期刊論文

王志嘉，論急救與建議轉診義務—台灣高等法院九十六年醫上訴字第三號刑事判決評，月旦法學雜誌，第 187 期，2010 年 12 月，頁 219-237。

王皇玉，論醫療行為與業務上之正當行為，臺大法學論叢，第 36 卷第 2 期，2007 年 1 月，頁 41-92。

王皇玉，醫療過失中的因果關係：從邱小妹人球案談起，臺大法學論叢，第 41 卷第 2 期，2012 年 6 月，頁 725-793。

王富仙，混沌之醫療說明義務，環球法學論壇，第 10 期，2011 年 12 月，頁 74-117。

王富仙，醫療行為過失之認定標準，軍法周刊，第 64 期第 1 卷，2018 年 2 月，頁 43-63。

王富仙，醫療過失之不純正不作為犯—洗腎透析管接頭鬆脫致死案之評析法學論著，軍法專刊，第 65 卷第 3 期，2019 年 6 月，頁 105-127。

王富仙，轉診的義務，作者授權，頁 1-1。

甘添貴，治療行為與傷害，月旦法學教室，第 15 期，2004 年 1 月，頁 18-19。

甘添貴，專斷醫療與承諾，月旦法學教室，第 17 期，2004 年 3 月，頁 20-21。

甘添貴，醫療糾紛與法律適用—論專斷醫療醫療行為的刑事責任，月旦法學雜

誌，第 157 期，2008 年 6 月，頁 31-44。

甘添貴、翁松釜，醫療常規與臨床專業裁量的法院實務觀察，醫法新論，第 49
期，2020 年 11 月，頁 153-173。

吳元曜，醫療法第 82 修法之沿革與案例，台灣醫學，第 23 卷第 4 期，2019 年
7 月，頁 466-469。

吳正吉，醫療過失的法律涵義和法律責任，醫事法律期刊，第 1 卷第 1 期，
1985 年 5 月，頁 75-77。

吳欣席，醫療法第 82 條修法對臨床醫療的意義，台灣醫學，第 23 卷 4 期，
2019 年，頁 453-459。

吳俊穎、楊增暐、賴惠蓁、陳榮基，醫療過失犯之刑法正義及刑罰，台灣醫
學，第 15 卷第 6 期，2011 年 11 月，頁 626-637。

吳俊穎、賴惠蓁、陳榮基，醫療過失判斷的困境，法學新論，第 17 期，2009
年 12 月，頁 57-73。

周賢章，醫療刑事案件法律適用之事實認定—以「醫療行為的特性」為中心
（下），月旦醫事法報告，第 30 期，2019 年 5 月，頁 129-144。

林東茂，不純正不作為犯，《甘添貴教授七秩華誕祝壽論文集（上冊）》，
2012 年 4 月。

林津騰，醫療行為之特性—以法律責任為中心，治未指錄：健康政策與法律論
叢，第 3 期，2015 年 1 月，頁 19-31。

林萍章，醫療常規與刑事責任—評最高法院 96 年度台上字第 3048 號刑事判決，
月旦法學雜誌，第 175 期，2009 年 12 月，頁 233-252。

林鈺雄，刑法總則：第六講—客觀不法構成要件（上）基礎講座，月旦法學教
室，第 12 期，2013 年 10 月，頁 54-60。

馬躍中，醫師刑事責任之探討—以告知義務、因果關係與信賴原則為中心，軍
法專刊，第 57 卷第 6 期，2011 年 12 月，頁 22-41。

張麗卿，廢弛職務釀成災害的客觀歸責，東海法學研究所，第 9 期，1995 年 9
月，頁 253-280。

張麗卿，實證醫學在醫療過失審判實務上的意義—從胃腺癌存活率談起，東吳
法律學報，第 21 卷第 2 期，2009 年 9 月，頁 1-30。

張麗卿，刑事醫療糾紛之課題與展望，檢察新論，第 8 期，2010 年 7 月，頁
142-162。

張麗卿，刑事醫療判決關於告知義務變遷之研究，東海大學法學研究，第 39 期，2013 年 4 月，頁 99-179。

張麗卿，醫療刑事責任認定與相關醫療法修正之探討，月旦法學雜誌，第 223 期，2013 年 12 月，頁 54-78。

張麗卿，醫療法第 82 條修法之法學意涵，台灣醫學，第 23 卷第 4 期，2019 年 7 月，頁 474-479。

許澤天，過失不作為犯之結果歸責：切除腫瘤成植物人案之評釋，月旦法學雜誌，第 183 期，2010 年 8 月，頁 21-35。

陳子平，醫療過失刑事裁判的問題思考──一件經過七次審級的裁判事件判解評析，月旦法學雜誌，第 218 期，2013 年 7 月，頁 168-195。

陳明堂，醫療法第 82 條修法之法務部觀點，台灣醫學，第 23 卷第 4 期，2019 年 7 月，頁 460-465。

陳秉暉、張閔喬、陳宗延，僱醫師觀點看醫療法第 82 條修法：尋找醫療機構在醫療糾紛中的角色與責任，月旦醫事法報告，第 16 期，2018 年 6 月，頁 100-111。

陳英淙，探討醫療行為之客觀注意義務──以最高法院九七年臺上字第三四二八號判決為例，長庚人文社會學報，第 3 卷第 1 期，2010 年 4 月，頁 147-169。

黃茂榮，醫療契約（一），植根雜誌，第 25 卷第 1 期，2009 年 1 月，頁 22-34。

黃榮堅，論相當英果關係理論──評最高法院 89 年台上字第 7823 號判決及台灣高等法院 89 年中上更（三）字第 143 號判決，月旦法學雜誌，第 96 期，2003 年 5 月，頁 312-327。

楊秀儀，論醫療過失：兼評醫療法第 82 條修法，月旦醫事法報告，第 16 期，2018 年 2 月，頁 67-82。

廖建瑜，論醫師之轉診義務──評析臺灣高等法院高雄分院九十五年度重醫上更（三）字第二號刑事判決，法學新論，第 35 期，2012 年 4 月，頁 121-156。

廖建瑜，醫療法第 82 條修正帶來新變局？！，月旦裁判時報，第 74 期，2018 年 8 月，頁 60-71。

劉秉鈞，過失醫療行為與刑事責任關係之實務回顧，銘傳大學法學論叢，2018

年 12 月,頁 83-310。

蔡甫昌、楊哲銘,病人未親自就醫而醫師／醫療單位開立處方的倫理與法律問題,台灣醫學,第 7 卷第 2 期,2003 年 3 月,頁 253-257。

蔡秀男,醫療刑責合理化修法之歷程與論述,台灣醫學,2019 年 7 月,第 23 卷第 4 期,頁 480-487。

蔡振修,醫事過失犯罪與過失理論,法學研究,第 8 期,1994 年 9 月,頁 207-258。

鄭逸哲、莊裕堂,醫療法下的醫療刑法—醫療刑法導論,軍法周刊,第 55 卷第 5 期,2009 年 10 月,頁 181-189。

薛瑞元,醫療法第 82 條修法之衛福部觀點,台灣醫學,第 23 卷第 4 期,2019 年,頁 470-473。

謝煜偉,條件理論與因果判斷,月旦法學雜誌,第 146 期,2007 年 7 日,頁 73-95。

三、學位論文

周賢章,醫療刑事過失案件刑法適用之應有流程—評析 2017 年醫療法第 82 條第 3 項第 4 項增修條文,銘傳大學法律系碩士班在職專班碩士論文,2018 年 6 月。

姜讚裕,醫療過失認定與鑑定之研究,中正大學法律研究所碩士論文,2011 年 2 月。

徐圭璋,醫療糾紛訴訟中因果關係的實證醫學,國立成功大學法律研究所碩士論文,2009 年 6 月。

翁暘凱,醫療行為與過失行為於刑法上關係之研究,台北大學法律系碩士論文,2010 年 7 月。

蔡幸珊,醫療刑責合理化與社會容許風險—論醫療法第 82 條,政治大學法學院碩士在職專班碩士論文,2020 年 7 月。

國家圖書館出版品預行編目資料

牙科醫療過失刑事判決解析／徐偉欽著. --
初版. -- 臺北市：五南圖書出版股份有限
公司, 2022.09
　　面；　公分
　ISBN 978-626-343-200-0（平裝）

1.CST: 醫療過失　2.CST: 醫療糾紛
3.CST: 判例

585.79　　　　　　　　　111012596

1T91

牙科醫療過失刑事判決解析

作　　者 ― 徐偉欽（181.7）

發 行 人 ― 楊榮川

總 經 理 ― 楊士清

總 編 輯 ― 楊秀麗

副總編輯 ― 劉靜芬

責任編輯 ― 呂伊真

封面設計 ― 姚孝慈

出 版 者 ― 五南圖書出版股份有限公司

地　　址：106臺北市大安區和平東路二段339號4樓

電　　話：(02)2705-5066　　傳　　真：(02)2706-6100

網　　址：https://www.wunan.com.tw

電子郵件：wunan@wunan.com.tw

劃撥帳號：01068953

戶　　名：五南圖書出版股份有限公司

法律顧問　林勝安律師

出版日期　2022年 9 月初版一刷
　　　　　2023年 3 月初版三刷

定　　價　新臺幣420元

經典永恆・名著常在

五十週年的獻禮——經典名著文庫

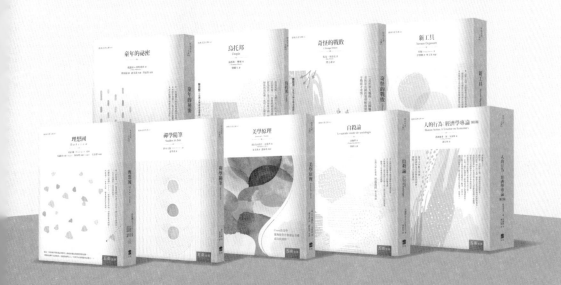

五南，五十年了，半個世紀，人生旅程的一大半，走過來了。
思索著，邁向百年的未來歷程，能為知識界、文化學術界作些什麼？
在速食文化的生態下，有什麼值得讓人雋永品味的？

歷代經典・當今名著，經過時間的洗禮，千錘百鍊，流傳至今，光芒耀人；
不僅使我們能領悟前人的智慧，同時也增深加廣我們思考的深度與視野。
我們決心投入巨資，有計畫的系統梳選，成立「經典名著文庫」，
希望收入古今中外思想性的、充滿睿智與獨見的經典、名著。
這是一項理想性的、永續性的巨大出版工程。
不在意讀者的眾寡，只考慮它的學術價值，力求完整展現先哲思想的軌跡；
為知識界開啟一片智慧之窗，營造一座百花綻放的世界文明公園，
任君遨遊、取菁吸蜜、嘉惠學子！